中國學術思想 研究輯刊

二三編

林慶彰 主編

第 2 冊

《周易》經傳與孔孟荀
「命」觀念思想及改命方法（下）

陳芝豪 著

花木蘭文化出版社

國家圖書館出版品預行編目資料

《周易》經傳與孔孟荀「命」觀念思想及改命方法（下）／
陳芝豪 著 — 初版 — 新北市：花木蘭文化出版社，2016〔民
105〕
目 8+196 面；19×26 公分
（中國學術思想研究輯刊 二三編：第 2 冊）
ISBN 978-986-404-553-2（精裝）
1. 易經 2. 研究考訂
030.8   105002139

ISBN-978-986-404-553-2

9 789864 045532

中國學術思想研究輯刊
二三編 第 二 冊   ISBN：978-986-404-553-2

《周易》經傳與孔孟荀「命」觀念思想及改命方法（下）

作　　者　陳芝豪
主　　編　林慶彰
總 編 輯　杜潔祥
副總編輯　楊嘉樂
編　　輯　許郁翎
出　　版　花木蘭文化出版社
社　　長　高小娟
聯絡地址　235 新北市中和區中安街七二號十三樓
　　　　　電話：02-2923-1455／傳眞：02-2923-1452
網　　址　http://www.huamulan.tw 信箱 hml810518@gmail.com
印　　刷　普羅文化出版廣告事業
封面設計　劉開工作室
初　　版　2016 年 3 月
全書字數　406348 字
定　　價　二三編 24 冊（精裝）新台幣 46,000 元

《周易》經傳與孔孟荀「命」觀念思想及改命方法（下）

陳芝豪　著

目 次

第四章　孟子的「命」觀念思想及改命方法

第一節　前　言

　　中國古代學術的環境，有其發展之軌跡，呂思勉（誠之，1884～1957）指出：「中國學術，凡三大變：邃古之世，一切學術思想之根原，業已旁薄鬱積。至東周之世，九流並起，而臻於極盛，此其第一期也。秦、漢儒、道、法三家之學，及魏晉時之玄學，合儒道兩家。並不過衍其緒餘。渡江而後，佛學稍起，至隋、唐而極盛，此為一大變。宋、明之理學，則融合佛學與我之所固有者也。明中葉後，西學東來，至近四十年而風靡全國，此為其又一變。」〔註1〕此中呂先生指出邃古之世至東周時期，是中國學術發展的第一期。

　　又如蕭公權（恭甫，1897～1981）說：「吾人略加探索，即知其確經顯著之重要變化，且可循其變化起伏之跡，面將此二千餘年之思想史分為下列之四大段落：（一）創造時期，自孔子降生至秦始皇統一，為時約三百年，包括春秋晚期及戰國時代，學者通稱之為先秦時代。（二）因襲時期，自秦漢至宋元，為時約一千六百年。（三）轉變時期，自明初至清末，為時約五百年。（四）成熟時期，自三民主義之成立以迄於今。」〔註2〕此中蕭先生指出中國學術之變化，在先秦時代亦即春秋戰國時期，乃是學術發展之創造時

〔註1〕呂思勉：《先秦史》（上海：上海古籍出版社，2005年），頁436。
〔註2〕蕭公權：《中國政治思想史（一）》（瀋陽：遼寧教育出版社，2001年），頁4。

期。

　　而關於中國文明，雅斯培有「軸心期」之說法，即是以西元前 800 年到西元前 200 年之間的時期。而其中心年代即是西元前 500 年，因此若以西元前 500 年為劃分界線，則西元前 800 年到西元前 500 年屬於「軸心期前期」階段，而西元前 500 年到西元前 200 年屬於「軸心期後期」階段。而軸心期後期則是包括春秋晚期及戰國時期，在此思想文化的轉變，則是春秋末年到戰國初年之「轉變點」。因此，不論關於呂思勉所說中國學術發展第一期中的東周時期；或是蕭公權所說中國學術變化發展的創造時期，都應注意春秋戰國之際的思想文化之轉變。

　　戰國時期相對於春秋時期，亦是有所發展與變動。如春秋時，各國間尚能稱禮樂征伐，以維持各國之間的平衡。時至戰國七雄興起，七雄之間併吞戰爭四起，諸侯互侵，大夫互鬥，民不聊生，此時的戰爭多考慮各個國家自身利益，只有征伐而禮樂已失落。可說此時進入軍國相爭的時代，在位者想著吞併它國，於是從身仕政的學者，為謀國家之利，也為自身之益考量，故各出其謀以制它國，有時更採取激烈的手段以達目的。

　　在這樣的時代環境，孟子對於「命」表述過其觀點，在《孟子·盡心上》說到：「求則得之，舍則失之，是求有益於得也，求在我者也。求之有道，得之有命，是求無益於得也，求在外者也。」〔註3〕仁義禮智是內在於人的，所以人求之可得到的，求則可得到，是有益於求。但富貴名利是外在於人的，所以人求之未必可得，這是無益於求。就仁義禮智的「體現」出來本身看，是人自身「求於內」的去求，而這種求不受外在限制，是人自己可掌握的。

　　而在此，孟子所說的「命」觀念與上述軸心期後期思想文化轉變有何關聯？又與其所處的地域性鄒魯思想文化有何關係？而孟子的「命」觀念在回應時代課題下，較之孔子有何詮釋上的轉化？

　　因此，筆者本文將從三個方向，來對上述問題進行探述，第一「大傳統與小傳統：孟子的『命』觀念思想的雙重歷史性」，此在討論孟子「命」觀念形成的時代性因素，而將分別討論軸心期後期大傳統思想文化之轉變，以及小傳統中的鄒魯思想文化，藉此來探尋影響孟子「命」觀念的外部大、小傳統成素。第二「孟子『命』的天論和心性論之理論根據」，此處除了探述

〔註3〕　〔東漢〕趙岐注，〔唐〕孫奭疏：《孟子注疏》（台北：藝文印書館，1997 年《十三經注疏》本），卷 13，頁 229。

天論，也將討論孟子的心性論，因其命觀念導源於二者，有必要先行探討。第三「孟子『命』觀念思想及其對孔子的承續和創造」，將分析孟子「命」觀念的形成、內容與改命之方法，並論述其命觀念對於孔子有何承續與創造，此外孟子命觀念這種承續與創造，是和軸心期後期大傳統思想文化之轉變與地域文化中的鄒魯思想文化，又有何關係性，也將予以討論。以下本文討論分析如下。

第二節　大傳統與小傳統：孟子「命」觀念思想的雙重歷史性

　　西元前 771 西周幽王在申侯、鄫、西弗、犬戎聯軍攻打下被殺於驪山，西周因此滅亡。繼位的周平王（約 781～720B.C.）於是東遷雒邑，史稱此時為東周時期。這時周天子徒有虛名而較無實力以號令諸侯，雖是天子之名，而有權力者為爭權中原的齊、晉、秦、楚等大國霸主們，當時形勢不斷發生爭霸大戰，歷史上稱春秋時期。在春秋之後為戰國，關於「戰國」之名稱，原是指當時爭戰七大國而言，如《戰國策・燕策一》中有策士說到：「凡天下之戰國七，而燕處弱焉」；又《戰國策・秦策四》有秦士頓弱對秦王指出：「山東戰國有六。」〔註4〕可見戰國最初為指戰國時期七個大國的意思。直到西漢劉向從事編纂《戰國策》一書，才在書中將「戰國」用於指稱特定「時代」而言。故所謂的戰國時期是從戰國七個大國之稱轉換而來的。而春秋到戰國之間，是歷史的大變革，王夫之（而農，1619～1692）《讀通鑒論・敘論四》就曾稱之為「古今一大變革之會」。〔註5〕那麼在軸心期後期之中，即從春秋末到戰國初，其間思想文化轉變情形為何？又孟子自身所處的小傳統鄒魯思想文化，是何種面貌？此將是本節所要探究的，以下將一一進行分析。

一、大傳統：軸心期後期思想文化的轉變

（一）禮亂／尊賢：從諸侯異政到士人文化的興起

　　禮樂制度的維繫力量在於上位者，然而上位者若無力以維持綱紀，上下

〔註4〕以上參見〔西漢〕劉向集錄：《戰國策》（上海：上海古籍出版社，1978年），頁 1056；頁 239。
〔註5〕〔清〕王夫之：《讀通鑒論》（北京：中華書局，1975年），下冊，頁 1112。

尊卑的維繫關係便有所鬆動。在西周禮樂制度，是依名分而定，不過實質也含有背後的權力與利益。有權力與利益之分配，有其政治考量，即是依尊尊、親親之原則，以維持周王朝統治地位。不過到了春秋時期，戰爭事件漸多，而各諸侯國面對的是現實利益，表現在土地、財物的現實利益之爭奪。因此在現實利益趨使發展下，春秋之時禮樂制度雖存在，但實質已失去其維護綱紀之約束力。

　　除了現實因素外，禮樂制度本身之矛盾，亦是其崩壞的原因。故而在春秋時晉國女叔齊認為魯昭公的「自郊勞至于贈賄」雖是合禮度，〔註6〕但卻是「屑屑焉習儀以亟」而不是知道禮的表現。〔註7〕故女叔齊主張將禮和儀分開，認為禮儀是末，而禮之本乃是「守其國，行其政令，無失其民」，〔註8〕這無非是發現禮制度矛盾僵化後，尋求改善的措施表現。此外，西周禮樂制度的尊尊、親親適用於一切人等，但其中的「賢賢」卻不適用於天子與諸侯身上，因其繼位方式乃是以親親為主，於是在選用過程中，是以親或是以賢來選才，則發生彼此矛盾現象。不過春秋之時則打破親親原則，而採用賢賢原則來任用人，如春秋中期青銅器秦公簋金文就說：

> 秦公曰：不（丕）顯朕（朕）皇且（祖）受天命，竈（肇）又（有）下國，十又二公，不象（弛）才（在）上，嚴龔（恭）夤天命，保嚳卑（厥）秦，虩事緐（蠻）夏。……咸畜百辟胤士，楚楚（藹藹）文武，鋹（鎮）靜不廷，醽（柔）燮百邦，于秦執事，乍（作）盂穌□，卑（厥）名曰𠦪（固）邦。（《集成》00270）

金文說到現在秦國祖先受天之命，而統治國家人民，於今已有十二公在上帝之賓，祐助秦國，使國祚永存。而此器可能是秦哀公末年之青銅器物，因「虩事緐（蠻）夏」之事應是指在秦哀公三十一年（506B.C.），當時秦國幫助楚國攻打吳國，而楚國也因此收復故城。而當時秦之所以強盛，是因為「咸畜百辟胤士」即培養與羅致足以為國家棟樑的百官賢能之士，並且強壯國家軍事能力以「鋹（鎮）靜不廷」，即討伐不順廷之國。故而柔懷四方，百邦也能效廷於秦國。這即是「賢賢」之表現。而到了戰國時期，齊、楚、趙等國選才也是以賢賢為主，如《史記‧春申君列傳》載說：「春申君既相楚。是時齊有

〔註6〕〔晉〕杜預注，〔唐〕孔穎達等正義：《春秋左傳正義》（台北：藝文印書館，1997年《十三經注疏》本），卷43，頁744～745。
〔註7〕同上註，卷43，頁745。
〔註8〕同上註，卷43，頁745。

孟嘗君，趙有平原君，魏有信陵君，方爭下士，招致賓客，以相傾奪，輔國持權。」﹝註9﹞可見國家若欲富強，想要保持社稷永久安康，則非禮賢下士不可。

戰國時期各國爲達富國強兵，以及面臨戰爭兼併之激烈，還有適應社會環境之變化。於是統治者莫不調整行政策略，由上而下進行改革，以達到國家富強之效果，與確立新的政治經濟秩序，以加速國家社會之進步發達。而其中的策略，便是「變法」的推行，變法在戰國已被多數人提及，它是當時諸子參政的重大議題，如《商君書・更法》記說秦孝公之語：「今吾欲變法以治，更禮以教百姓。」﹝註10﹞而《呂氏〔春秋〕愼大覽・察今》也說到：「治國無法則亂，守法而弗變則悖，悖亂不可以持國。世易時移，變法宜矣。譬之若良醫，病萬變，藥亦萬變。病變而藥不變，嚮之壽民，今爲殤子矣。故凡舉事必循法以動，變法者因時而化。」﹝註11﹞這些議論都是在將「變法」與「治世」作出聯繫，也說明變法在各國事務裡，是居於重大議題中心地位。

而變法的進行，就需要有識之士去推行與貫徹，這種情形就促使各國君主想要選拔賢士，而委任之要職，以利推行各項變法改革。戰國前期的魏國之所以能稱霸達一百餘年，就是與其推行變法有關。魏國在魏文侯（？～396B.C.）時任用李悝（455～395B.C.）爲相推行變法，他在廢除世祿制、農業生產、平穩物價、制定國家法律等方面具有重大貢獻；並且任用西門豹爲鄴城縣令，發展水利，增加生產；又任用吳起爲將軍，整頓軍隊，提高軍事戰力，經過此一系列改革後，使魏國在戰國初期躍升爲強大諸侯國，而獨霸中原權傾一時。

面對魏國之強盛態勢，其他諸侯國也進而仿效，如趙列侯就起而進行改革，他「官牛畜爲師」，作爲君主之顧問；任命「徐越爲內史」，負責官職之考察與財稅之度量；舉用「荀欣爲中尉」，進行軍事訓練與軍制編列。﹝註12﹞經過此番推動變法革新，整體政治思想與制度文化，煥然一新，國勢也日漸強盛。再如秦孝公（381～338B.C.）重用商鞅（約395～338B.C.）以改革、齊

﹝註9﹞ 〔西漢〕司馬遷撰，〔劉宋〕裴駰集解，〔唐〕司馬貞索隱，〔唐〕張守節正義：《新校本史記三家注并附編二種》（台北：鼎文書局，1981年），卷78，頁2395。

﹝註10﹞ 賀凌虛註譯：《商君書今註今譯》（台北：台灣商務印書館，1988年），頁2。

﹝註11﹞ 〔戰國〕呂不韋著，陳奇猷校注：《呂氏春秋新校釋》（上海：上海古籍出版社，2002年），頁935～936。

﹝註12﹞ 以上參見〔西漢〕司馬遷撰，〔劉宋〕裴駰集解，〔唐〕司馬貞索隱，〔唐〕張守節正義：《新校本史記三家注并附編二種》，卷43，頁1798。

威王（約 378～320B.C.）舉用鄒忌（約 385～319B.C.）以革舊等等。這些都顯示與證明在戰國時期，若是國家善用人才與應用有效的改革策略，則國家便會更加強盛，而能在兼併戰爭中居不敗之地位。

也因此以知識爲能事的人才，就成了各國爭相舉用的焦點人物。而在爭奪人才過程中，士的地位也跟著提高與活躍起來。當時戰國的士人約略可分爲兩類，一類是承傳春秋時之道德理論，而「立旆授生」傳授學問，又發表意見評擊時事，藉以發揮己身之影響力；而另一類的人，秉棄道德勸說，向現實社會進去，投身到各官僚體系中，成爲有影響力的中堅官員。而當時社會於對此二種士人，均是需要的。面對社會整體變遷，是需要總結過去的不合宜，以重新調與改革來適應現實社會，而之中有數不清的問題都待解決。但若是在重大改革理論的推行有稍失誤，也都足以威脅影響到國家之興亡。故而有效又合宜的策略，才是成功變法的重要點，不過這種策略又要去哪裡找？於是「人才」的重用便成關鍵。然傳統世襲制度下是不易找到人才，而身現實社會，時時關注社會發展命運的「士人階層」，反而因其貼近社會現況，故能知曉利弊缺失而提出有效之謀略，以供改革之需。

因士人擁有知識文化素養，又有社會變遷的參與，加以有熱情從事變革事業，故是新興政權邁向成功的基礎支持。在繁雜社會環境與戰事四起，士人能出有效適應與對治謀略，提供君主進行圖強的指引方針。故賢賢原則已成爲某種共識，士人也隨之增加參政的機會，而根據許倬雲的研究，他指出：

> 在公元前年 464 年以前，出身不明者平均占到了總人數的 26%，但此後的平均數則達到了 55%。這說明公元前 464 年（戰國初）後，大多數歷史人物都是出身寒微，白手起家的。這種趨勢，與春秋晚期卿大夫階層的衰落一起，不僅可以表示戰國初期各階層間的更多流動，而且可以顯示出前一時期占主流的卿大夫階層已經完全崩潰。〔註13〕

士人的生存與其地位，是靠其自身思想、智識和技能，而戰國時期改革風潮下，這批有才學之士，適應各國君需求人才的情勢，遂能有不斷進入仕宦的機會，所以在春秋到戰國出身寒微而任官之比例，才有從 26%到了 55%的大幅度增加趨勢。

而戰國的士人對自身地位，有自我加重之傾向，他們與君主之間的關係，

〔註13〕許倬雲：《中國古代社會史論》（桂林：廣西師範大學出版社，2006 年），頁 45。

是某種師友之關係而非君臣關係。之所以如此關係轉換，乃是士人所自負之道爲高於君主權位之道；另一方面也是各諸侯君主迫於現實變法考量，不得不禮遇賢士。在戰國的動亂時代，國家隨時都可能被兼併或滅亡，君主爲保社稷安危，無不尋找賢士，請益治國良策，以爲強大國力之方針，而這一切都與戰爭頻繁有著密切關係。以齊國之征戰爲例，西元前 314 年齊宣王（約350～301B.C.）攻打楚國，令匡章「將五都之兵」，而領軍向「北地之眾以伐燕」，〔註14〕前後只花費五十天，就將攻下燕國都城，且殺了燕國太子。此後在西元前 301 年齊國又聯合魏國、韓國來攻打楚國，聯軍在垂沙大敗楚軍，並且殺掉楚軍將領唐蔑。而後西元前 298 年齊國採用合縱策略，與魏國、韓國結成盟軍討伐秦國，攻至秦地函谷關，秦國迫於情勢危急，只好割地以求和於齊國聯軍。與此同時，齊國又向北進伐「北與燕戰，覆三軍，獲二將」，〔註15〕獲得勝利之戰。在前後十多年間，齊國就如此頻於爭戰，而放諸其他諸侯國來看，則戰國時勢中的戰爭頻繁，是可想見而知的。

　　戰國時期諸侯紛紛納賢，並以師友之禮接待，主要是出於保衛社稷與富國強兵之需求，不過也是顯示國君的雄才大略及其度量的方式。加上變法所需要的賢能之士，使得士人地位日漸提升。而這也是士階層介於貴族與百姓之間，是社會地位上下流動的聚合層，故士的人數也隨之日漸龐大。〔註16〕且士階層已成爲新興國家官僚體系人員的直接來源，並且對新時代思想文化的走向，具有決定性之影響作用。

（二）從人文理性到自由爭鳴

　　春秋時代的敏銳有識之士，在社會的變化環境中，對舊的制度事物雖有所依戀，不過爲適應新時代的轉變，也需作出調適，於是接受新事物，闡發新思想，在不同程度上對傳統有所突破，成爲時代人文理性思潮的先驅。例如管仲（？～645B.C.）的思想以是富國強兵來發展經濟，即所謂「倉廩實，則知禮節；衣食足，則知榮辱」，〔註17〕也就說在民生必需物質具備了，才可能去談論道德禮義之議題，可見管仲的思想，是在適應環境變化下，所提出的政策思考，具有理性含義成分。

〔註14〕　〔西漢〕劉向集錄：《戰國策》，卷 29，頁 1061。

〔註15〕　同上註，卷 29，頁 1056。

〔註16〕　余英時：《士與中國文化》（上海：上海人民出版社，1988 年），頁 12。

〔註17〕　〔春秋〕管仲著，李勉註譯：《管子今註今譯》（台北：台灣商務印書館，1990年），頁 1。

此外關於五行概念在春秋時，亦經常被提及，當時政治思想家也多發表其對五行概念之看法。例如《左傳·昭公二十九年》載記子產曾說：

> 禮，天之經也，地之義也，民之行也。天地之經，而民實則之。則天之明，因地之性，生其六氣，用其五行。氣為五味，發為五色，章為五聲，淫則昏亂，民失其性，是故為禮以奉之。〔註18〕

子產認為人民應以天地的六氣、五行，作為各項行事的依據準則，而這種看法與傳統宗教觀，顯然是有所進展不同的。又如晏嬰（？～500B.C.）對宗教亦有新思想的看法，他主張重文修德，而輕略鬼神。所以當齊景公看到天空出現彗星，以為有不祥而欲舉行禳祭，晏嬰就加以勸阻景公，說到「天道不謟，不貳其命，若之何禳之」，〔註19〕晏嬰將天空出現彗星歸於國君之穢德所致，勸景公應善理朝，體恤民生疾苦，否則「雖其善祝，豈能勝億兆人之詛？」〔註20〕也就是說景公若能勤政愛民，除去自身的穢德，造福百姓使其樂利安康，則國家自然昌盛富裕，也就不要什麼禳祭。從上述可知，春秋時思想家已把自然現象和人事福禍區分開，把自然災變異動當作是自然運動發展，這是人文理性的一大進步。

不過禮樂發展到戰國時期，是呈現崩潰情形，顧炎武在《日知錄》中就曾形容此一崩潰狀況：

> 春秋時猶尊禮重信，而七國則絕不言禮與信矣。春秋時猶宗周王，而七國則絕不言王矣。春秋時猶嚴祭祀重聘享，而七國則無其事矣。春秋時猶論宗姓氏族，而七國則，無一言及之矣。春秋時猶宴會賦詩，而七國則不聞矣。春秋時猶有赴告策書，而七國則無有矣。〔註21〕

可說春秋的禮樂雖形式上存在，但已出現衰頹，而到戰國時諸侯國不言禮信，不尊周天子，禮樂的文化體系在戰國已近完全崩潰。這種態勢是與戰爭之激烈有關，在烽火肆虐下，民不聊生，禮樂已不具約束力，當然出現崩潰。戰國肆虐可由戰國時期由戰國早期䍐羌鐘金文所記可見：

> 唯廿又再祀，䍐羌逯（作）戎氒（厥）辟，軷（韓）宗敲（徹）達

〔註18〕〔晉〕杜預注，〔唐〕孔穎達等正義：《春秋左傳正義》，卷51，頁888～889。
〔註19〕同上註，卷52，頁905。
〔註20〕同上註，卷49，頁858。
〔註21〕〔明〕顧炎武：《日知錄》（台北：文史哲出版社，1979年），卷17，頁374。

（率）征秦迶齊，入壤（長）城，先會于平隂（陰），武偯寺力，壽
敚（奪）楚京，賞于𠦪（韓）宗，令于晉公，卲（昭）于天子，
用明則之于銘，武文咸剌（烈），永葉（世）母（毋）忘。（《集成》
00157）

依照晉紀，此器年代約在晉烈公十二年，而金文中所說的征秦、伐齊、攻楚
的戰爭，都發生在相近的時間裡，且這些戰役於史籍皆有載記。征秦之役約
在晉烈公七年；伐齊之役共歷經三次，其中獲得兩次勝役。由金文所記可知
戰國爭戰之烈。對此，法國漢學家謝和耐（Jacques Gernet，1921～）就指出：
「諸侯國為拓疆展土、增加收入財源和實現稱霸而發動的戰爭，……內部問
題和對外戰爭之間的這種密切關係成了這個時代變化的真正動力。」〔註 22〕
於是處在變動的時代，不同階級的代言人，紛從自身立場來對時局進行批判，
對於社會問題與變革，提出不同之看法與提出不同要求願望。

　　因此，為了提倡各自的主張，他們紛紛聚徒講學，並且為讓學說實現於
世，還帶領學生一同遊走於各諸侯國間，以期獲得欣賞任用，而展現其才學
與實現抱負理想，進而能對社會有所影響。〔註 23〕這種情況的日益發展，加
上社會的自由開放空間，促使彼此論辯交峰，也就形成不同流派的諸子百家
學說。〔註 24〕游說風氣盛行，加上書寫工具進步，將新創建之學說書寫於竹
帛之上，成為當時學者熱衷之事，在學術上可說是大放異彩。而當時的學術
流派，面對社會之變遷，提出各種因應之理論以及建國方略，開創百家爭鳴

〔註 22〕　〔法〕謝和耐著，耿昇譯：《中國社會史》（南京：江蘇人民出版社，1995 年），
　　　　　頁 56。他又說到：「內訌和篡權都是戰國時代諸多戰爭的前兆或前奏曲。」參
　　　　　見同上註，頁 55。

〔註 23〕　對此，馮友蘭說到：「他們是當時社會精神生活中的主要活動者，也是當時各
　　　　　種種不同的政治主張的主要宣傳者。其中有些代表，在思想言論上建立了自
　　　　　己的學派。各派之間，有激烈的鬥爭。這種思想上的分化與鬥爭，是當時的
　　　　　階級分化與鬥爭的反映，反過來也為一定的階級利益服務。」參見氏著：《中
　　　　　國哲學史新編》（北京：人民出版社，2007 年），上卷，頁 48。

〔註 24〕　關於「子」的尊稱，有學者指出：「在春秋以前，『子』原為天子所屬的卿的
　　　　　尊稱，如微子、箕子之類。春秋初期只有少數諸侯所屬的卿連『謚』稱『子』，
　　　　　如衛的寧莊子、石祁子之類；到春秋中期以後，諸侯的卿就普遍連『謚』稱
　　　　　『子』；大夫雖然沒有連『謚』稱『子』，也已相稱為『子』，如子服子、子家
　　　　　子之類。到春秋、戰國之際，由於士的社會地位的提高，著書立說和聚徒講
　　　　　學之風興起，『子』便成為著名學者和老師的尊稱，如孔子、墨子之類。到戰
　　　　　國時代，『子』便成為一般學者的尊稱了。」以上參見楊寬：《戰國史》（上海：
　　　　　上海人民出版社，1998 年），頁 465～466。

學術風潮，不僅對於當時社會變革起了影響，亦對學術思想文化進展，起了推波效益。對此，司馬談（約 165～110B.C.）在《史記·太史公自序》總括諸子百家爲陰陽、儒、墨、名、法、道德等六家，西漢末劉歆則又將其總括爲儒、墨、道、名、法、陰陽、農、縱橫、雜家、小說家。不過在學術歷史較具有影響者，實爲儒、墨、道、名、法、陰陽等六家學說。

戰國時期各家的爭鳴是當相自由，個人有其獨立自主，其思想與論說才能獲得舒展的空間，否則一旦無法自主，則言說必較不流暢而受阻礙。因此，個人有獨立自由的言論，才有百家爭鳴之現象產生，而思想家的思維自由，也就決定各爭鳴的範圍與深度。如儒家的代表人物有曾子、子思、孟子、荀子，其爲孔子弟子或是後學，其學說宗旨傾向仁義禮樂；道家的代表人物有莊子、列子、接子，他們有著春秋末老子思想成分，其宗旨爲清靜無爲；法家代表人物有李悝、商鞅、申不害、愼到、韓非，他們強調變法改革，法制嚴明。由以上各家立論皆不同來看，當時因個人獨立，故各家學說能自由發揮各自的主張理論。

戰國是多個諸侯國並立，士的流動也很大，如吳起、孟子、蘇秦等人，就游歷在多個政權之間。因士人有獨立自由，故有選擇君主爲其效力之自主權，而之所要選擇君主，有學者指出：「士的最大的希望還是投靠統治者，在政治上得到發言權，爬上統治階級的地位。他們『上說下教』。『上說』，企圖得到統治者的信任，以推行他們的政治主張。『下教』，可以招徠門徒，宣傳他們的政治主張，制造輿論。」〔註 25〕爲了實現理想，所以對於君主，士人與之合則留，不合則去，有著相當的自由。而且士人可以用理論批評各種議題，而在各種議題中，批判君主是最具挑戰性，莊子（約 369～286B.C.）從理論推導出，君主是大盜的看法；孟子批評君主是率獸食人之徒，還梁惠王（400～319B.C.）是不仁；荀子更是批評當時君主皆不合格。這些言談雖都不討君主歡心，可是君主對他們也沒因此批評而問罪。諸子爭鳴的自由，從而加深各項議題的討論與認識之深度。

爭鳴亦發生各家相互批評，如墨子曾就批評儒家，孟子也當斥責過楊朱，〔註26〕至於荀子更是非難了十二子，韓非（約 280～233B.C.）也曾貶斥儒家。

〔註25〕 馮友蘭：《中國哲學史新編》，上卷，頁 47。
〔註26〕 對此，學者即指出：「楊朱所謂『爲我』、『全生』的理論，也就是孟子所指責的『無君』說。其思想出發點即便不是基於對孔門後學的批判，那麼，如果按照楊朱思想的內在邏輯，當然如孟子所預料的那樣，有害於儒家思想的發展與

雖然相互批評銳氣所指，也讓人有所不悅，不過有時就是在激辯過程，方能找出學說盲點，而進行適度修正。不過諸子也不是只有相互批評，他們也會相互學習，如儒家荀子提出的「法後王」、「正法以齊官」之論點，就有法家思想成分；又如韓非有〈解老〉、〈喻老〉等篇，這就說明韓非有吸取老子的學說，而融入其思想之中。對此，英國漢學家葛瑞漢（Angus Charles Graham，1919～1991）進一步分析說到：「在《韓非子》的部分作品中，……其中的兩篇〈解老〉和〈喻老〉由《老子》的注釋組成，有著韓非通常的清晰而有理智的風格，儘管絕少有法家的標記，這兩篇是這樣一種早期證明，即從那部驚人的文獻《老子》中抽象出來與理解進去的使人激動的東西不必然是神秘性的。」〔註27〕葛先生也說明，在韓非〈解老〉和〈喻老〉篇章中，有著韓非自身思想在其中，且又融入老子學說，並在解析過程，又適度重新理解《老子》，使之又有別於老子學說。此外，諸子亦有綜合各家之學的篇章，如《莊子‧天下》、《荀子‧解蔽》、《韓非子‧顯學》等篇章即是如此。

　　由以上之情況可知，戰國學術思想相當繁榮，而各家學者雖處在戰亂時代，不過也因此，可提出各自理論來改善社會，若獲君主採用則可實現理想。且又當時個人有獨立自主性，學術風氣也由此多元發展，形成爭鳴情形。這是思想的偉大創造時期，是中華思想文化的重要時期，相對於春秋人文理性來說，戰國時期的學術爭鳴盛況，可說是理性思想向前又邁進一大步。

（三）從天道思想到人治思想

　　春秋時代的一些思想家，對天道的觀念之態度與西周相較，已有所不一樣。如老子以道取代帝，而孔子對於宇宙運行，萬物化生，雲雨變化，四季交替，認為是自然界中的自然現象。可見其天道觀相對於西周時期，是進行了變革。

　　在春秋之時，人們對周王的失德情況，將不滿之情緒發洩於天，因此出現恨天、怨天的字詞。而從人們的怨天情緒之表現，也可看出春秋時，天所具有的神聖性已受到衝擊，它不再完全是人們敬畏對象，也不再完全與王權結合而成的神祕力量。故而隨之產生「民」的地位，有提高的情勢。當時有

傳播，社會將從有序而變為無序。於是孟子便覺得有起而反對的責任。」以上
參見龐樸主編：《中國儒學（一）》（上海：東方出版中心，1997 年），頁 62。
〔註27〕參見〔英〕葛瑞漢著，張海晏譯：《論道者——中國古代哲學論辯》（北京：
中國社會科學出版社，2003 年），頁 327。

將民與天聯繫在一起，如《左傳・成公十三年》說：「民受天地之中以生，所謂命也」；〔註28〕又如《左傳・襄公十四年》說：「天生民而立之君，使司牧之，勿使失性」，〔註29〕這些說法則示顯出，春秋時代已有重民的過渡傾向。

隨著生產能力提高，各項勞動需求也跟著增多，而人的價值也隨之體現出來。春秋末年儒家提倡仁義精神，即是一種人道思想，而「自天子以至於庶人，壹是皆以修身爲本」的論點，更是平等觀的體現，使百姓的地位拉高到，相可比於天子的尊位。可說當時思潮已有初步「民本」之態勢。如《管子・霸形》說到：「齊國百姓，公之本也。」〔註30〕又如《左傳・文公十三年》記載邾文公說到：「天生民而樹之君，以利之也。」〔註31〕這些論點對於已走下坡的神權，無疑是重大打擊。以民爲轉移、爲依歸的說法，爲當時思想注入「重民意識」的思考概念。尤其是有輿論指出：「夫民，神之主也。」〔註32〕此把「民」看成是「神」之主，並且還說「先成民而後致力於神」，〔註33〕往昔神權不再完全是威震的主宰，人民已是成爲一股移轉國家政權的新力量。

保民在周初雖有提倡，不過那是與天命論配合下的保民，而春秋所說的保民、有民、得民等，是立足在「先成民而後致力於神」，並將民當作成神之主的標準下來保民的。可說是將民當成是王霸的「資產」，而來重視人民，這是民本思想進步的表現。

而對人民爲何會如此重視？這可說是從歷史教訓中獲知，因爲失去人民信賴支持，而敗亡的國家接連發生，政治思想家認爲不想重蹈國破家亡之轍，則人民的力量必不可忽視。楚尹戌就曾指出：「民棄其上，不亡，何待？」〔註34〕此語道出對人民的新認識，即人民是戰爭成敗之要素。而發生在春秋末的柏舉之戰（506B.C.）就是明顯例子。吳國在軍師孫武（545～470B.C.）的領兵下以3萬兵力，力擊潰楚國的20萬兵力，吳國占領楚國都城郢，而楚令尹子常逃至鄭國，楚昭王也出逃避難，後由於獲得秦國救援才免於滅國。在不免讓人吃驚的是，大國如楚，爲何會不堪吳國一擊，而差點被滅國？於

〔註28〕〔晉〕杜預注，〔唐〕孔穎達等正義：《春秋左傳正義》，卷27，頁460。
〔註29〕同上註，卷36，頁562。
〔註30〕〔春秋〕管仲著，李勉註譯：《管子今註今譯》，頁429。
〔註31〕〔晉〕杜預注，〔唐〕孔穎達等正義：《春秋左傳正義》，卷19，頁331。
〔註32〕同上註，卷6，頁110。
〔註33〕同上註，卷6，頁110。
〔註34〕同上註，卷50，頁879。

是楚國進行反思，而其中有關對民之政策應是關鍵，對此子西（？～479B.C.）有段評語：

> 昔闔廬食不二味，居不重席，室不崇壇，器不彤鏤，宮室不觀，舟車不飾，衣服財用，擇不取費。在國，天有菑癘，親巡孤寡，而共其乏困。在軍，熟食者分，而後敢食。其所嘗者，卒乘與焉。勤恤其民而與之勞逸，是以民不罷勞，死知不曠。吾先大夫子常易之，所以敗我也。〔註35〕

吳國之所以能戰勝楚國，乃是吳國「親其民，視民如子」，此爲致勝根本原因，故吳能勝楚並非偶然。比較兩國，吳國視民如子，而楚國視民如仇。〔註36〕得民者勝，失民者敗，從中是可得出此一道理。

　　時至戰國理性論辯高度發展，有關民本思想也跟進步深入，在諸子著作多有體現，但各思想家思考角度不同，所以提看法內容也就不一。如管仲提倡「愛民」、「慈愛百姓」，〔註37〕不過雖要親民，然對於君王的尊崇更是強調，因在管仲看來國家能安治，尊君是一大要成功要素。並且主張「刑殺毋赦，則民不偷於爲善」，〔註38〕而這即是法家治國之特點。《晏子春秋》則說：「嬰聞之，卑而不失尊，曲而不失正者，以民爲本也」，〔註39〕他對人民之評價，可說看待相當高。而這些思想家的主張，多與政治有某種連結，對此，有學者就指出：「一旦形成學術要密切聯繫政治的社會性觀念，就會使多數學者將政治抱負作爲治學的價值取向。中國古代學術宗旨的主流思想是經世致用，

〔註35〕同上註，卷57，頁992～993。

〔註36〕如《國語・楚語下》這樣描述楚國子常之行徑：「今子常，先大夫之後也，而相楚君無令名於四方，民之贏餒，日已甚矣。四境盈壘，道墐相望，盜賊司目，民無所放。是之不恤，而蓄聚不厭，其速怨於民多矣。積貨滋多，蓄怨滋厚，不亡何待。」以上參見〔春秋〕左丘明著，〔三國〕韋昭注，上海師範大學古籍整理組點校：《國語》（上海：上海古籍出版社，1978年），卷18，頁574。

〔註37〕《管子》記載管仲與齊君有關治國之對話：「管仲朝，公曰：『寡人願聞國君之信。』對曰：『民愛之，鄰國親之，天下信之，此國君之信。』公曰：『善，請問信安始而可？』對曰：『始於爲身，中於爲國，成於爲天下。』公曰：『請問爲身？』對曰：『道血氣以求長年長心長德，此爲身也。』公曰：『請問爲國？』對曰：『遠舉賢人，慈愛百姓，外存亡國，繼絕世，起諸孤，薄稅斂，輕刑罰，此爲國之大禮也。』法行而不苛，刑廉而不赦，有司寬而不凌，苑濁困滯皆法度不亡，往行不來而民游世矣，此爲天下也。」以上參見〔春秋〕管仲著，李勉註譯：《管子今註今譯》，頁377。

〔註38〕〔春秋〕管仲著，李勉註譯：《管子今註今譯》，頁262。

〔註39〕吳則虞編著：《晏子春秋集釋》（北京：中華書局，1962年），卷4，頁282。

而經世的內容也主要是解決社會政治問題。這促使古代中國讀書人，普遍的政治熱情與社會責任感，而形成具有較強理性力量的政治文化。」〔註40〕的確，能夠經世致用是思想家最大抱負，而其思想理論則是實踐的原則，而不同之原則，對於人民的定位，也就有不同的區別。

將人民抬至高峰，孟子應可爲代表，他主張行仁政，爲政者要讓人民有恆產，且要救濟貧困之人，對於賦稅要能較儉薄賦。對此，蕭公權進言之：「孟子本不忍人之心，欲矯當時虐政之弊，故於民生之塗炭，再三致意而發爲『保民』之論。此殆深受時代之影響，非孟子立意求改仲尼之道也。抑又有進者，孟子雖以受歷史環境之刺激，主張制產裕民，然並不與時代風尚相妥協而遂接受其功利主義。」〔註41〕可見孟子之主張背後，是有其時代環境之考量，無非也是想改善當時虐政之弊。此外，孟子最大不同主張是提出「民爲貴，社稷次之，君爲輕」，〔註42〕將人民的地位排在首位，而高於國家、國君。這是因爲在孟子看來，得民與失民關係著國家存亡，故人民的價值可用諸侯之寶來形容。〔註43〕人民所以爲諸侯之寶，可從兩方面來說，其一是人民的支持與否，關係國家存亡與否，「暴其民，甚則身弒國亡，不甚則身危國削」。〔註44〕其二乃是國家財政之源來自人民，故民生豐足與否，決定國家富裕與否。因此孟子主張，上位統治者在欲望喜樂應當「與百姓其之」，不可只圖君王獨自享樂，而不體民生疾苦。

而法家立場是以君利爲中心，來看待百姓。因此提倡君主專制，認爲「民勝法，國亂；法勝民，兵強」，〔註45〕對於人民是採取以法禁之，以利導之的策略，來統治人民。故有學者指出戰國思想家：「他們的思想和理論也都越不出他們所代表的階級或階層所越不出的界限。他們在理論上所得出的任務和辦法，也就是他們所代表的階級或階層的物質利益和社會地位，在實際上引導這些階級或階層得出來的任務和辦法。」〔註46〕法家就是明顯例子，他們

〔註40〕 參見張國剛、喬治忠：《中國學術史》（上海：東方出版中心，2006 年），頁 114。
〔註41〕 參見蕭公權：《中國政治思想史（一）》，頁 84。
〔註42〕 〔東漢〕趙岐注，〔唐〕孫奭疏：《孟子注疏》，卷 14，頁 251。
〔註43〕 孟子說：「諸侯之寶三：土地，人民，政事。寶珠玉者，殃必及身。」參見同上註，卷 14，頁 259。
〔註44〕 同上註，卷 7，頁 125。
〔註45〕 賀凌虛註譯：《商君書今註今譯》，頁 48。
〔註46〕 馮友蘭：《中國哲學史新編》（北京：人民出版社，2007 年），上卷，頁 49。

就是站在君利的立場下，來提出其治民政治思想。

　　由上所述，戰國諸子治民思想是承續春秋以來對民之關懷。而進入戰國後，人世紛亂白熱化，天的形象已被淡去，而人民地位抬升。爭取人民的信賴與支持，成為各國君穩固政權，以及爭奪霸位的重要憑藉。可說戰國時代對人民重視更勝於君，也可以說是從重天道轉向於重人道人治的思想。

二、小傳統：地域性的鄒魯思想文化

（一）由孟母教子觀得鄒魯思想文化

　　關於孟子是何國之人，有認為是鄒國人，如《史記‧孟子荀卿列傳》說：「孟軻，騶（鄒）人也。」〔註 47〕就是持此說法，認為孟子是鄒國人，而這也是大家所接受的。〔註 48〕不過也有學者認為孟人是魯人而居於鄒，如趙岐（邠卿，108～201）在〈孟子注疏題辭解〉說：「孟子，魯公族孟孫之後，故孟子於仕於齊，喪母而歸葬魯也。」〔註 49〕錢基博（子泉，1887～1957）也說：「孟子，鄒人也；名軻，魯公族孟孫之後也。」〔註 50〕這種說法，是認為孟子其先祖是魯國人，故孟子其實是由魯人居於鄒之人。更有學者直接說孟子是魯國人，如如元代程復心（見行，1258～1341）在《孟子年譜》說孟子「鄒邑人也。孔子生魯昌平鄉陬邑，即叔梁紇所治地，為故鄒城，孟子居，去故鄒城五十里。孟子曰：近聖人居，若此其甚也。」〔註 51〕就是持孟子是

葛兆光對法家商鞅的思路進行也分析說到：「他（商鞅）主張『不可以須臾忘於法』，一方面禁止那些不切實用而好高驚遠的理想主義，使一切都納入實際的法制規範，一方面提倡按照法律規則制裁和監督官吏和民眾，把所有人的心靈與行為都嚴格管束起來，他希望『法任而國治』，就是希望達成一個嚴格、有效的官僚管理系統，形成整齊、規範的社會秩序，以取代早期的基於血緣親情的倫理規範，取代基於心理自律的道德自覺，既然一切都在『法』的範圍之內，人的思想和行為都被限制在『法』之中。」參見氏著：《中國思想史》（上海：復旦大學出版社，2000 年），頁 165。

〔註47〕〔西漢〕司馬遷撰，〔劉宋〕裴駰集解，〔唐〕司馬貞索隱，〔唐〕張守節正義：《新校本史記三家注并附編二種》，卷 74，頁 2343。

〔註48〕如何曉明亦指出：「經過清代考據學家們的精密辨析，孟子籍貫為鄒，已為大多數學者所認同。」參見氏著：《亞聖思辨錄》（開封：河南大學出版社，1997年），頁 3。

〔註49〕〔東漢〕趙岐注，〔唐〕孫奭疏：《孟子注疏》，頁 4。

〔註50〕錢基博：《中國文學史》（北京：中華書局，1993 年），頁 33。

〔註51〕〔元〕程復心：《孟子年譜》，《孔子論語及其他一種》（上海：商務印書館，1929 年），頁 2。

魯國人之看法。由上所述看來，孟子雖是居於鄒國，但其先祖是魯國人，因此可說孟子與鄒國魯國的文化，是有相當密切關係。

鄒地所屬的文化，在先秦可稱為鄒文化。而鄒國和魯國，因為地理位置相近，〔註 52〕且文化構成上有其相似性，對此，古籍上就時常將鄒魯連稱，如《莊子·天下》有言：「其在於《詩》、《書》、《禮》、《樂》者，鄒魯之士，搢紳先生，多能明之。」〔註 53〕其中就將鄒、魯兩國之士人合稱為「鄒魯之士」的說法；又漢代更是如此，《史記·貨殖列傳》說：「鄒魯濱洙泗，猶有周公遺風，俗好儒，備於禮」；〔註 54〕《漢書·韋賢傳》說：「濟濟鄒魯，禮義唯恭，誦習弦歌，於異他邦。」〔註 55〕文中說鄒魯之人，有周公好禮之遺風，又因崇敬禮義而有別於他國。以上古籍文獻都將鄒魯視為一個整體文化體系，來加以看待。此外孔子之孫子思曾在鄒地講學，又加上孟子的特殊性，使得鄒魯兩種文化更加融在一起，因而無法分開論述，而需將鄒魯文化並提討論。

因此，對小傳統地域性鄒魯文化的討論，只是可看見孟子命觀念思想的小傳統文化成素。而孟子居鄒時是由孟母所撫養，而孟母對孟子之教養，是孟子成才的非常重要環結。西方人類學學者就指出孩童時期的環境對人的一生影響很大：「經過童年的經驗，每個人對於他所生活於其中的是個什麼樣的世界，人們如何行動以及應該如何行動等等問題，都建立了一套概念系統，一套理論。這些關於人們生活的背景以及他們的行動方式之理論，部分地與社會中的其他成員共享，部分地融入了個人獨特的經驗及每個人生活地位的特點。」〔註 56〕因此孟母之教養，是影響孟子日後人格發展的重要來源。而孟母是鄒魯文化的承續者，故其教養的過程中，即是對鄒魯文化所作的展現，因此對孟母的教養所作的分析，即可探究出鄒魯文化，以下分析之。

〔註 52〕 明代碑刻〈重修廟垣記〉即載說：「鄒實古邾，密邇魯邦，乃鄒國亞聖公所生之里，號稱詩禮之鄉。」參見劉培桂：《孟子林廟歷代石刻集》（濟南：齊魯書社，2005 年），頁 120。

〔註 53〕 〔戰國〕莊周撰，〔清〕郭慶藩輯，王孝魚整理：《莊子集釋》（北京：中華書局，1995 年），卷 10，頁 1067。

〔註 54〕 〔西漢〕司馬遷撰，〔劉宋〕裴駰集解，〔唐〕司馬貞索隱，〔唐〕張守節正義：《新校本史記三家注并附編二種》，卷 129，頁 3266。

〔註 55〕 〔東漢〕班固撰，〔唐〕顏師古注：《新校本漢書》（北京：中華書局，1981 年），卷 73，頁 3106。

〔註 56〕 〔美〕基辛著，甘華鳴、陳芳、甘黎明譯：《文化·社會·個人》（瀋陽：遼寧人民出版社，1988 年），頁 116。

　　趙岐〈孟子注疏題辭解〉有說：「孟子生有淑質，夙喪其父，幼被慈母三
遷之教。」〔註57〕而「孟母三遷」首先是記載於《列女傳》，其載說：

　　　鄒孟軻之母也。號孟母。其舍近墓。孟子之少也，嬉遊爲墓間之事，
　　　踴躍築埋。孟母曰：「此非吾所以居處子也。」乃去，舍市傍，其嬉
　　　戲爲賈人衒賣之事。孟母又曰：「此非吾所以居處子也。」復徙，舍
　　　學宮之傍。其嬉遊乃設俎豆揖讓進退。孟母曰：「眞可以居吾子矣。」
　　　遂居及。〔註58〕

孟母了解孩子學習過程中「環境」的重要，所以當居於鄰近墓地，孟子「嬉
遊爲墓間之事」；居住市場旁，孟子「嬉戲爲賈人衒賣之事」，孟母皆有所警
覺，孩子受不良影響，因此遷家。最遷居學宮旁，孟子乃學會揖讓進退之禮
儀，而說「眞可以居吾子」，而定居於此。從孟母三遷中對學習環境的選擇，
則可看到鄒魯文化是對「學習環境」之重視，因爲環境好壞，決定人格發展
成善或不善。

　　對於教育之重視，除孟母三遷外，又《列女傳》記載「孟母斷織」一事，
尤表現更爲突出，其說：

　　　孟子之少也，既學而歸，孟母方績，問曰：「學何所至矣？」孟子曰：
　　　「自若也。」孟母以刀斷其織。孟子懼而問其故，孟母曰：「子之廢
　　　學，若吾斷斯織也。夫君子學以立名，問則廣知，是以居則安寧，
　　　動則遠害。今而廢之，是不免於廝役，而無以離於禍患也。何以異
　　　於織績而食，中道廢而不爲，寧能衣其夫子，而長不乏糧食哉！女
　　　則廢其所食，男則墮於脩德，不爲竊盜，則爲虜役矣。」孟子懼，
　　　旦夕勤學不息，師事子思，遂成天下之名儒。〔註59〕

孟母認爲學習學問可以廣博知識，更可依此立名。故對於孟子疏於學習之態
度，就以刀剪斷織布示之，荒廢於學如同織布過程中剪斷織布而無法用一樣，
更重要是孟母意識到廢學最終將導致「墮於脩德，不爲竊盜，則爲虜役」之
後果。所以勉勵孟子當勤於學業，孟子因而勤學不息，於是成爲天下之名儒。
從中孟母之教，可以得知鄒魯文化對於「勤學」之重視。

　　而在《韓詩外傳》中有記載「孟母不欺子」之事。當孟子問鄰居爲何殺

〔註57〕　〔東漢〕趙岐注，〔唐〕孫奭疏：《孟子注疏》，頁4。
〔註58〕　〔西漢〕劉向撰，張敬註譯：《列女傳今註今譯》（台北：台灣商務印書館，
　　　　1994年），頁35～36。
〔註59〕　同上註，頁36。

豬，孟母只是隨口答說，是要殺豬給孟子吃的，但事後孟母後悔有欺騙孟子說了慌，孟母說到：「吾懷妊是子，席不正，不坐；割不正，不食；胎教之也。今適有知而欺之，是教之不信也。」〔註60〕於是孟母事後爲補其過，因而「買東家豚肉以食之，明不欺也」，〔註61〕也就是用事後的行爲來補其過，以明不欺於孟子。這是一種誠信的行爲，也顯示出鄒魯文化是講求「誠信」的。又孟母對於禮亦是相當重視，如《列女傳》記說：「孟子既娶，將入私室，其婦袒而在內，孟子不悅，遂去不入。婦辭孟母而求去，⋯⋯於是孟母召孟子而謂之曰：『夫禮，⋯⋯將上堂，聲必揚，所以戒人也。⋯今子不察於禮，而責禮於人，不亦遠乎！』孟子謝，遂留其婦。」孟子本不諒解其妻不合宜之舉，但孟母反以禮說於孟子，認爲是孟子不太禮貌在先，故不能責怪其妻，於是孟子也就不責怪其妻。在此孟母體現合情合禮的一面，由此亦可知鄒魯文化對「知禮」之強調。

由以上所論，可由孟母教子之表現，可反映出在鄒魯思想文化中，關於環境、勤學、修德、誠信、敬禮等皆相當重視與大力提倡。

（二）由子思學術觀得鄒魯思想文化

有關孟子的師承之說法，約略有三種。其一，認爲孟子師承子思門人。如司馬遷（子長，145 或 135～87B.C.）就是持這種說法，《史記・孟子荀卿列傳》就說：「孟軻，鄒人也，受業子思之門人」。〔註62〕其二，認爲孟子師承子思。此爲劉向的看法，其在《列女傳》指出：「孟子旦夕勤學不息，師事子思，遂成天下之名儒。」〔註63〕與此看法相同者還有班固（孟堅，32～92），其在《漢書・藝文志》也說：「《孟子》十一篇。名軻，鄒人，子思弟子。」〔註64〕而以往學術界大都以此說爲主要說法。其三，認爲孟子師承子思的兒子，亦即師承子上。在《孟子外書・性善辨》就有此種說法。〔註65〕

〔註60〕　〔西漢〕韓嬰著，賴炎元註譯：《韓詩外傳今註今譯》（台北：台灣商務印書館，1979 年），卷 9，頁 365。

〔註61〕　同上註，卷 9，頁 365。

〔註62〕　〔西漢〕司馬遷撰，〔劉宋〕裴駰集解，〔唐〕司馬貞索隱，〔唐〕張守節正義：《新校本史記三家注并附編二種》，卷 74，頁 2343。

〔註63〕　〔西漢〕劉向撰，張敬註譯：《列女傳今註今譯》，頁 36。

〔註64〕　〔東漢〕班固撰，〔唐〕顏師古注：《新校本漢書》，卷 30，頁 1725。

〔註65〕　《孟子外書・性善辨》說：「曼殊不擇問於孟子曰：『夫子焉學？』孟子曰：『魯有聖人，曰孔子。曾學於孔子，子思學於曾子。子思，孔子之孫，伯魚之子也。子思之子曰子上，軻嘗學焉，是以得聖人之傳也。」而詳細內容，亦

　　關於上述三種說法，以第二種在學術上影響較大，影響著漢魏至隋唐。不過對此種說法，到了明代即有學者反對，焦竑（弱侯，1540～1620）《焦氏筆乘》就指出：「孟子非受業子思」的看法。〔註66〕而到了清代學者，周廣業（勤圃，1730～1798）在其《孟子四考》考證後說到：「夫思、孟生卒之年既不相值，而孟子稱子思字者非一，又言『昔者魯繆公』其爲追溯無疑。」因此他在考證之後，認爲孟子受業於子思之說「其實非也」。〔註67〕這些學者之考證，雖有些不同，不過皆從子思和孟子二者在年代時間沒有接連，來論證孟子不太可能直接受業於子思本人。而其實孟子沒有直接受業於子思，還其一項重要證據，即是孟子自己曾說：「予未得爲孔子徒也，予私淑諸人也。」若是孟子曾受業於子思，應會提及的，而不會說是「私淑諸人」，因爲稱呼子思是諸人，爲不太禮貌之稱。故孟子所說的諸人，應是指子思之門徒而言。

　　故孟子師承的說法，以受業於子思門人較爲合理。不過就算是孟子沒有親自受業於子思本人，而受業於子思門人，然而子思門人亦是對子思學說之繼承，故說來子思學說還是對孟子有著重要影響，這也應是不爭的事實。

　　而子思是戰國初之人，且活動於鄒魯宋一帶，所以子思學說某種層度來說，也是反映出鄒魯思想文化，那麼從子思的學說中，就可窺探出鄒魯思想文化。因此以下，就對子思學說進行討論。

　　雖說有學者說到：「研究子思的思想，不能不討論〈中庸〉，因爲〈中庸〉乃子思所作，古籍有明確記載。」〔註68〕但是自從郭店楚墓竹簡的發現，豐富子思學說的相關資料。而學者研究分析後，認爲其中的郭店楚簡〈魯穆公問子思〉，是記錄子思言論之篇章；郭店楚簡〈五行〉應是荀子所謂「子思唱之，孟輯和之」，「案往舊造說，謂之五行」的實際內容，故此篇也應是子思的學說內容。〔註69〕因此關於子思學說，除〈中庸〉文獻資料外，郭店楚簡

　　　　　可參閱孫開泰：《孟子思想研究》（濟南：山東大學出版社，1986年），頁395。

〔註66〕〔明〕焦竑：《焦氏筆乘》（上海：上海古籍出版社，1986年），卷3，頁92。

〔註67〕〔清〕周廣業：《孟子四考》，《清經解續編》（上海：上海書店，1988年），第1冊，卷230，頁1077。

〔註68〕梁濤：《郭店竹簡與思孟學派》（北京：人民大學出版社，2008年），頁261。司馬遷《史記・孔子世家》即是說：「嘗困於宋。子思作〈中庸〉」；朱熹《四書章句集注》也說〈中庸〉是「子思子憂道學之失傳而作也。」

〔註69〕參見郭沂：《郭店竹簡與先秦學術思想》（上海教育出版社，2001年），頁24～25；姜廣輝：《中國經學思想史》，頁158～168；李學勤：〈荊門郭店楚簡中的《子思子》〉，收入姜廣輝主編：《郭店楚簡研究》（《中國哲學》第20輯），頁75～80；梁濤：《郭店竹簡與思孟學派》，頁14～15。

亦是資料依據。

關於五行說。而這也是荀子提到「案往舊造說，謂之五行」的對象。
〔註70〕而到底子思所說五行是什麼？郭店楚簡〈五行〉記說：

> 五行：悥（仁）型（形）於內胃（謂）之惪（德）之行，不型（形）
> 於內胃（謂）之行。義型（形）於內胃（謂）之惪（德）之行，不
> 型（形）於內胃（謂）之行。豊（禮）型（形）於內胃（謂）之惪
> （德）之行，不型（形）於內胃（謂）之〔行。智形〕於內胃（謂）
> 之惪（德）之行，不型（形）於內胃（謂）之行。聖型（形）於內
> 胃（謂）之惪（德）之行，不型（形）於內胃（謂）之惪（德）之
> 行。〔註71〕

由簡文可知，其所謂的五行，是指仁、義、禮、智、聖等五種德行。而為何
說這是「案往舊造說」？其實仁義淵源也頗早的，如《莊子・在宥》即描述
說：「昔者黃帝始以仁義攖人之心，堯、舜於是乎股無胈，脛無毛，以養天下
之形，愁其五藏以為仁義，矜其血氣以規法度。」〔註72〕此即是說早在黃帝、
堯、舜之時，已有提倡行仁義於天下之舉措，只是當時還沒有將此舉措行為，
發展成為仁義學說。至於禮的規範，在西周初期即有周公的年制禮作樂，此
為禮的集大成之時。所以五行之義，可說是「案往舊造說」，不過就算是依往
舊而來造說，也證明仁、義、禮、智、聖是中國古代文化的重要概念，所以
對此子思才會將此五種德行大力「唱之」，而稍後孟子也跟著以仁、義、禮、
智並舉而「和之」。

關於性命之說。首先將命與性合在一起的是子思，其在〈中庸〉首章即
說：「天命之謂性，率性之謂道，修道之謂教。」〔註73〕依照子思之看法，
其認為個人之性，是秉之於天命，而是秉受過程又是如何？宋代朱熹《四書
章句集注》進一步解說：「天以陰陽五行化生萬物，氣以成形，而理亦賦焉，
猶命令也。於是人物之生，因各得其妥所賦之理，以為健順五常之德，所謂
性也。」〔註74〕此中五行是指金、木、水、火、土等；而所謂五常是指仁、

〔註70〕〔戰國〕荀卿撰，〔清〕王先謙：《荀子集解》（北京：中華書局，1954年），
頁98。

〔註71〕此段簡文見於荊門市博物館編：《郭店楚墓竹簡》，竹簡圖版第1～4簡，29；
竹簡釋文，頁149。

〔註72〕〔戰國〕莊周撰，〔清〕郭慶藩輯，王孝魚整理：《莊子集釋》，卷4，頁373。

〔註73〕〔宋〕朱熹：《四書章句集注》（北京：中華書局，2003年），頁17。

〔註74〕同上註，頁17。

義、禮、智、信等。亦即是人之性，乃在天地陰陽化生萬之時，就隨之賦予人性，而五常之德也隨之賦予到人性，而循此先天之性，也即是道之所在。

　　關於中庸說。〈中庸〉即說：「喜怒哀樂之未發，謂之中；發而皆中節，謂之和。中也者，天下之大本也；和也者，天下之達道也。致中和，天地位焉，萬物育焉。」〔註75〕所謂未發，是細察於人性之中；所謂發而中節，是指顯發之表現，皆能和於天下之事與物。當喜怒哀樂未發之時，此時是天之所命的性，此性既是天所命則是善的是誠的，而這也即是天下之大本，稱爲「中」。當喜怒哀樂已發而皆是中節，這是人率性循道的結果，而這也是天下其循的大道，所以才說「和也者，天下之達道也」。此外，子思又提出「誠」的觀念，其說：「誠者自誠也，而道自道也。」〔註76〕而誠不是外在的要求，至誠盡性是內在的自我要求，是自發的表現狀態。而當自我獲得實現的同時，萬物也跟實現物之意義，因爲成己成物是一體兩面，其相通便在於誠。成己成物不是神祕的，當人在日常生活做到過與不及的中間平衡處，即是能在每個具體環境中懂得時之所宜，以及行之所宜，而能做到如此，也即是中和之境界，而此時自己與萬物的關係，也就保持中和的狀態，而當個人不斷努力保持做到這樣的中和境界，就可說是一種「至誠無息」的生命表現。

　　由以上可知，子思學說所反映出的鄒魯思想文化，即是仁、義、禮、智、聖等五種德行的重視；還有對於性命的關注；以及中庸之道與誠哲學的提倡。

第三節　孟子「命」觀念思想形成的天論與心性論之理論根據

　　置身於大千世界之中，最直觀的生存感受是自身生存所在之大地，與相對於大地的天上。而自身周圍之大地，它提供人類生存所需之食衣來源，以讓人類生存不致有所困乏，因而使得人類對於自然有著親切之感。不過對於在人頭之上的天，人類雖仰頭即可觀看，但它則不是那麼容易能去了解，它似乎高深莫測，又好像變化無常。而在戰國中期的孟子，其對天的了解又是如何呢？以及對人自身的心性內容之看法爲何？對此以下進行討論。

〔註75〕同上註，頁18。
〔註76〕同上註，頁33。

一、孟子的天論

　　孟子對於某些事情「莫之爲而爲者」，認爲這就是天。也因此他認爲人順從天意就能生存，若是違逆天意就會遭滅亡，所以《孟子‧離婁上》說到：「天下有道，小德役大德，小賢役大賢；天下無道，小役大，弱役強。斯二者，天也。順天者昌，逆天者亡。」〔註77〕天下的政治若是清明有道，則上位者會是有德高尚、有賢通達，來統治天下百姓。不過若是天下政治處在哀頹無道之際，則情形相反，掌權者是無德惡劣、無賢低下，天下由此種人來統治百姓。那天下應該會是如何，也就是說天下會是這兩種情形中的那一種狀態，則是由天所決定。所以孟子認爲，人要能順從天意，而不去違背天意，如此則可得昌盛。

　　不過天並非是要讓弱小永遠受役於暴強之下，而是要讓有德賢能者治理天下，故孟子說：「天與賢，則與賢；天與子，則與子。」；〔註78〕又說到：「匹夫而有天下者，德必若舜禹。……天之所廢，必若桀紂者也。」〔註79〕天授予天下於有賢德之人，而廢除昏庸之暴君。因此要能受天之所予，而有天下的人，他必有如舜、禹之德才。而如果是像桀、紂般之暴君在位，則天必定會廢除他。這是因爲天總是要讓人民，可以各得其所，並且能安居善終。由此亦可知，此天具有興廢人君之權力，故此天即爲「主宰天」。

　　又孟子弟子萬章問說：「堯以天下與舜，有諸？」孟子回答說不是，因「天子不能以天下與人」。萬章又問說：「然則舜有天下也，孰與之？」孟子告訴他：「天與之。」〔註80〕舜能繼承天子之位，不是堯給他的，而是天所授予於舜的。天之所以授予舜，而不是授予堯之子，乃是因爲舜的賢能有德所致。所以讓舜來主持國家祭祀大典，而眾神皆樂於接受祭品，這顯示天同意了；讓舜來治理國家，而百姓受其統治並且愛戴擁護他，表示百姓接受選擇。既然天與百姓都同意接受，舜當然可以繼位天子之位。因此，舜有天子之位，乃天授予他的，乃人民給他的，所以天子不能自己私下將天下給人。對此有學者指出：「就天以天下與舜來說，舜得天下是天意，而天意與人也是相通的，先是堯薦舜於天，而天受之，然後天再暴之於民，而民受之，通過民意來表

達天意。」〔註81〕天與百姓卻是希望有賢有德之人，能居於上位來統治國家，爲百姓造福祉，帶給國家社會安康，而天無法說出話，因而透過民意來顯示天意。

此外，就連人世間的人事往來，也由天所預定安排的，如魯平公（？～303B.C.）本來要去接見孟子，可是卻被小臣臧倉所阻礙，而沒有接見孟子，對此《孟子‧梁惠王下》說到：「行，或使之，止，或尼之。行止，非人所能也。吾之不遇魯侯，天也。臧氏之子，焉能使予不遇哉？」〔註82〕在孟子看來，他之所以不能見至魯平公，不是小臣臧倉所能決定的，此事是上天所決定。因而他認爲一個人想做一件事，或順利或受阻礙，這非人力所決，而是天意的安排所致。

由上所述的天，皆是孟子對主宰天之看法。不過孟子對於天，還是有其他看法，如《孟子‧梁惠王上》說：「七八月之間旱，則苗槁矣。天油然作雲，沛然下雨，則苗浡然興之矣。其如是，孰能禦之？」〔註83〕禾苗沒水則枯槁死去，若下雨受到滋養，禾苗則生機勃然。天雨是一種自然現象，有其自然規律存在，沒有人「能禦之」。故人只能順應這種自然規律，去認識它，進而知道其中之運行規律。

順應自然，就是了解事物本身的各種自然特性，不去刻意違反它；若不順應自然，而強行去干擾它，則最後可能四處碰壁。因此，孟子對於農事耕作，認爲要能「不違農時」，〔註84〕而順時去耕作，這樣才可有好的收成；對於山林木業，認爲想要「材木不可勝用」，〔註85〕其前提就必需作好水土保護，以及不要過度濫伐樹木；而想要有「魚鱉不可勝食」，〔註86〕在平時就需照顧好魚苗，而捕魚時不可一網捕盡。而這些積極有爲的處事態度，就是在提示人們要能順應「自然天」。

他也談論天象歲時，《孟子‧離婁下》說到：「天之高也，星辰之遠也，苟求其故，千歲之日至，可坐而致也。」〔註87〕很多有關自然現象是無法用直觀去了解，像是天有多高，或是星辰有多遠，不過若是有關天的運行周期，

〔註81〕錢遜：《先秦儒學》（台北：洪葉文化事業有限公司，1994年），頁125。
〔註82〕〔東漢〕趙岐注，〔唐〕孫奭疏：《孟子注疏》，卷2，頁47。
〔註83〕同上註，卷1，頁21。
〔註84〕同上註，卷1，頁12。
〔註85〕同上註，卷1，頁12。
〔註86〕同上註，卷1，頁12。
〔註87〕同上註，卷8，頁152。

則是可推算出其規律，就算是千年以後的冬至日，還是可坐著去推算出。對於天之高與星之遠的自然現象，不是人力所能觀察的，而這種天的自然作爲，自然的存在，即是自然天。

孟子認爲自然界的事物，各有其不同特性，如《孟子・盡心上》：「日月有明，容光必照」，〔註88〕這是對光自然運動規律之描述，認爲太陽與月亮必能依照其特性，去照耀著四周大地。又如《孟子・盡心上》：「流水之爲物也，不盈科不行」，〔註89〕這是說明水之規律特性，乃是流向低窪處，並且盈滿之後才又再流向他處。再如水中的魚群，爲躲避水獺捕食，因而潛游在深水層中；鳥類爲了躲避鷹類之捕食，而會將自己棲身在茂密的森木中。而以上自然界的各項規律與特性，都是出於自然的作爲，而持續按照規律與特性不斷運動著。

孟子論自然天，認爲它是客觀的存在物，《孟子・盡心上》就說到：「公孫丑曰：『道則高矣，美矣，宜若登天然，似不可及也。何不使彼爲可幾及而日孳孳也？』孟子曰：『……中道而立，能者從之。』」〔註90〕公孫丑把道比喻爲天，認爲天廣大而高遠，又似乎天爲遙不可及，孟子就說這種自然之天本是自然存在，而人要爲順應此自然之天。這就說明孟子認爲天是自然存在，它不用言語表達，而以其運行來顯示規律。

孟子對義理天之認識，可說是他對天之看法中最爲豐富的一層。在孟子看來天有其義理，天在降生人民的過程中，便降予人民有了義禮的人道，而此義禮人道之本源即是天。因此，人民對於道德義禮之追求完善過程，其實也就是對於義理天所進行的了解。

而這種關於對義理天進行認識，在子思學說中就已經有所表述，〈中庸〉第二十章即說：「誠者，天之道；誠之者，人之道也。」〔註91〕對此孟子則承續子思的看法，認爲對於天的認識，要用思考、分析的態度來認識它，亦即是採取理性態度去認識天。孟子認爲仁義禮智本源於天，而誠也是源自於天，所以《孟子・離婁上》即說：「誠身有道，不明乎善，不誠其身矣。是故誠者，天之道也；思誠者，人之道也。」〔註92〕誠就是眞誠不欺，全心全意，而這

〔註88〕同上註，卷13，頁238。
〔註89〕同上註，卷13，頁238。
〔註90〕同上註，卷13，頁243。
〔註91〕〔宋〕朱熹：《四書章句集注》，頁31。
〔註92〕〔東漢〕趙岐注，〔唐〕孫奭疏：《孟子注疏》，卷7，頁133。

是人應具備之美德。除論人外孟子還論及天，說誠乃是「天之道」，亦即誠是天的特質。而說人應要「思誠」，而孟子為何要人去思誠？有學者分析說：「天道，只是一個至誠無息，……人道，亦應該至誠無息，只因人不能時時精純不二，所以要做『思誠』的工夫。」〔註93〕即是因為人自己無法如至誠無息，所以人應致法天之至誠無息特質，進而從中獲得誠的品德。

誠乃是天之道，而人去追求並把握住誠，即是人之道，而當人有了誠道在心，則此時人之道即是天之道。人思誠的同時，即是思天道，因而思誠就能知曉天道。這種具有誠道的天，自是一種「義理天」。誠如學者所說的：「在孟子的天論中減少了天的主宰性的成分。……從思誠方面講，則擴大了人性中的義理性，減低了天的宗教性。」〔註94〕於是就這樣，人能知道何為善何為惡，而思誠從善，並以誠心去待人接物。此外，孟子也談到從心性至於天的思想羅輯進程，此即在《孟子‧盡心上》說的：「盡其心者，知其性也。知其性，則知天矣。」〔註95〕盡心就是推致人之善心，進而能明瞭知道此善心即吾人之善性，而此善性之源來至於天，就是知天，而此天即是一種「義理天」。

關於人的品格，孟子分為善、信、美、大、聖、神六種，而此是就道德層次來分類，其說：「可欲之謂善，有諸己之謂信，充實之謂美，充實而有光輝之謂大，大而化之之謂聖，聖而不可知之之謂神。」〔註96〕而依照所達到的道德層次，孟子認為只有聖、神這兩種道德層次，才可知天之道，並進而能夠「上下與天地同流」。至於其弟子如樂正子，孟子將他歸於善、信之間，而在美、大之下。可見要達到聖、神之層次，不是一般人可輕易達到的，因為聖、神之人可以知天，知道義理之天，並且能把握此義理天，而因理解義理天，故對於人事能運用自如，所以聖、神之人往往就是人們企望與學習的最佳對象。

綜觀孟子對天之說法，他對天之敬畏，也就是承認有主宰天之存在。對自然界規律的順應，即反映出他的自然天之看法。不過孟子對人還是很關懷的，人可思誠而知天之道，而此天即是義理天，人思誠則知義理天之道，而

〔註93〕蔡仁厚：《孔孟荀哲學》（台北：台灣學生書局，1984年），頁239。
〔註94〕侯外廬主編：《中國思想通史》（北京：人民出版社，2004年），第1卷，頁395。
〔註95〕〔東漢〕趙岐注，〔唐〕孫奭疏：《孟子注疏》，卷13，頁228。
〔註96〕同上註，卷14，頁254。

能知善心誠，由此亦可看出孟子之天論，也含有肯定人之積極有爲的一面。

二、端／善：孟子的心性論

孟子將心賦予特別涵義，稱此心爲良心，其在《孟子・告子上》說：

> 雖存乎人者，豈無仁義之心哉？其所以放其良心者，亦猶斧斤之於木也，旦旦而伐之，可以爲美乎？其日夜之所息，平旦之氣，其好惡與人相近也者幾希，則其旦晝之所爲，有梏亡之矣。〔註97〕

有些人身上爲何沒有仁義之心？這是因其不善於保養，而喪失了良心。在此孟子將仁義之心與良心結合在一起談論，雖然二者有名稱上的不同，不過在本質上二者是一樣。孟子用仁義之心來說明良心，可見良心也是道德之心。

對於良心孟子又將其稱作本心，而本心即是本來固有的心。孟子認爲本心雖然人皆有之，但在君子則存之，在小人則失之。對於萬鍾般的豐厚之祿，如果不合禮儀而獲得，君子是寧死也不接受的。有飯有湯而就可活命，但若是受盡委屈且又受盡辱罵才可獲得，則就算路上乞人也是不能接受的。這些不能接受的舉動，是本心所告知，而這種心本來即有，所以才稱爲本心。

在《孟子》書中，作爲其性善論之基礎的心，乃是四心，即是惻隱之心、善惡之心、恭敬之心、是非之心。而孟子又將此四心稱爲良心本心，在孟子看來良心本心是人人皆有的，例如：「乍見孺子將入於井，皆有怵惕惻隱之心。」〔註98〕忽然之間看到小孩就要落入井中，一般人皆會發出悲憫不忍之心，而這即是惻隱之心。〔註99〕既然人皆在惻隱之心，而惻隱之心即是良心本心，故人也皆有此良心本心。而關於這種惻隱之心，法國漢學家于連（Francois Jullien，1951～）則稱之爲「道義心」，其說：

> 這些自然的反應該被看做是我們的道義心之標示（indice）：它們不僅是道德自身的體現，而且也給予了我們發掘道德的可能：在羞恥

〔註97〕同上註，卷11，頁200。

〔註98〕同上註，卷3，頁65。

〔註99〕對此傅佩榮則說到：「惻隱之心有程度之不同。有些人較爲敏感，不僅對別人不忍，也對一些小動物不忍，甚至會像林黛玉一樣，見了落花也掉淚。有些人則較爲遲鈍，非要等到重大刺激才覺悟自己與他人之間的同胞親情。不論敏感或遲鈍，只要還有感受能力，就還有希望。……火開始燃繞，水開始暢流，看起來小小的源頭，最後竟可以成就偉大的善行，而這一切都出自一點點惻隱之心。」參見氏著：《傅佩榮《四書》心得》（上海：上海三聯書店，2007年），頁118。

或憐憫等反應之際，道義之心終於可以在經驗層面上顯現出來，而道德在當下感受之中，一時不容置疑，我們亦可抓住這些線索，追溯到它隱藏的根底。也就是說，有了這些反應爲契機，我們的道義心也就自其潛居之境倏然而出，內含「邏輯」於是即目可見。〔註100〕

在此于生生認爲人們面對某些事情的發生，會有產生憐憫的反應，而恰是在這種憐憫反應之際，人們便將潛藏的道義心，在經驗層中顯示出來了。而這種「道義心」也就「惻隱之心」，也亦即是「良心」。因爲當人們看到孩子將落入井中，即刻會產生惻隱之心的心理，會想要去救他，此時不是爲了得取其父母的回報，也不是爲了獲取鄉里的贊譽，對此，崔英辰（1952～）即指出：「（孟子）惻隱之心的依據並不是爲了什麼，而是它在經過人爲的思維作用以前，其本身就具有無條件的純粹性。這就是惻隱之心的本旨所在。」〔註101〕的確，在一瞬間所產生的惻隱之心，是不經思維作用的一種反應，這種反應本身是無條件的，是自然從內心流露出來的，而此皆人人有之的。

在此可見孟子是用惻隱之心的這種人之本心，來證驗孔子所提倡的仁學。在孔子的仁學，是一種親親之情的表述，如其學生宰予表示不太想守父母三年之喪，孔子就從做子女會不安的角度來批評宰予，不過這種不安之心，孔子沒有說他它是人本有之心。而孟子將這種不安之心進一步說成是惻隱之心，並說惻隱之心人人皆有。就這樣孟子將「仁」立足在人的內在精神之基礎，從而將仁予以深化。

而爲說明良心本心是人皆有之，孟子又從「類」的層面進行論證，《孟子‧公孫丑上》說到：「麒麟之於走獸，鳳凰之於飛鳥，泰山之於丘垤，河海之於行潦，類也。聖人之於民，亦類也。出於其類，拔乎其萃，自生民以來，未有盛於孔子也。」〔註102〕孟子認爲孔子是出類拔萃的，故推崇孔子並尊稱其爲聖人，不過孔子與人民都是同類，所以「凡同類者，舉相似也」，聖人與人

〔註100〕 參見〔法〕于連著，宋剛譯：《道德奠基：孟子與啓蒙哲人的對話》（北京：北京大學出版社，2002 年），頁 34。于連又說到：「在這些例證當中，孟子所敘述的情境並非旨在提供判斷道德之準繩，亦非要尋求定義它的槪念，但是，通過所經歷的反應，我卻能看到一個不容置疑的事實，……它確切地表明了道德要求在我身上是存在的。」參見〔法〕于連著，宋剛譯：《道德奠基：孟子與啓蒙哲人的對話》，頁 35～36。

〔註101〕 〔韓〕崔英辰著，邢麗菊譯：《韓國儒學思想研究》（北京：東方出版社，2008 年），頁 17。

〔註102〕 〔東漢〕趙岐注，〔唐〕孫奭疏：《孟子注疏》，卷 3，頁 56。

民是同類的,而同類就有同然之情形,因此聖人有良心本心,那麼與聖人同類而同然的人民,就自然也都有良心本心。

此外孟子將四心對應仁義禮智,而說:「惻隱之心,仁之端也;羞惡之心,義之端也;辭讓之心,禮之端也;是非之心,智之端也。」〔註103〕其中「端」字,是指開端,亦即是萌芽的意思。孟子認爲人生而所具有的四端之心,只是仁義禮智的開端,也就是處萌芽階段。道種萌芽的四心於嬰兒之時,還沒受到破壞與改變,所以有德行之人保持純眞本心狀態,就是如同赤子之心一樣,那麼純樸天眞。而四端聯繫到仁義禮智來講,人所具有的「四端」,只是「四德」之開端,並不是說人即有了四德的全部內容。即是說四端可「發展」成爲四種品德,但四端「不等於」就是四種品德。而且若不注意保養,四端也不一定能發展成爲四種品德,可能半途即夭折,因而失去赤子之心。

良心本心是內在的,它需透過行爲表現出來的,由仁義禮智四種品德的行爲表現,即是良心本心之顯現,也就是所謂:「惻隱之心,仁也;羞惡之心,義也;恭敬之心,禮也;是非之心,智也。」〔註104〕人人都有良心本心,所以此心也都有仁義禮智的四德,而四德具是善的。由此心此德是善的,所以人之性也即是善的。心善則性善,孟子即是以良心本心作爲論述性善論之根據。

君子的本性,根植於其良心本心,良心本心是善的,由此而顯發之行爲也是善的。而其顯發出來於神色,即是溫潤純和之樣貌,乃至反映於肩背,反映於四肢。雖其神情四肢不曾言語,但從這些行爲舉止之中,即可一目了然,進而了解君子之本性,誠如韓國儒者丁若鏞(茶山,1762~1836)所指出:「天於賦生之初,予之以此性,使之違惡以趨善,故人得以依靠此物以遵此路。……孟子之談性善,都是此意。」〔註105〕也就是說人有內在惻隱之心、羞惡之心、恭敬之心、是非之心,而依此四端之心,即以良心本心爲遵循指導,由此而行即可違避惡而趨向善。孟子以心善而來論性善,而此人人皆有的良心本心,它是活潑而當下呈現的。人如果不以良心本心去做事情,就有種莫名的內咎感。而秉持良心本心去做事,而會心情坦然且愉快,由此亦可知良心本心是性善之根據。

〔註103〕同上註,卷3,頁66。

〔註104〕同上註,卷11,頁195。

〔註105〕參見〔韓〕丁若鏞:〈心經密驗〉,收入魏常海編:《韓國哲學思想資料選輯》(北京:國際文化出版社公司,2000年),下冊,頁644。

　　孟子說明性善是人所受以生的，他並且從不忍人之心的本心，去證論其性善論，不過這樣的證論不是停留於口說推論，而是從實生活中的「親自感受」所得知，從實際感受發現心的自主活動，是道德主體之所在，於此作爲其性善之根據。故有學者指出：「孟子言不忍之心、四端之心，皆是通過心善以指證性善。因爲孟子言心，既不是心理學所講的感性層的心理情緒之活動，亦不是表現知慮思辨作用的知性層的認知心；而是指說德性層的德性主體，是從體上說的內在道德心，是實體性的道德的本心。它同時是心，亦同時是性。所以，內在的道德心，即是內在的道德性。說心、是主觀地講，說性、是客觀地講。」〔註106〕人內在具足四四端之心，也就是具足惻隱、羞惡、辭讓、是非等四心，因此人們依此而發於行爲表現，成爲仁義禮智四德，在孟子看來人之心善故性善，因而發之於外的喜怒哀樂也才得以爲善。

　　有關孟子之性善論，也可結合新出土竹簡文獻來觀看理解，例如郭店楚簡中屬於思孟學派的〈性自命出〉就已經有性善說的端倪，簡文說：

　　　義也者，群善之藍（蕰）也。習也者，又（有）以習亓（其）眚（性）
　　　也。〔註107〕

　　　羕（養）思而數（動）心，蕑（喟）女（如）也。亓（其）居即（次）
　　　也舊（久），亓（其）反善遉（復）釤（始）也新（慎），亓（其）
　　　出內（入）也訓（順），句（始）亓（其）悳（德）也。〔註108〕

　　　未言而信，又（有）媺（美）青（情）者也。未教而民互，眚（性）
　　　善者也。未賞而民懽（勸），含福者也。〔註109〕

簡文說「義也者，群善之藍（蕰）也」，「蕰」字有「表」的意思，即是說「義」是列爲群善的標識。〔註110〕可知簡文將群善當作修養德性的一種標準，而

〔註106〕蔡仁厚：《孔孟荀哲學》，頁203。對此，丁四新亦有類似的看法：「人之所以爲貴或異於他物的一個重要因素乃由於人有心。在心性關係中，性是生命的本始，則心亦不離性的肯定，從心之所自來看，亦是以性爲質具的。」參見氏著：《郭店楚墓竹簡思想研究》（北京：東方出版社，2000年），頁288。

〔註107〕荊門市博物館：《郭店楚墓竹簡》（北京：文物出版社，1998年），竹簡圖版第13～14簡，頁；竹簡釋文，頁179。

〔註108〕荊門市博物館：《郭店楚墓竹簡》，竹簡圖版第26～27簡，頁63；竹簡釋文，頁180。

〔註109〕荊門市博物館：《郭店楚墓竹簡》，竹簡圖版第51～52簡，頁65；竹簡釋文，頁181。

〔註110〕參見劉釗：《郭店楚簡校釋》（福州：福建人民出版社，2005年），頁95。

其中代表即是「義」。又簡文中又提出「反善復始」的重要說法，這就將從天而降的「性」，說成是「善」，因此有了性善說之端倪。而反復的連用，也有循環返復之意，也因此「善」有了「始」之特質，「始」也有「善」的發展趨向。這可說是性善說的初始型態。而其中義為群善的代表，到了孟子似乎發展成仁義禮智等四種善德。這也間接說明在孔子之後，有關性善的說法是儒家重要的議題，而到了孟子便將性善論更加有系統地予以論證並提出。

孟子又將良心本心稱作是「大體」，而將以食色利欲稱作是「小體」。〔註 111〕大體因其作用大，小體因其作用小，如此區別對高揚人性是有意義的。至於如何看待大體與小體之關係？對此《孟子‧告子上》談到：「公都子問曰：『鈞是人也，或為大人，或為小人，何也？』孟子曰：『從其大體為大人，從其小體為小人。』」〔註 112〕孟子認為大體應當制約小體，以大體作為決定之主導，如此才能彰顯出人的內在價值。

對於大體與小體，孟子也作出較為生動之比喻：「體有貴賤，有小大。……今有場師，舍其梧檟，養其樲棘，則為賤場師焉。養其一指而失其肩背，而不知也，則為狼疾人也。飲食之人，則人賤之矣，為其養小以失大也。」〔註 113〕大體為貴，小體為賤，要以大體主導小體。否則若是園圃師捨棄培種梧桐檟梓之木，而撰擇栽種樲棘之小棘，則是劣等的園圃師。人若是只為了照顧受傷的小指，而卻放掉不去照顧好身體其它重要部位，此即是不會治療患疾的人。以上這些人都是只顧小體，而忘失大體的人，則是得不償失。故孟子主張人應先立其大體，即先立良心本心為主掌決定之位，而來控制人的食色利欲，因良心本心是向善的發展，故依此發展則是善的。相反的若以食色利欲為主，則依此無限的發展過度，就會不好了。所以依良心本心來作決定，則不會受食色利欲之牽累，而能向善去發展，合於仁義道德。

由上可知孟子先是肯定人皆有良心本心，且此良心本心皆是善的，所以人在行事上就有善行善事。由於性是潛藏著，需由心的覺發顯露而藉以呈現，

〔註 111〕對此有學者提到：「神形妙合，乃成為人。故其在古經，總名曰身，亦名曰己，而其所謂虛靈知覺者，未有一字之專循，後世欲分而言之者，或假借他字，或連屬數字，曰心，曰神，曰靈，曰魂，皆假借之言也。孟子以無形者為大體，有形者為小體，佛氏以無形者為法身，有形者為色身，皆連屬之言也。」以上參見〔韓〕丁若鏞：〈心經密驗〉，收入魏常海編：《韓國哲學思想資料選輯》，下冊，頁 643。

〔註 112〕〔東漢〕趙岐注，〔唐〕孫奭疏：《孟子注疏》，卷 11，頁 204。

〔註 113〕同上註，卷 11，頁 203。

所以性本不可見，但卻由人之心以見人之性，也就是即心言性，以心善而證說性善。

第四節　孟子的「命」觀念思想及其對孔子之承續與發展

　　孟子的心性論並非只一個理論上的結構概念而已，也不是僅在於說明性善而已。因為孟子本人有強烈的社會現實關懷，而這種關懷的積極面，就是必需進入社會中與人們接觸，而去散播關懷，也就是說個體需要有實際的社會實踐行動。而在個體行動中，個體生命有其存在的真實性，也有其特殊的生命境遇產生。人是有生命之物中，最具靈性的，因其有一顆靈敏之心，能照徹人世間一切事物的發生，然而面對世間瞬息萬變的事物，個體生命有了各種境遇之體驗。於是人到底是受制於天，還是人有其自我支配之能力等，之類問題便產生。而在理論上孟子便有對於「命」的相關討論。故本節即是要探討孟子的「命」觀念思想為何？當面臨人生困頓不如意時，孟子是如何突破生命困境？且當孟子處在軸心期後期的大傳統思想變化，以及小傳統地域性的鄒魯思想文化之中，在時代氛圍下而反應表現於「命」觀念，其與孔子的「命」觀念有何差異？以下對此依序討論。

一、得／不得：為什麼命？

　　人所具有的知識，是在某範圍之內的知識，且在某特定的時空存在裡，所獲取的知識。古代人在古代某時空中，有其古代的某時代之知識，故人所具有的知識，是相對於某個歷史文化之中。而人的生存亦是在某個時代環境中，也是在某個地區之中活動著，也因此人的行動，可說是在某個時空環境限制中，而表現出的行為活動。此外，人的身體因生理與物理的因素，也有所拘束，而不是全能的人。

　　孟子指出人的欲望雖是自然的，但其本身是難以被滿足的，《孟子・盡心下》就說到：「口之於味也，目之於色也，耳之於聲也，鼻之於臭也，四肢之於安佚也；性也，有命焉，君子不謂性也。」〔註114〕人的欲望如視、聽、嗅、味、觸等感官的欲望追求，這種感官的追求是一種生理欲望，而一般人認為

〔註114〕同上註，卷14，頁253。

這些本是自然的欲求，所以說是「性」。但在孟子看來，在感官追求過程容易受外物所矇蔽，若過度追求則陷入無法自拔的流蔽中，且這種感官缺乏自主性，不具思辨的能力，孟子稱之為小體之官。這種感官所追求的滿足物，因是向外去追求的，而向外追求則有外在因素存在，欲望無窮而又需向外去求，則追求之物則是受外在環境限制，故不一定可追求到，也就是人可去求，但未必可得到，因這不是人力所能控制的，所以孟子說這是「命」。

現實中追求的欲望，總會遇到人無法掌握的情形，也即是追求過程有自身能力無法完全克服與控制的環境外在因素，對此孟子接著又談到了「命」，《孟子·盡心下》說：「求之有道，得之有命，是求無益於得也，求在外者也。」〔註115〕事物的獲得是要透過一定的途徑才可取得，不過有些東西似乎不是「求」就可「得到」。如富貴權位之類的事物，每個人都可以去追求它，想盡各種辦法要去獲得它，但到底可否獲得，卻是不一定，而孟子則說是「得之有命」。「得」與「不得」取決於「命」的安排。因為這種追求過程，是「求在外」，也就是向外去追求，向外去追求則有外在環境的限制，故不一定求得到，所以孟子說這是「求，無益於得」。而孟子在這裡的「求在外」，也說明向外去求的事物，是身外之物，既是「身外之物」就不是人本身的東西事物。

所謂「得之有命」，因所求的事物，是向外去求，這又屬於現實層面，而現實社會中則有受客觀條件之限制，故得或不得是有命的。人在現實生活中，有些事情是可以掌控的，有些事情是無法掌控的。對於無法自主掌控之事，就有了限制，而這種限制就是命。

對於這種非人力所能為的限制，孟子還舉出古代之例證，如《孟子·萬章上》就說：「舜、禹、益相去久遠，其子之賢不肖，皆天也，非人之所能為也。莫之為而為者，天也；莫之致而至者，命也。」〔註116〕古代的舜、禹、益三人的兒子，是賢或是不賢，這都不是人為力量所能決定的，這都是天之意。沒有人去做，而卻做到，這稱之為天；沒有人給予，而卻得到，這稱之為命。從中可看出，天與命的意思相近，都是指非人力所為，也就是非人的努力而所能決定之事情。

此外，孟子又說：「匹夫而有天下者，德必若舜禹，而又有天子薦之者，

〔註115〕同上註，卷13，頁229。
〔註116〕同上註，卷9，頁168。

故仲尼不有天下。」〔註117〕孟子認爲一般人想要得到天下，其德行要像舜、禹般的水準，且還要有像舜、禹般的天子來推薦。而在孟子標準中，孔子是達到像舜、禹般的品德水平之人，不過卻沒有像舜、禹般的天子來推薦孔子，故孔子沒能得天下。此處孟子是以孔子作爲比喻，其重點不在於孔子有沒有得天下，而是說明一個人有德如孔子如舜、禹那樣的水準，也不一定能得有天下，因爲還需有「天子薦之」。而要受到天子推薦，這就是一種「在外者」，即是受制於外在條件限制，而這就非人力所能爲之，所以這就是「命」，也即是得之有命。

又如孟子自己就有親身之經歷，大約在西元年前 330 年，他當時 43 歲從鄒國第一次遊歷齊國。〔註118〕此時齊威王當政，而在齊國臨淄城附近，有設立學宮，即是稷下學宮，齊王尊寵賢人，一時各方遊士紛紛遊歷在此。孟子也大約是在這個學術氛圍中來到齊國。不過從《孟子》一書看，此時孟子到齊國似乎沒有受到重用，因在這個時間點左右，沒有看到孟子與齊威王之對話。雖然其不受重用有諸種原因可能，但第一次遊齊不受重用，卻是事實。那時講究有官職需負言責，可當時孟子說：「我無官守，我無言責。」〔註119〕可見當時孟子因沒有官職，故而不需盡任何言責，因而其進與退皆可從容以待。而由孟子第一次遊齊而不受重用，可以看出，孟子雖知道齊王已開始對賢人有所禮遇，故才有稷下學宮的出現，而孟子也是準備好要去齊國一展理想抱負。但是對於官職權位的追求，也是「求在外」的追求，雖然孟子本人是欲藉官職以盡言責，以實踐抱負，不過就第一次遊齊來看，他還是沒有得到齊王的重用。這樣孟子本人也親歷了「求之有道」，然卻「得之有命」的情況。

而就是在這種人事的追求中，孟子觀察到與體會到，想要去追求外在的事物，因所求之事物是外在於人的，故受到外在因素限制，以致於「得／不得」是無法由人自身所決定，因而認爲是「得之有命」。而這也就是孟子「命」觀念的產生緣由，也可說是體知到了「命」的限制性之存在。

二、「命」的內容

對於「命」是如何產生，已予以分析。然而這樣的命又是什麼樣態，於

〔註117〕同上註，卷 9，頁 168。
〔註118〕參見楊澤波：〈孟子年表〉，《孟子評傳》（南京：南京大學出版社，1998 年），頁 482。
〔註119〕〔東漢〕趙岐注，〔唐〕孫奭疏：《孟子注疏》，卷 4，頁 75。

是接下來將討論的目光，移至孟子所說的命之內容，看其所指的是什麼。

關於「天命」，孟子是相信有其存在的。天對人具有某種決定性，就像人之初生的形態就是受天所決定，如《孟子・盡心上》說的：「形色，天性也。」〔註120〕人的初生就有不同於犬馬的四肢，以及各種感官，如耳喜歡聽美聲、舌喜歡吃美味等。然而就人之所以有四肢與感官的來源，則是天在人之初生時，就予以決定。因此在孟子看來，人會有四肢和五官，這就不是人力所能企及，而是歸於天所決定。

於是孟子進一步給「天命」下了定義，指出：「莫之爲而爲者，天也；莫之致而至者，命也。」依照孟子之意，他認爲某些事沒人叫它做，可是事情竟就這樣做出來了；某些事物沒有想要獲得，可是最後卻獲得了，而這些事情的發生都可說是天命。稱之爲天命，乃是相對於人來說，天命是一種異於自身的，非人所能爲的外在力量。這種異於自身的天命，操縱與決定著人事，因此對於沒人要去做而卻做出來，以及沒有要獲得而卻獲得，這些現象，就好像是感覺有異己的外在力量去主宰著，否則事情怎會有如此之現象發生，因而孟子說這是天命所爲。

對於這種外在力量，徐復觀則認爲：「在人們所不能達到的一種極限、界限之外，即是在人力所不能及之處，卻又有一種對人發生重大影響的力量，這便是命。」〔註121〕確實是有種人力所不能爲的力量，來影響著人們，孟子就舉出就是像舜、禹這樣的高品德水準之人，其兒子可能賢也可能不賢，其說：「舜、禹、益相去久遠，其子之賢不肖，皆天也，非人之所能也。……莫之致而至者，命也。」〔註122〕舜的兒子不賢，而禹的兒子賢能，這些都不是人能完全掌控的，因此孟子點出此爲「非人之所能」，是說不是屬於人力的範圍，而是受天命所主控決定著。〔註123〕而關於「莫之致而至者，命」朱熹《四書章句集註》說：「此皆非人力所爲而自爲，非人力所致而自致者。蓋以理言謂之天，自人言之謂之命。」〔註124〕不是人去做而卻自至，這就是天命。而

〔註120〕〔東漢〕趙岐注，〔唐〕孫奭疏：《孟子注疏》，卷13，頁241。

〔註121〕徐復觀：《中國學術精神》（上海：華東師範大學出版社，2004年），頁22。

〔註122〕〔東漢〕趙岐注，〔唐〕孫奭疏：《孟子注疏》，卷9，頁168。

〔註123〕對此，張岱年也指出：「從儒家的見地來講，無人事則亦無天命可言，因爲命是人力所無可奈何者，今如用力不盡，焉知其必爲人力所無可奈何？……所以必盡人事而後可以言天命。」以上參見氏著：《中國哲學大綱》（北京：中國社會科學出版社，1982年），頁400。

〔註124〕〔宋〕朱熹：《四書章句集註》（北京：中華書局，2003年），頁309。

天命之於舜、禹來說，就是其子則有賢或不賢之可能。此外「莫之致而至者」的「至」字，似乎也說明有些事是人不想這樣，可是它卻是這樣的到來，而這樣的到來是天命，且因它已到來，又不得不接受的無可奈何，如上述舜之兒子是不賢，這不是人力所能掌握，但當其至之而來，也是只能接受。

又孟子也評述孔子周遊列國時，對於是否能得到重用一事，說到：「孔子進以禮，退以義，得之不得曰『有命』。」此即說明人間之追求事務，只要自覺做到依禮則進取，若是不義則退避的原則即可。而對於人間所追求的事務，有時也非人力所可掌控。面對現實中某些之所以如此，又之所以如彼之事，也無法完全了解，因此得或不得之間，只能歸之於天命。

這種天命的說法，也表現在郭店楚簡中，如〈窮達以時〉對人生之境遇，也表達出類似的見解，簡文說：

> （有）亓（其）人，亡亓（其）殜（世），唯（雖）臤（賢）弗行矣。句（苟）又（有）亓（其）殜（世），可（何）慬〈慬（難）〉之又（有）才（哉）。舜耕於鬲（歷）山，匋（陶）䒑（拍）於河匚（浦），立而爲天子，塇（遇）堯也。……塇（遇）不塇（遇），天也。〔註125〕

簡文說到舜曾經耕於歷山，且做過製陶的工作，而他之所以能成爲天子，是因爲能遇到堯君，而受其薦拔所致。不過人可否能像舜遇到堯這般經過，且受到薦拔，這一切都是天之所爲。而簡文的天，就是含有天命的意思，也就是說人能否遭際遇合，是取決於天命。

關於命的內容，孟子還主張「正命說」。《孟子・盡心上》說：「莫非命也，順受其正，是故知命者，不立乎巖牆之下。盡其道而死者，正命也。桎梏死者，非正命也。」〔註126〕孟子認爲世間有許多事情，不是人爲所能完全預料與控制，且有些事是非由人爲而卻自至，對此只能順受其正的來看待。對於「盡其道而死」與「桎梏而死」二者可說都是命，不過由於人的態度不同，所以也產生不同的意義。〔註127〕

〔註125〕荊門市博物館：《郭店楚墓竹簡》，竹簡圖版第1～3簡、11簡，頁27；竹簡釋文，頁145。

〔註126〕〔漢〕趙岐注，〔唐〕孫奭疏：《孟子注疏》，卷13，頁229。

〔註127〕朱熹《四書章句集註》就說到：「盡其道，則所值之吉凶，皆莫之致而至者矣。……桎梏，所以拘罪人者。言犯罪而死，與立巖牆之下者同，皆人所取，非天所爲也。」參見氏著：《四書章句集註》，頁350。

　　「盡其道而死」是在盡其道義下而死，人在世間完成了其在世間的價值意義，於是死對其來說，是可以順受的。也就是說人「能夠行義而死，才是眞正的命」，〔註128〕這樣對於死，也就於近乎安命，也即其接受命之態度，是自然而不被迫，此即是順受其「正命」。而至於「桎梏而死」則不一樣，其所以桎梏是人自己所爲造成的，人所自招而致的情況，這種情況人是可以避免的，如同站在將倒塌危牆之下，人是可以走而避之，因此人因爲犯罪而死，是自己造成的，所以是「非正命」。

　　孟子又有「立命」之說法，在《孟子・盡心上》說到：「殀壽不貳，脩身以俟之，所以立命也。」〔註129〕所謂「殀壽」是指生命長或短。所謂「不貳」是說若能知天之至，就能修身而俟命，而不作非分之求。能知天，即是能知天所受予我善心仁性，此天的根據即是義理天。而我進而能存養此善心仁性，以自立於世。此時不論生命的長或短，皆修養我之善心仁性，以盡天賦予我之養心事天的職責。

　　而雖然在自盡修養其性其德之時，也會遇到盡全力以修，仍不免還有不盡人意之處，如舜對瞽瞍的盡孝，卻得不到瞽瞍的慈愛。不過面對這種命限的情形，才能顯立命意義所在，因而其不會逃避命限，反而還是求於人格之完滿，求之盡全力以修身，存心養性以事天。對此魏元珪說：「立命君子必全其天之所付，盡其在我，不以人爲害人，更不以患得患失之念，殀壽禍福之思而攖其心，致有所疑貳，而損及其存養之功而有所怠忽。」〔註130〕因此立命之君子，存養心性而修身，不因殀壽而產生放棄修身之志，此即是「立命」之表現。而此種境地，也頗像是孔子所說的：「飯疏食飲水，曲肱而枕之，樂亦在其中矣。」〔註131〕那種修身而能自得其樂的愉快之境地。

三、改變命的方法

　　以上討論孟子關於命的內容之看法，可看出孟子認爲有些事情超出人力

〔註128〕吳怡：《中國哲學發展史》（台北：三民書局，1984 年），頁 130。

〔註129〕〔漢〕趙岐注，〔唐〕孫奭疏：《孟子注疏》，卷13，頁228。

〔註130〕魏元珪：《孟荀道德哲學》（台北：谷風出版社，1987 年），頁 110。對此唐君毅也說：「殀壽不貳，修身以俟，所以立命者，言能盡心知性，存心養性，以知天事天者，則其命之殀壽不足以貳其心，而唯自修其身，以俟其命之來臨，而亦自立其盡其道而死之正命。」

〔註131〕〔魏〕何晏等集解，〔宋〕邢昺疏：《論語注疏》（台北：藝文印書館，1997年《十三經注疏》本），卷7，頁62。

所能及的範圍,而這非人所能爲之情況,皆是天所爲,也就是將它歸之於「天命」。但孟子又提到人要能夠去「立命」,這又是重視人的自身能力,而才有可去作出「立」命的行動。而這之中就隱藏著,人們可試圖改變自身之命的方法。本文試圖掘發孟子改變命的方法,以下進行分析。

(一)放失/歸善:「內修」以改變命之方法

人們對於欲望都有想要去滿足,於是就有去追求的行動出現。不過在現實生活,其所要的欲望,總是會有不一定能實現,也就是說總會受到人類能力無法克制之限制,也即是沒有能夠滿足其欲望的環境,因此《孟子・盡心上》指出:「求則得之,舍則失之,是求有益於得也,求在我者也。求之有道,得之有命。是求無益於得也,求在外者也。」〔註132〕這裡孟子指出兩種行爲現象,「求在我者」與「求在外者」的不同行爲。而「求在我者」的發展,則是會有「求則得之,舍則失之」的結果,這說明所欲追求的東西,是我個人能夠去掌握的。而「求在外者」的發展,則是「求之有道,得之有命」的結果,說明所欲追求之東西,不是我所能掌控的,故而得之有命。

而上述追求的行爲,發生在「向外去求」東西時,則不一定會得到,這是爲什麼?因爲人的欲望若是要一直去追求時,會發現到欲望不會滿足的,一個東西的欲望獲得滿足,就會想要再獲取另一個,這是因爲內心想去追求欲望,所以就會有去追求的行動出現。當然想要去追求欲望是自己想做之事,本應可自主,但是在所追求之「物」,是外在於人的東西,既是外在的,就會受到外在環境限制,而發生求未必可得之情況。而孟子指出人們就是在想要追求東西時,發生求之有道卻得之有命的限制,於是產生得失心,因而就認爲命不順、命不好,進而發出感嘆與陷入苦惱之中。

本來欲望並不是惡的,而是「無窮」的欲望,其在不斷追求過程,就有可能侵犯到他人,而產生「惡」的情形。而這種惡是順從耳目等感官欲望而來的,孟子就說到:「耳目之官不思,而蔽於物。物交物,則引之而已矣。」〔註133〕感官是緣於外物而起作用活動,但耳目感官不具思慮反省,故當與物接觸只是知其爲物,而容易受外物表象所蓋覆。因此就容易受到外物牽引,往而不復,而惡就是在這種「引之而已」態勢發展下產生。此外不良的環境,也是人們流於惡之外在因素,孟子說:「富歲,子弟多賴,凶歲,子弟多暴。

〔註132〕〔漢〕趙岐注,〔唐〕孫奭疏:《孟子注疏》,卷13,頁229。
〔註133〕同上註,卷11,頁203。

非天之降才爾殊也，其所以陷溺其心者然也。」〔註134〕少年子弟會有懶惰，乃是因年來豐收；而會有暴行情形，乃是因年來發生災荒。因此影響其行為的不同，是環境所造成的，也就是「地有肥磽，雨露之養，人事之不齊」所致，說明同是一樣的大麥，然其收成卻不相同，其因乃是作物生長環境不同所影響。

孟子認為環境會對人的品格有所影響，可說是與其小傳統地域性鄒魯思想文化有關。「孟母三遷」的教育思想，孟母對學習環境的選擇，影響後來孟子的成長，也因此孟子對環境是很重視，如說：「頌其詩，讀其書，不知其人，可乎？是以論其世也。」〔註135〕認為一個人的作品，與其所處的環境，是存有相關聯繫性。因此孟子對環境之強調，顯然是受到孟母苦心擇鄰的教育思想之薰陶。

可見人的惡之產生，可能來自耳目之欲望，也可能是受環境所影響，不過這兩者都與「人心」的陷溺有關。

就人要向外去追求某事物，可是卻不一定求得到，故陷溺在欲望追求的得失心之泥沼中，無法自拔，因此「命」就不順暢。然而如何突破這種得失泥沼，也就是如何能改變這種「命」的不順，而成順？孟子認為可先從「求放心」的工夫來入手。

孟子是從心善而言性善，而心善乃是人有仁義禮智四端之心。而此四端善心是端見開顯初始，因為這只是端見之狀態，所以易受環境影響，而放失掉了。故《孟子‧告子上》說：「學問之道無他，求其放心而已矣。」〔註136〕他所說的求放心，就是將人的本心，從耳目感官的小體中，解脫出來，而不再受小體的牽累，而恢復心的原本善質。對此，武內義雄也說：「所謂放心，是指心為外物所牽累，便不能作正當的判斷；所謂求放心，是使心不為外物的欲望所遮蔽。」〔註137〕不能作出正當判斷的心，就是心為耳目感官牽累，而受到外物所蒙蔽。

對此，孟子還舉例說到：「仁，人心也。義，人路也。舍其路而弗由，放

〔註134〕同上註，卷11，頁194。
〔註135〕同上註，卷10，頁186。
〔註136〕同上註，卷11，頁201。
〔註137〕參見〔日〕武內義雄：《中國哲學思想史》（長沙：商務出版社，1939年），頁62。對此劉文英亦有所論述，參見氏著：《精神系統與新夢說》（天津：南開大學出版社，1998年），頁154～155。

其心而不知求，哀哉！人有雞犬放，則知求之，有放心，而不知求。學問之道無他，求其放心而已矣。」〔註138〕人對於雞犬走失，都會想要去找回來。可是人的心，已放丟掉卻不知找回本心，這眞是悲哀。孟子所悲乃是，雞犬一類是身外之物，而本心乃是自身之物，人們卻珍惜「身外之物」而不知珍惜看重「自身之物」，故才有失掉本心而不知找回的情形。在孟子看來，仁義禮智是人心之本，也就是人們行爲的依準，人們有了依準就可趨向善避開惡；否則失掉依準，人們容易失去方向而犯錯卻不自知。因此，孟子要求人們要找回失掉的本心，可是本心要去何處找？其實孟子說本心失掉了，是因爲本心被「遮蔽」了，受到遮蔽故失去本心之判斷能力，而才說「放心」。所以本心要從人自身去找回，所謂找回也就是將遮蔽本心之東西清除，則本心就不受遮蔽而被找回。故也可說「求放心」，是一種「除遮蔽」之工夫。

那是什麼遮蔽了本心？孟子說是無窮盡的欲望。欲望本來不算是惡，但因人無窮盡去追求過多的欲望，所以過多的欲望遮蔽了本心。故除遮蔽就要先除去過多的欲望，因而《孟子・盡心下》指出：「養心莫善於寡欲。其爲人也寡欲，雖有不存焉者，寡矣；其爲人也多欲，雖有存焉者，寡矣。」〔註139〕人如果過多欲望，那麼耳目感官爲欲望所趨使，於是感官作用凌駕本心能力；人如果欲望較少，則其受耳目牽累較少，所以本心較易呈露。如前所說，欲望不是惡，所以孟子主張「寡」欲而不是說「絕」欲。但是感官欲望太多，整個內在意識會被欲望所佔據，潛在的本心就浮現不出來，有如李白〈登金陵鳳凰臺〉所感嘆的：「總爲浮雲能蔽日，長安不見使人愁。」〔註140〕浮雲遮住了陽光，令人憂愁。而欲望遮住了本心，同樣令人哀嘆，故要先除去過多的欲望，也就是要能做到「寡欲」的工夫。因此寡欲工夫如能做到，則遮蔽本心的欲望就會消除，此時曙光頓現，良知本心就能從意識層面顯露出現。

而人的良知本心，也即是四端之心，其實就存於人本身之中，其存在於內故看不見，但由四心發顯爲仁義禮智之四端即可見到。所以當人們除去遮蔽後，這種內在四心就會呈現出。而經由存養且不斷去擴充此心的動作，孟子稱之爲「盡心」。盡心即是存心，即保存完善之心，「大人，不失其赤子之心者也」，所謂赤子之心是沒有受到雜染的純淨之心，存心即在保存這樣的

〔註138〕〔漢〕趙岐注，〔唐〕孫奭疏：《孟子注疏》，卷11，頁201。
〔註139〕同上註，卷14，頁261。
〔註140〕〔清〕彭定求等校編：《全唐詩》（北京：中華書局，1960年），卷180，頁1836。

心，而這也說明要存心是向內去省察，並不是向外去求得。

此外，盡心則知性，知道我之性是異於其他動物。而我獨有之性，則在自我開顯本心，而不斷擴充仁、義、禮、智之善端，當善端充養後，則能體會到我之性亦是善的，由此知道人異於其他物類的本性特徵。故孟子說：「盡其心者，知其性也。知其性則知天矣。存其心，養其性，所以事天也。」〔註141〕對於人之性善的深刻了解，才能知道天爲何獨鍾於人類，使人類有善心善性。於是在「感受」到天之恩澤予人類，人類便能存此善心、養此善性，以不負天對人類之恩澤，所以人能夠做到存其心、養其性，就是一種對天的最好「回報」。對此韓國儒者李珥（栗谷，1536～1584）則指出：

> 惟有心志，則可以變愚爲智，變不肖爲賢。此則心之虛靈，不拘於稟受故也。莫美於智，莫貴於賢，何苦而不爲賢智，以虧損天所賦之本性乎。人存此志，堅固不退，則庶幾乎道矣。〔註142〕

的確如此，人能不虧負天所賦予人之本心本性，而固守保持此本心本性，堅固而不退，持之以恆地充養培養，那麼愚者也能改變成爲智者，不肖者也能改變成爲賢者。當人自覺的保持本心並培養善性，就是一種正確的人生態度，因而對於人生的各種際遇，都能以正確的善之心態，來面對生活與調適生命。

人之所以會有不滿足的心態，代表其無法有效調適生命，究其因乃是人因有過多的欲望，而想要不斷去追求，但因爲追求物有其外在環境限制，非人能力所可掌握，故人去追求不一定會得到，於是產生得失之心，因而生命就不順遂，因而感到命不好。而這些歸咎於人受耳目感官欲望不斷牽引，致使人心被過多望欲所遮蔽而陷溺不顯，因此人在求不到的情形下，而產生不順的命，可說是欲望過多致使本心受到遮蔽，才是使得整個命不順的原因。所以正本清源的方法，就是要使本心不受陷溺。

〔註141〕〔漢〕趙岐注，〔唐〕孫奭疏：《孟子注疏》，卷13，頁228。

〔註142〕〔韓〕李珥：《擊蒙要訣・立志章第一》，收入魏常海編：《韓國哲學思想資料選輯》，頁489。于連說：「他無需等待什麼天上的啓示，也不用任何神助，只要保持住天生才能就可以了。要想不失其性，人只要不失去對良心的意識，使之常駐常現就是了。」參見〔法〕于連著，宋剛譯：《道德奠基：孟子與啓蒙哲人的對話》，頁65。葛兆光也指出：「一個人不必追問他擁有多少財富，也不必追問他獲得多少成功，他作爲人的實現，在於他是否盡了自己作爲『人』的『心』，如果他盡了心，那麼他就理解了自己的本性，他完成了本性的提升，就上應承了『天』的意志，下完成了『人』的使命。」參見氏著：《中國思想史》（上海：復旦大學出版社，2000年），頁162。

　　因此孟子要人，去透過「求放心」工夫尋回良知本心，接著培養「寡欲」而來養心，而「存心」、「養性」就是事天。人於是能夠盡心之能，即是能隨時發顯本心，不管面對外在何種事物，皆能以「本心」來接待，也就是該當惻隱就如實的以予惻隱；該當羞惡就如實的以予羞惡；該當恭敬辭讓就如實的以予恭敬辭讓；該當是非就如實的以予是非。而原先人們「過多」的「欲望」在「本心」的主導下，人改變成時時處在盡心仁義諸德之上，則事事皆依良心本心以對，良心是善是正，則所遇的事不依感官欲望而是依本心以對，則隨事皆善皆正。此時原本因「有所求」卻「不可得」，而所產生「得失之心」，已不存在了，也就是從原本求之有道，卻「得之有命」的限制中「超脫」出來，在面對諸事以盡我之道德仁義之心，完成我當盡義務，由此而無愧於本心，此時的本心不受外在事物之限制。於是原本因為得失之心而產生的「命限」，就改變成盡道德仁義之心，而無所愧的坦然「不受限制」之生命狀態，就這樣命在此改變了。

（二）由內向外：從「心善」到「行正」的改變命之方法

　　作為主宰之天，對人具有主宰，使人們在道德實踐中有某種困境，孟子說：「行，或使之，止，或尼之，行止，非人所能也。吾之不遇魯侯，天也。臧氏之子，焉能使予不遇哉？」孟子將其不遇魯侯，歸之於天的所為。這裡的天是主宰天，而就人的認知來講，有時天之所為，也非人們能完全可知曉；就人的實踐能力來講，有時想要推行道德，如孟子要藉與魯侯見面機會而推行仁義，不過卻受限於外在力量限制，也就是會遇到人所無法克服的限制。然而面對這樣的限制，孟子將如何突破與改變？這可從其「踐形」觀來談起。

　　孟子是從心善以言性善，而性善是要將其化為行動的，故說「惟聖人然後可以踐形」，[註143] 心善需透過人身官能作用，才能體現出。從人的道德實踐來說，踐形，就是內在的道德之心，經由人身官能作用之運作，運作過程帶動身體各部位的行為表現，使內在道德心，不只是停留在觀想狀態，而是使道德心能表現與實現在客觀世界中。此即《孟子·盡心上》所說的：「君子所性，仁義禮智根於心。其生色也。睟然見於面，盎於背，施於四體。」將人的仁義道德之心，具體的展現在人的面容、身背乃至於四肢的活動中，亦即人的動靜之間皆是踐形。因此內在道德之心將其體現出，表現在立德、立功或立言等方面，實也稱作是踐形。故而人的內心道德學問也是可將它踐形

〔註143〕〔漢〕趙岐注，〔唐〕孫奭疏：《孟子注疏》，卷13，頁233。

出來的，如韓國儒者李珥所指出的：

> 人生斯世，非學問，無以爲人。所謂學問者，亦非異常別件物事也。
> 只是爲父當慈，爲子當孝，爲臣當忠，爲夫婦當別，爲兄弟當友，
> 爲少者當敬長，爲朋友當有信。皆於日用動靜之間，隨事各得其當
> 而已。非馳心玄妙，希覬奇效者也，……今人不知學問在於日用，
> 而妄意高遠難行。故推與別人，自安暴棄，豈不可哀也哉。〔註144〕

人有一分的「實見」，就應有一分的「實踐」，也就是知與行需要相符合並行，
不能彼此相懸絕。所以人之學問要能實踐出來，要在「日用」動靜間去表現，
即是如作父親要能慈愛子女；作子女要能孝順父母；作臣子要能忠君愛國等
等，此就是說人要將學問實踐到日常生活之中，而能做出「隨事各得其當」
的行爲表現，此亦即是踐形。

踐形，若從道德的充實來說，也即是孟子的集義養氣之工夫，而將生理
之氣，變成爲理性的浩然之氣。〔註145〕何謂浩然之氣？孟子說：「難言也。
其爲也，至大至剛，以直養而无害，則塞於天地之間。其爲氣也，配義與道；
無是，餒也。是集義所生者，非義襲而取之也。行有不慊於心，則餒矣。」
〔註146〕孟子對浩然之氣高度贊揚，個人因有了浩然之氣的充實，人格才能
光輝博大。有關浩然之氣韓國儒者鄭夢周（圃隱，1337～1392）的〈浩然卷
子〉亦有所述，其說：

> 皇天降生民，厥氣大且剛，夫人自不察，乃寓於尋常，養之固有道，
> 浩然誰敢當，恭承孟氏訓，勿助與勿忘，千古同此心，鳶魚妙洋洋，
> 斯言知者少，爲子著此章。〔註147〕

所謂「厥氣」即是指「浩然之氣」，而這種浩然之氣不易察覺，然卻寓藏在一
般人身心中，若能善養此氣，則人就有至大至剛的人格力量。充盈於士人之
中的浩然之氣，在他們容貌、形體、舉止中自然地體現，也顯現出超凡的氣

〔註144〕〔韓〕李珥：《擊蒙要訣·序》，收入魏常海編：《韓國哲學思想資料選輯》，
　　　　頁 488。
〔註145〕黃俊傑認爲：「到了孟子，已突破『氣』作爲生理現象之傳統涵義。孟子賦予
　　　　『氣』以道德意義（「其爲氣也，配義與道，無是，餒也。」），爲生理意義的
　　　　現象加上了倫理的內涵。孟子『浩然之氣』說對人的主體性加以肯定。」以上
　　　　參見氏著：《孟學思想史論（卷一）》（台北：東大圖書公司，1991 年），頁 52。
〔註146〕〔漢〕趙岐注，〔唐〕孫奭疏：《孟子注疏》，卷 3，頁 53。
〔註147〕〔韓〕鄭夢周：〈浩然卷子〉，收入魏常海編：《韓國哲學思想資料選輯》，頁
　　　　319～320。

質與偉大的人格。

　　孟子重視浩然之氣，乃至於其言談辯論中，有著雄辯滔滔與氣勢磅礴之特徵。而這與其所處大傳統戰國思想文化是相關係著。當時戰國諸子興起而相互爭鳴，諸子為能參政以實現理想，於是彼此各提倡其學說，以期獲得君王任用，時代潮流呈現自由的爭鳴學術盛況。由此孟子也受此爭議論風潮影響，而在與時代文化融合中，將浩然之氣表現於言談舉止的行動上，用文章氣勢、雄滔論辯來與諸子相互爭鳴。

　　而孟子的浩然之氣與個人之志有關，在問答氣與志關係時，他說要「持其志，無暴其氣」。〔註148〕此即是要以高尚的「志節」為主導，而來牽領浩然之氣，使此氣充滿於全身，故此氣所發依「志節」為導，所以是理性的而非意氣用事。然而因為每個人志向有所不同，所以表現出來之形態也就不一樣。這種不一樣之形態，也是不同的踐形之表現。

　　孟子也很重視「誠」，如《孟子・離婁上》說：「誠者，天之道也；思誠者，人之道也。」又《孟子・盡心上》說：「反身而誠，樂莫大焉。」〔註149〕對人對事都能反躬自問，做到誠信而無所欺，因行為處事坦然實誠，所以也就無比的快樂自在。相反若是對人對事不誠，則得不到君王賞任，也得不到民眾信賴，那麼士人便無法實現經世之宏大抱負。所以人有其誠，必需能夠把誠給表現於日用之中，也即要實踐在人的行為處事上，而做到誠信待人與接物，如此也即是踐形。而孟子的誠信觀，可說是有受小傳統鄒魯思想文化影響，孟母的「不欺子」的教育思想，即是代表鄒魯文化傳統，而孟母就是以誠信不欺的態度，來教導年幼的孟子。故孟子重視誠信，應與鄒魯文化是有所關聯的。

　　此外，世間之事很少一蹴而就的，因此需要有「恆心」，而恆心不是口號而要落實，故孟子就以挖井為喻認為：「有為者，辟若掘井，掘井九軔而不及泉，猶為棄井也。」〔註150〕對世間的做事情，好比挖井一樣，挖井挖到九軔那麼深，還是沒見到泉水。若就此放棄不再挖，那麼就是一口廢井；而若是繼續堅持挖下去，就可大功告成。做事情也是一樣，有時過程中遇到挫折在所難免，然而恆心的表現就是不放棄堅持繼續去做，最後還是會有成就的。

　　不過做事情孟子也提「權」，此即是講求做事的通權達變，《孟子・梁惠

〔註148〕〔漢〕趙岐注，〔唐〕孫奭疏：《孟子注疏》，卷3，頁54。
〔註149〕同上註，卷7，頁133；卷13，頁229。
〔註150〕同上註卷13，頁239。

王上》即說到:「權,然後知輕重;度,然後知長短。物皆然,心爲甚。」又《孟子·離婁上》則說:「嫂溺不援,是豺狼也。男女授受不親,禮也。嫂溺援之以手者,權也。」〔註151〕所謂「權」,如同對物品經過權稱後,而才能知道它的輕重與長短。〔註152〕而心之應物也是一樣的道理,對於生命中所遇的事,以仁義心爲準則,與仁義相近者則重視它,與仁義相違者則輕忽它,所以知權而行權,是爲了作出最正確之行爲表現。而如遇到嫂溺水之事,伸手來救嫂有違授受不親之禮,不伸手去救嫂卻是沒良心的人,二者都有難處,這時就需要「權變」來處理。將二者相「權稱」比較來看,此時授受不親之禮爲輕較不重要,而伸手救嫂成就仁義之心且救人一命較爲重要,於是「權稱」後所做的「權變」是,決是伸手救嫂而暫放拘仁之禮於一旁,而完成救人一命義舉以成就仁義之心。所以就權變的行義表現,也可說是對仁義之心的一種踐形。

關於孟子的踐形說,在郭店楚簡〈五行〉中也有類似的下說法,故可對看來加以理解,簡文說:

> 悬(仁)之思也清,清則察,察則安,安則恫(溫),恫(溫)則兌(悅),兌(悅)則就(戚),就(戚)則新(親),新(親)則忥(愛),忥(愛)則玉色,玉色則型(形),型(形)則悬(仁)。

> 智之思也倀(長),倀(長)則得,得則不亡(忘),不亡(忘)則明,明則見臤(賢)人,見臤(賢)人則玉色,玉色則型(形),型(形)則智。〔註153〕

簡文所說的「仁之思」是形於內的仁,因此形於內心的仁,需透過反求諸己的去做反思,於是便可體驗到清、察、安、溫、親、愛等心理感受,而將此感受由內而外顯露就形成玉色。而古代常以玉比喻德,所以玉色表示個人已將內在之仁,充分體現於外在容貌上,故說「玉色則形,形則仁」。由此可見「仁之思」是內在潛在的「仁」,「形則仁」則是外在體現實踐出來的「仁」,

---

〔註151〕同上註,卷1,頁21:卷17,頁134。

〔註152〕對此韓國學者崔英辰說:「孟子認爲以『權』可以克服偏執。權是秤,即重量的測量器具。秤碼只有不固定於任何一處,才能夠根據物體的重量來自由移動,從而指出秤台上與物體重量相一致的位置。由此可以得知權道的象徵意義在於無固著性和中。」以上參見〔韓〕崔英辰著,邢麗菊譯:《韓國儒學思想研究》,頁35。

〔註153〕荊門市博物館:《郭店楚墓竹簡》,竹簡圖版第12~15簡,頁31~32;竹簡釋文,頁149。

而由「仁之思」→「形則仁」的過程，亦即是說從內在仁心到外在仁形，也是一種踐形之表現。

　　在孟子看來理想之身是生命在「本心」能去除「遮蔽」，並透過存心、養性、養氣之工夫修養，以仁義存其心，以道義養其氣，而由浩然之氣發顯於外的行動，皆是「正義正向」之表現。於是對於人間的道德實踐所遭遇的限制，不再因限制而埋怨，而是「順受其正」。雖行道實踐過程偶爾遭逢外在困境，也就是如君臣、賓主之間的不相得。但孟子認為人要知命，而知命是要知到立正命，因而說：「是故，知命者，不立乎巖墻之下，盡其道而死者，正命也；桎梏死者，非正命也。」所謂知命之人，是就其所面對之事是否能得其「正」來說。立身在危牆之下，或因罪而死的，都不是正命。履行道義盡道而死的，是「正命」。因此面對人生諸事，一切皆盡其道義，行其所當為，而其所接受而為之事，皆依道義為抉擇之標準，合仁義道德則行，因行其所正，故而事事無一不正，所知正所行正而事事皆為正。這種由內在仁義之心到仁義之行的踐形，其願不願意，能或不能，是操之在己，故而「沒有限制感」，也就是不受限於外在環境限制。因此個人推行仁義道德所發生之「限制」，已不復存在，此時個人符合道德之事則行，因而行正義之事，事為正義則我是立了正命。故而就我願行仁義之事而言，即是沒有限制感，因而隨處隨事皆可去「立正命」之「自由」狀態。於是原本推行仁義會有「限制的命」，改變成「不受限制」的我願行義而即可立正命之「自由」。所以個人於此改變了命。

四、孟子對孔子「命」觀念思想的承續與發展

　　孔子對天命是持著敬畏心態，故《論語・季氏》說：「君子有三畏：畏天命，畏大人，畏聖人之言。」〔註154〕天命有著無上權威，而大人是代天而行政事，而聖人則是代天而發表理性言論，因此對於天命、大人、聖人等都當存畏心以待之。此處孔子所說的天命是具有權威力量，即是「天命的主宰義」之樣式。而在孟子言談中，也表示不敢輕忽天命，其說：「舜、禹、益相去久遠，其子之賢不肖，皆天也，非人之所能也。……莫之致而至者，命也。」孟子就舉出就是像舜、禹這樣的高品德水準之人，其兒子可能賢也可能不賢，

〔註154〕〔魏〕何晏等集解，〔宋〕邢昺疏：《論語注疏》（台北：藝文印書館，1997年《十三經注疏》本），卷16，頁149。

點出此爲「非人之所能」，是說不是屬於人力的範圍，而是受天命所主控決定著。故而孟子的「天命」論，即是對孔子所說的「天命的主宰義」之承續。

孔子意識到自己興復文武之道的歷史重任，而這樣的重任是上天所賦予的，是無比的神聖光榮之使命。爲能完成興復文武之道，則必有「知其不可而爲之」的道德勇氣，雖遇堅困阻撓，而能百折不回，不動搖其信念。因爲道德是天所賦予給自己的，因而在推行文武之道時所面對的挑戰，依然保有堅毅的道德信念與節操，而表現出「桓魋其如予何」、「匡人其如予何」的大無畏器度。孔子並且相信處在艱難困苦環境中，不能壓倒個人信念，反而是成就一個人。而孟子所謂：「天將降大任於是人也，必先苦其心志，勞其筋骨，餓其體膚，空乏其身，行拂亂其所爲，所以動心忍性，曾益其所不能」〔註155〕其中孟子所展現的，就是當人在承擔傳遞大道文化時，其不會畏懼難苦，也不怕身心的苦難之考驗。而也是經過心志的磨鍊，身體的勞苦、飢餓，也能依然不動搖其推行大道文化的信心，則此人也才足以擔當得起傳遞大道文化之歷史使命。故孟子這種承擔使命之態度，可說是對孔子「知其不可而爲之」的使命責任之承續。

孔子不斷強調「士志於道」，也就是士人當立志學習仁德之道。對此，孟子在被問及「士何事」時，孟子則回答說「尚志」，尚志就是以志節，來不斷提高生命本身價值，以及完善人生的生命目標。而它是透過存養仁心、充養浩然之氣，並貫徹於行爲中，表現出士人應有的志氣節操。孟子此種尚志的生命節操，也是對孔子思想的承續。

孔子所說天命的主宰義，對人事具主宰力量，它可決定人的機遇，使人有種命限之感，因此孔子對這種天命對人之主宰，只能對其保持敬畏。對於這種外在境遇，孟子說到：「求則得之，舍則失之，是求有益於得也，求在我者也。求之有道，得之有命，是求無益於得也，求在外者也。」在這裡孟子區分出「求在我」與「求在外」，所謂「求在我」是說像仁義道德這類，即我本身所固有的，這種東西去追求它是有助於獲得。「求在外」是說像富貴權勢這類，不是我本身所有的，透過方法求索它，但無助於求得，因爲有外在環境限制，所以得或不得是取決於命的安排。因此孟子將受外在限制而人所不能及的事情，即「求在外」而無益於得之事，歸之於命，此同於孔子的命限之看法。不過孟子提出生命中「求在我」的東西，因是我本來固有的，故而

〔註155〕〔漢〕趙岐注，〔唐〕孫奭疏：《孟子注疏》，卷12，頁223。

求有益於獲得，這種命中「求在我」而可得的看法，是對孔子命觀念的創新發展。

孟子對於命又提出正命與非正命之看法，其說：「知命者，不立乎巖墙之下。盡其道而死者，正命也。桎梏死者，非正命也。」知命之人，他懂得如何順其正命，而避開非正命。所謂正命，即是盡力行道而死，因其完成道義，也成就正確的人生價值。所謂非正命，即是因犯罪而死，此不是正命，因就犯罪之事來說，此事就像站立在將傾倒牆下而可以走避一樣，人也可避免不去犯罪，故因罪致死是自招之禍而不是正命。孟子在此對孔子的「知命」，又提出知命者應當知道「正命」和「非正命」之分別，而這是對孔子命觀念之新發展。

而孟子如此重視仁義與當時的時代環境有關。戰國大傳統思想文化中，興起了士人文化，這是因為戰國諸侯之間，為了在戰爭中獲得更大利益，於是積極招募可用人才，以為其出謀劃策，來鞏固各諸侯的國勢與軍政。就這樣逐形成禮賢下士文化風氣。士人地位活躍起來，對於天下之事，也可以發表其主張意見。而就是這樣的時代文化氛圍下，議論自由又加上諸侯國君願意禮賢，孟子遂對當時各國家為奪取利益而發動戰爭，所產生的上下交征利的局面加以針砭。故而高舉仁義旗幟，企圖以仁義來制約功利，以仁義精神來取代物質功利，重新建立人的精神價值。

孔子的「五十知天命」論述，所說的是一種天命之賦予義，天命賦予孔子道德使命，故孔子又有「天生德於予」的表述。而孔子的知天命，是說孔子知道追求道義和興復斯文為己任的天命，而此種興復道義責任是天命所賦予的。到了孟子則說：「盡其心者，知其性也。知其性，則知天矣。存其心，養其性，所以事天也。」在孟子是透過存心養性而來知天，也就是推至人固有之仁義禮智的善心，則能明瞭此固有善心即人之善性，進而就能知道感受人之善性是天所恩澤於人的，人能存養善心、善性也即是回報天之恩澤。在此孔子的知天命，即天命賦予孔子道德使命，被孟子轉換成盡心→知性→知天的道德實踐過程。在孔子的知天命是從天命賦予個人來講；而孟子則不由天命出發而從個人出發，強調盡心知性則可知天之所命而事天，此為孟子對孔子命觀念的新發展之處。

孟子這種從個人立場出發來體知天命，也與其時代背景相關係。在春秋戰國之際的思想文化轉變下，天的權威性已有鬆動，在春秋時已有「夫民，

神之主」的說法，天已不再是那麼權威，反而是人民成為一股左右國家興廢的新力量。而到戰國時「以民為本」的思想主張，一直不斷被重申，因戰國兼併之戰四起，爭取人民信賴，成為鞏固國家政權的最佳力量，於是人治思想成為戰國思想文化的新趨勢。孟子就是在這樣人治思想文化氛圍影響下，呼應時代潮流，因而也強調重視個人的精神價值，由個人出發來體知天命，並強調個人在存心善性之道德實踐的努力。

第五節　小　結

在現實利益趨使發展下，春秋之時禮樂制度雖存在，但實質已失去其維護綱紀之約束力。到了戰國時期各國為達富國強兵，以及面臨戰爭兼併之激烈，還有適應社會環境之變化。於是統治者莫不調整行政策略，由上而下進行改革，而其中的策略，便是「變法」的推行。而變法的進行，就需要有識之士去推行與貫徹，這種情形就促使各國君主想要選拔賢士，而委任之要職，以利推行各項變法改革。所以諸侯紛紛納賢，並以師友之禮接待，使得士人地位日漸提升。士階層已成為新興國家官僚體系人員的直接來源，並且對新時代思想文化具有決定性之影響。

春秋時代的敏銳有識之士，在社會的變化環境中，對舊的制度事物雖有所依戀，不過為適應新時代的轉變，也需作出調適，於是接受新事物，闡發新思想。而戰國學術思想相當繁榮，而各家學者雖處在戰亂時代，不過也因此，可提出各自理論來改善社會，若獲君主採用則可實現理想。且社會的自由開放空間，促使彼此論辯交鋒，各家的爭鳴是當相自由，個人有其獨立自主，其思想與論說才能獲得舒展的空間，學術風氣也由此多元發展，形成爭鳴情形。這是思想的偉大創造時期，是中華思想文化的重要時期，相對於春秋人文理性來說，戰國時期的學術爭鳴盛況，可說是理性思想向前又邁進一大步。

春秋之時，人們對周王的失德情況，將不滿之情緒發洩於天，因此出現恨天、怨天的字詞。而從人們的怨天情緒可看出，天不再完全是人們敬畏對象，也不再完全與王權結合而成的神祕力量。故而隨之產生「民」的地位，有提高的情勢。時至戰國理性論辯高度發展，有關民本思想也跟進步深入，各思想家思考角度不同，所以提看法內容也就不一。進入戰國後，人世紛亂白熱化，天的形象已被淡去，而人民地位抬升。爭取人民的信賴與支持，成

爲各國君穩固政權的重要憑藉。戰國時代對人民重視更勝於君，可以說是從重天道轉向於重人道人治之思想。

鄒國和魯國，因爲地理位置相近，且文化構成上有其相似性，對此，古籍上就時常將鄒魯連稱。孟母之教養，是影響孟子日後人格發展的重要來源。故而孟母是鄒魯文化的承續者，故其教養的過程中，即是對鄒魯文化所作的展現。由孟母教子之表現，可反映出在鄒魯思想文化中，關於環境、勤學、修德、誠信、敬禮等皆相當重視與大力提倡。

子思學說某種層度來說，也是反映出鄒魯思想文化，從子思的學說中，就可窺探出鄒魯思想文化。而子思學說所反映出的鄒魯思想文化，即是仁、義、禮、智、聖等五種德行的重視；還有對於性命的關注；以及中庸之道與誠哲學的提倡。

孟子對於某些事情「莫之爲而爲者」，認爲這就是天。也因此他認爲人順從天意就能生存，若是違逆天意就會遭滅亡。由此亦可知，此天是具有興廢人君之權力的「主宰天」。不過孟子也認爲，人要了解事物本身的各種自然特性，不去刻意違反它；若不順應自然，而強行去干擾它，則最後可能四處碰壁。這些積極有爲的處事態度，就是在提示人們要能順應「自然天」。此外，在孟子看來天有其義理，天在降生人民的過程中，便降予人民有了義禮的人道，而此義禮人道之本源即是天。因此，人民對於道德義禮之追求完善過程，其實也就是對於「義理天」所進行的了解。

在《孟子》書中，作爲其性善論之基礎的心，乃是四心，即是惻隱之心、善惡之心、恭敬之心、是非之心。而孟子又將此四心稱爲良心本心，在孟子看來良心本心是人人皆有的。由於性是潛藏著，需由心的覺發顯露而藉以呈現，所以性本不可見，但卻由人之心以見人之性，也就是即心言性，以心善而證說性善。

人在現實生活中，有些事情是可以掌控的，有些事情是無法掌控的。對於無法自主掌控之事，就有了限制。孟子觀察到與體會到，想要去追求外在的事物，因所求之事物是外在於人的，故受到外在因素限制，以致於「得／不得」是無法由人自身所決定，因而認爲是「得之有命」。也可說是體知到了「命」有其限制性之存。

孔子對天命是持著敬畏心態，故《論語・季氏》說：「君子有三畏：畏天命，畏大人，畏聖人之言。」此處孔子所說的天命是具有權威力量，即是

「天命的主宰義」之樣式。而孟子也表示不敢輕忽天命:「舜、禹、益相去久遠,其子之賢不肖,皆天也,非人之所能也。……莫之致而至者,命也。」像舜、禹這樣的高品德水準之人,其兒子可能賢也可能不賢,點出此為「非人之所能」,而是受天命所主控決定著。故孟子的「天命」論,是對孔子的「天命的主宰義」之承續。

孔子意識到自己興復文武之道的歷史重任,而這樣的重任是上天所賦予的,為能完成興復文武之道,則必有「知其不可而為之」的道德勇氣,雖遇堅困阻撓,而不動搖其信念。而孟子也認為人在歷經心志的磨鍊,與身體的勞苦、飢餓之時,依然不動搖其推行大道文化的信心,則此人也才足以擔當的起傳遞大道文化之歷史使命。孟子承擔使命之態度,是對孔子「知其不可而為之」的使命責任之承續。此外,孔子不斷強調「士志於道」,也就是士人當立志學習仁德之道。而孟子也認為士人當「尚志」,以志節來不斷提高生命本身價值。透過存養仁心、充養浩然之氣,表現出志氣節操。孟子尚志的生命節操,也是對孔子思想的承續。

孟子又有「正命」與「非正命」之看法。正命,即是盡力行道而死,因其完成道義,也成就正確的人生價值。非正命,即是因犯罪而死,此不是正命,因就犯罪之事來說,此事就像站立在將傾倒牆下而可以走避一樣,人也可避免不去犯罪,故因罪致死是自招之禍而不是正命。孟子提出「正命」和「非正命」之分別,是對孔子命觀念之新發展。

孔子所說天命的主宰義,對人事具主宰力量,它可決定人的機遇,使人有種命限之感。對於這種外在境遇,孟子區分出「求在我」與「求在外」,孟子將受外在限制而人所不能及的事情,即「求在外」而無益於得之事,歸之於命,此同於孔子的命限之看法。不過孟子提出生命中「求在我」的東西,因是我本來固有的,故而求有益於獲得,這種命中「求在我」而可得的看法,是對孔子命觀念的創新發展。

人之所以會有不滿足的心態,乃是人因有過多的欲望,但因為追求過程,有些非人能力所可掌握,故人去追求不一定會得到,於是產生得失心,因而感到命不好。而這歸咎耳目感官不斷受外在環境事物牽引,致使人心被過多望欲所遮蔽而陷溺不顯,因此人在求不到的情形下,而產生不順的命。

而孟子認為環境會對人的品格有所影響,可說是與其小傳統地域性鄒魯思想文化有關。「孟母三遷」的教育思想,影響後來孟子的成長,也因此孟子

對環境是很重視，因此孟子對環境之強調，顯然是受到孟母苦心擇鄰的教育思想薰陶。

因此孟子要人，去透過「求放心」工夫尋回良知本心，接著培養「寡欲」而來養心。而原先人們「過多」的「欲望」在「本心」的主導下，則事事皆依良心本心以對，良心是善是正，則所遇的事依本心以對，則隨事皆善皆正。此時原本因「有所求」卻「不可得」的「得失之心」，已不存在了，也就是從原本求之有道，卻「得之有命」的限制中「超脫」出來，在面對諸事以盡我之道德仁義之心，完成我當盡義務，由此而無愧於本心，此時的本心不受外在事物之限制。於是原本因為得失之心而產生的「命限」，就改變成盡道德仁義之心，而無所愧的坦然「不受限制」之生命狀態，就這樣命在此改變了。

而孟子如此重視仁義與戰國大傳統思想文化中的士人文化是相呼應。戰國諸侯為了在戰爭中獲得更大利益，於是積極招募人才為其出謀劃，就這樣遂形成禮賢下士文化風氣。而就是這樣的時代文化氛圍下，諸侯國君願意禮賢下士人，傾聽議論，孟子遂對當時各國為奪取利益而發動戰爭，所產生的上下交征利的局面加以針砭。故而高舉仁義旗幟，以仁義精神來取代物質功利，重新建立人文精神價值。

在孟子看來理想之身是生命在本心能去除遮蔽，並透過存心養性養氣之工夫修養，以仁義存其心，以道義養其氣，而由浩然之氣發顯於外的行動，皆是正義正向之表現。而孟子重視浩然之氣，乃至於其言談辯論中，有著雄辯滔滔與氣勢磅礡之特徵。

而這與其所處大傳統戰國思想文化是相關係著。當時戰國時代潮流呈現自由的爭鳴學術盛況，由此孟子也受此爭鳴議論風潮影響，而在與時代文化融合中，將浩然之氣表現於言談舉止的行動上，用雄滔論辯來與諸子相互爭鳴。

於是對於人間的道德實踐所遭遇的限制，不再因限制而埋怨，而是「順受其正」。因此面對人生諸事，一切皆盡其道義，行其所當為，而其所接受而為之事，皆依道義為抉擇之標準，合仁義道德則行，因行其所正，故而事事無一不正。這種由內在仁義之心到仁義之行的踐形，其願不願意，能或不能，是操之在己，故而「沒有限制感」，也就是不受限於外在環境限制。因此個人推行仁義道德所發生之「限制」，已不復存在，此時個人符合道德之事則行，因而行正義之事，事為正義則我是立了正命。故而就我願行仁義之事而言，

即是沒有限制感,因而隨處隨事皆可去「立正命」之「自由」狀態。於是原本推行仁義會有限制的命,改變成「不受限制」的我願行義而即可立正命之「自由」,命於是改變了。

第五章　荀子的「命」觀念思想及改命方法

第一節　前　言

周天子的威勢隨著王室政權日益衰落，於是也就跟著不斷衰減。原有的制度已不能有效地規範人們，而在西周宗法等級下，以王室爲權力核心基礎之禮樂制度，也不再被多數人所遵循。春秋之時，周天子的共主地位形勢已不再，而變成政治經濟之需求，大都仰賴於強盛諸侯國，因而有諸侯凌駕於周天子或有成爲時代社會之調控主力者，時代社會的調控模式，從原先周天子出命令征伐，轉變成爲諸侯霸權政體之會盟形式。主導禮樂征伐權力遂自諸侯出，再轉到「自大夫出」，尤有甚者竟變成「陪臣執國命」之現象。整個傳統社會體制發生劇烈的失調情形。

與此同時，在社會衍生出許多的僭越禮制情事。魯國大夫叔孫豹（？～538B.C.）奉國君之令出使晉國，晉悼公（586～558B.C.）則先後採用天子享元侯之樂和用於兩君相見之樂，來致意魯國一行使臣，這似乎有越禮之舉。孔子痛絕並指責的「季氏八佾，舞於庭」之行爲，〔註1〕更是有違禮制。表面上僭越的出現，好像反映處在下位者欲掙脫傳統的舊有等級體系，但實際上是暗藏著諸侯們在實力增強後，想要獲取更大政治權力之野心。〔註2〕這一時

〔註1〕 〔魏〕何晏等集解，〔宋〕邢昺疏：《論語注疏》（台北：藝文印書館，1997年《十三經注疏》本），卷3，頁25。

〔註2〕 龔書鐸總主編：《中國社會通史》（太原：山西教育出版社，1996年），先秦卷，

期，關於敬重天子、忠守君訓的價值，已不爲社會所奉行，《史記・太史公自序》載說：「《春秋》之中弒君三十六，亡國五十二，諸侯奔走不得保其社稷者不可勝數。」〔註3〕上位下位忽然改替，子臣弒奪君父之場景不斷上演，弒君者之所以敢於行大逆不道之舉，多是出於得到一己之私的滿足，此類行徑一波接一波，嚴重破壞當時整體政局之穩定，促使社會愈趨動盪不安。

時序推進到戰國時代，七雄爲爭奪天下大權，以期能主控整個天下政局，於是各國之間征伐兼併之戰爭，持續不絕地攻打著，其大規模的破壞程度，遠更勝於春秋時代。漢代學者劉向對於戰國局勢，給過概括描述，其《戰國策・劉向書錄》就說：「上無天子，下無方伯，力功爭強，勝者爲右。」〔註4〕統治權利者已不再是不變的格局，而是隨著各國戰爭之勝或敗，國君隨時發生汰換。隨著兼併戰爭的日益嚴重，能有效地集中國內人力物資，從而獲得戰爭勝利與民眾生存發展，成爲極爲關鍵的事務。而對人才需要的大增，也迫使各國必須打宗法等級的舊觀念思考，要能不分親疏去選拔有利之人才。

戰國諸多國君先後進行變法改革，如何保障新型國家秩序相互間的和諧，遂也成爲理論家們的重點施政策略。如此一來，重建社會文化秩序，並且提供具有統一文化思想系統的行政方針，就成爲各國國政首要之務。而要完成這一重大任務，就不能不借助於諸子百家思想。

荀子對於世間的治興亂離，以及人的吉凶禍福，將之咎因於人爲因素所造成的。天不再是權威的主宰，所以人當變換對天的態度，改變從一味的順從，改變爲裁制之，即荀子說的「制天命而用之」之主張：「大天而思之，孰與物畜而制之；從天而頌之，孰與制天命而用之。……故錯人而思天，則失萬物之情。」〔註5〕荀子認爲天是自然是無意志的，它不隨著人的改變而改變。因此人要主動地去運用其規律，才能使天地萬物之規律爲我所制所用，從而使天地萬物能發揮出，其最大地效用與發展。人雖依靠著自然而生存著，然而卻可利用自然與裁用自然，進而能控制它改變它。〔註6〕對於人本身來說，

　　頁 495。
〔註3〕〔西漢〕司馬遷撰，〔劉宋〕裴駰集解，〔唐〕司馬貞索隱，〔唐〕張守節正義：
　　《新校本史記三家注并附編二種》（台北：鼎文書局，1981 年），卷 130，頁
　　3299。
〔註4〕〔西漢〕劉向集錄：《戰國策》（上海：上海古籍出版社，1978 年），頁 1196。
〔註5〕〔戰國〕荀況撰，〔清〕王先謙：《荀子集解》（北京：中華書局，1954 年），
　　頁 211。
〔註6〕馮友蘭：《中國哲學史新編》（北京：人民出版社，2007 年），上卷，頁 544。

天之內容爲何不是一般人要探求，荀子認爲人要能掌握的是天之規律即可，因爲天是自然的性質，不具主宰性也就不能主宰人事，所以人應該努力的是人事。在荀子思想中，主宰天原本對人命之支配力量變成被制用的對象。

於此之際，荀子的「命」觀念，與上述軸心期後期思想文化轉變之間關聯爲何？又與其所處的地域性齊思想文化、楚思想文化有何關係？荀子在回應時代課題下，其命觀念對孔子有何詮釋上的發展變化？

本章對上述問題，將從三個方面進行論述，第一「荀子命觀念思想形成的小傳統思想文化成素」，此處討論荀子「命」觀念形成的小傳統地域性因素，而將分別討論地域性齊思想文化，以及地域性楚思想文化，從中尋找出影響荀子「命」觀念的小傳統成素。第二「荀子命觀念思想形成的天論與心性論之理論根據」，此處除了探述天論，也將討論荀子的心性論，因其命觀念導源於二者，所以要先行探討。第三「荀子『命』觀念思想及其對孔子的承續和創造」，將討論荀子「命」觀念的形成、內容與改命之方法，並論述其命觀念對於孔子有何承續與發展。而荀子命觀念，與軸心期後期大傳統思想文化之轉變和地域文化中的齊、楚思想文化，之間又有何關係性，也將予以討論。本文進行討論如下。

第二節　荀子「命」觀念思想形成的小傳統思想文化成素

關於荀子的事跡，在《史記・孟軻荀卿列傳》載說他：「年五十始來游學於齊，……田駢之屬皆已死，齊襄王時，而荀卿最爲老師。」[註7] 他並且三次任職於稷下學宮的祭酒之職。齊國稷下學宮是當時統治者爲適應社會變動，而出於政治施政參考需要而興辦，其目的還是有配合現實政治的考量成分，期能爲統治者的國家興盛之路，提供長治久安之理論參考。荀子曾遊學於齊國，並且在齊襄王主政時期，在稷下學宮受尊「最爲老師」之榮稱。根據汪中的〈荀卿子年表〉看來，荀子大部分時間是居處於稷下學宮。而後來荀子又遊歷楚國，當時楚國宰相春申君（314～238B.C.），就賞賜他並任命其爲楚國蘭陵令（山東莒南縣）。直到西元前 238 年，春申君遭逢死難，荀子也因此被免去官職，爾後便定居蘭陵一帶，直到年老而與世長辭。所以荀子雖

<hr/>

[註7]　〔西漢〕司馬遷撰，〔劉宋〕裴駰集解，〔唐〕司馬貞索隱，〔唐〕張守節正義：《新校本史記三家注并附編二種》，卷 74，頁 2348。

是出生於趙國,但其大都遊歷居處於齊、楚兩國,故荀子「命」觀念思想形成的小傳統思想文化成素,應以齊思想文化與楚思想文化最爲相關係,故而以下將分別討論這二種地域性的思想文化之內涵。

一、地域性的齊思想文化

(一)尊賢與開放

上位者所崇尚的思想方針,往往就成爲一般人民行爲之導向。國家若能尊敬賢人,並且舉用賢人,則全國人民也會跟著仿效賢者。國家若是鼓勵人臣立功,就會有爲國盡忠建功立業之人湧現。相反地,如果上位者依親疏而任用人,只講求血緣關係,而不思量其是否賢能,或有無貢獻,那麼由此而推之將使人民離心離德。齊國就是不以親疏、出身、地位與國別,只考量其是否具備能力,而能爲國家盡忠職守,或能爲國出策和立功,則此種賢才就能受到任用與獎賞。這樣來推行,一方面增加賢能之士的來源層面,因而較能從中擇取到真正有才能之人,另一方面由此行政機構可吸納到不同意見之人員,幫助減少決策時之失誤。這樣選才思考路線因以能力和功勞爲優先,就可不斷讓人才有效脫穎而出,而能夠發揮最大效益地,來將優秀人才從社會中提拔,並任用於合適政權機構之職位,而發展其長才。

春秋早期,齊桓公能率先登上春秋霸主地位,是與他能重用賢士有著密切關係。他可以不計帶鉤之仇,而委任管仲以重權,除此之外,相傳他爲能招攬天下英才而至,還設置「庭燎」用來招士。可說爲了招納賢士,桓公不惜僭天子庭燎之數予以接待來訪之士,就是想吸引四方賢良之士投入其政權。庭燎是一種當時的禮制,當有邦國前來朝覲、祭祀或商議重大國策時,會在庭中設儀並燃燒火炬。使用的庭燎儀數,隨著不同爵位也跟著不一樣。齊桓公能任用像是管仲、鮑叔牙(約 723~644B.C)、寧戚等賢臣,[註8]因而能夠建立起「九合諸侯、一匡天下」之偉大功業。齊景公任用晏嬰(?~500B.C.)而讓其長達 56 年治理國政,故而使齊國強盛於其它諸侯。管仲和晏

〔註8〕 有學者指出:「他(管仲)追求的是自己的功名,爲了使自己『功名顯於天下』,可以『不羞小節』,而這所謂的『小節』,卻是事君主的忠,參戰爭的勇,分財物的謙讓,處世做爲人的尊嚴等道德規範。這充分表現了他的商人特性,齊桓公之所以重用他,不僅是利用他在貧困時積累的豐富經驗和靈活地追求利益的智能,也是欽佩他爲了追求功名而百折不撓的精神。」以上參見黃松:《齊魯文化》(瀋陽:遼寧教育出版社,1995 年),頁 60~61。

嬰都是齊國著名之相，同時也都是富有盛名之偉大思想家。然而管仲出身於鄙人之賈，可說僅是個小商人；晏嬰出身於東夷之子，也不是屬於齊國貴族體系，不過他們卻能受到國君發掘而重用。即使到了田齊的威王之時期，也是任用異姓的賢能鄒忌，來對當時朝政進行改革，而後使得齊國又能再威震於諸侯。

齊王對具有武才之人，也相當看重，而這種情形是與姜太公有關係著。因爲起初姜太公被分封到齊國，隨後他就率軍擊退前來侵犯的萊人，又親自參與平叛之征討，並獲得周王任命的征伐大權，從事東征西討之行動。這種尚武思想精神流傳不衰，因而出現過許多軍事賢才。在姜太公之後，就有了孫武、司馬穰苴、孫臏、鬼谷子、田單等著名軍事思想家。〔註9〕他們的軍事著作後來被一同稱作齊兵學，其書中的軍事理論，對後世戰略實踐有發揮重大影響力。

尊賢對於齊國政治思想影響甚深，而培養出具有民主胸懷的上位者。如齊威王能接受鄒忌的當面諷喻，廣開言路思想，並且聽取朝中賢臣不同意見，還鼓勵諸多賢臣「面刺寡人之過」，或是採用上書勸諫，當然也可以「謗議於市朝」。〔註10〕齊威王的這種開闊爲政風範，可說是齊國開明思想的具體縮影。其實，從根本上來觀察，能有齊國思想文化的開放表，以後政經的穩固且富裕之成果現象，都是肇因於推崇「尊賢」、「尚功」之風氣所致。

由於姜太公所封的齊國地理，不太適合農業之開拓，然爲有效疏解人民生活問題，姜太公確立以工商作爲立國發展之方向，這種思維相對周人的以傳統農業爲主，實屬是大膽突破之路徑。不過經由姜太公樹立新的經濟思想措施，齊國也才能得以短時期內，收到突飛猛進的豐碩發展，因而「人民多

〔註9〕 對此李玉潔指出：「在頻繁的對外戰爭中，齊國注意總結戰爭的藝術和策略，並進行整理。從而產生了偉大的軍事理論和軍事家。這些軍事理論和軍事家，亦稱爲兵學和兵家。在此基礎上，齊國的兵學凝結成偉大的軍事著作《司馬法》和《孫子兵法》、《孫臏兵法》等，在歷史上放射灼灼光輝，光照千秋。齊國的兵家，特別是孫武被歷代兵家尊爲『萬世宗師』，對後代，乃至世界都產生了深遠的巨大的影響。」又指出：「孫武是我國春秋時代最有名的軍事理論家和將領。他的軍事思想對我國後代有深遠的影響。我國歷代將領，如韓信、諸葛亮、李世民、岳飛、戚繼光、曾國藩等都曾認眞地研究過《孫子兵法》。《孫子兵法》是我國寶貴的知識財富，其影響遠及海外。英國元帥蒙哥馬利曾說過，世界上所有的軍事學院都應把《孫子兵法》列爲必修課程。」以上參見氏著：《齊國史》（北京：新華出版社，2007年），頁 253、260～261。

〔註10〕〔西漢〕劉向集錄：《戰國策》，卷8，頁 326。

歸齊，齊爲大國」，〔註11〕可說自立國之起，推行「務實」與「開放」一直是齊國所發展的姿態。爾後齊君也多都能朝著，開明且因時而變之路邁進，而這種政經思想對國家發展起到十分有利之作用。

齊國地域算是遼闊，加上由於地處沿海區域，發展海上貿易成爲可行的經濟路線，雖然它不可與內地的貿易額相比較，但也因貿易使得眼界更加開闊，也使得人們思想變的活躍，而不易產生保守。當時管仲輔佐桓公，就提倡「俗之所欲，因而予之，俗之所否，因而去之」的順民主張。〔註12〕在施行具體政策上，注意到要能變革「政不旅舊」，例如，招攬外地商賈，向外去發展經濟時，他們在齊國境內沿著通商之路途，以三十里爲間距，各別設立一處驛站，並在站內積儲生活物資以供應外來商旅。其中還在首都臨淄城裡「爲諸侯之商賈立客舍」，〔註13〕並且制訂出相關之獎勵辦法。

齊國經濟的開放思想，也促成齊人崇尚變革、厭惡守常的進步氛圍。綜觀齊文化約 800 年的發展歷程，可以說是一貫地體現著「主變惡常」的思想。由於特殊的生存地理環境，齊人能有效因地制其合宜，正視現實發展狀況，突出推行合適自身國情的政經思想。在齊桓公的大力支持下，管仲能夠不墨守成規，積極推動改革行政，在政治、經濟、軍事等各領域，進行浩大且影響深遠之改革活動。這場活動取得極大成果效益，使得齊國變成民富、兵勁、國強之風貌，由於此，也讓齊桓公稱霸諸侯於春秋，齊國一躍成爲東方強盛大國。戰國時期，齊威王又接續實施變法改革運動，確立以人才爲寶的政策，迅速整頓朝中吏治，也推向齊國稱雄於戰國，名列戰國七雄之一。

（二）兼容與自由

關於在義利之關係，中國古代思想家有三種之基本態度，一種是先義後利，一種是尚利，一種是義利並重，而其中影響社會層面最大的是儒家義利觀。儒家基本是主張要先義後利，其雖是重義而並非忽視利，也不是重義棄利，更不是只講義而不講利。

姜太公本身曾有過從商的經歷，了解在百姓心中對「利」是相當在乎的，以及「利」對於政權的影響，所以他特別重視對百姓要滿足其基本之利。一

〔註11〕 〔西漢〕司馬遷撰，〔劉宋〕裴駰集解，〔唐〕司馬貞索隱，〔唐〕張守節正義：《新校本史記三家注并附編二種》，卷 33，頁 1480。

〔註12〕 同上註，卷 62，頁 2132。

〔註13〕 〔春秋〕管仲著，李勉註譯：《管子今註今譯》（台北：台灣商務印書館，1990 年），頁 1169～1170。

般認為《六韜》是姜太公所作，其書中〈文韜〉就有記載太公說到：「同天下之利者，則得天下；擅天下之利者，則失天下。……凡人惡死而樂生，好德而歸利，能生利者，道也；道之所在，天下歸之。」〔註14〕對此，《管子》書中也說過，漁民不捨晝夜出海去捕魚獲，且能不畏懼風浪險惡，此乃是因為考量利益在前，因而不畏辛勞去從冒險的工作。而其中「倉廩實，而知禮節；衣食足，而知榮辱」的名言，〔註15〕也認為施政首要，在於先滿足百姓的民生必需之利益，也即表示施政就是要能予人以利。

　　齊思想文化有明顯崇尚物利之傾向，故有學者指出：「齊自立國以來就把商工之業，視為國家的根本。」〔註16〕齊人認為，人都想要趨利避害，這是因為人的本性是想要去求利。齊人雖然重視物利，但並不表示就不去講義。有人認為齊文化都崇尚物利而輕視義禮，這可能是一種誤解。為了能夠富國強兵，齊國從民所欲，注意順從民心。而經國政策則著重生產物資，讓物資財富能被有效獲取。齊國提倡人民追求物利，這是因為既懂得倫理道德的影響力，又懂得物質利益對社會的決定作用。

　　禮、義等倫理在治國安邦中的作用，亦是管子所重視的。禮與義應該是相互聯繫配合的，禮對社會等級秩序有一定規範力，是義的外在行為標準；義則是人們對國家社會盡其應有之道義，義要求人們不去做出越禮之事，而要用正當方式去謀取利益。因而有學者說：「齊文化中的這種功利特質，從未使人產生肅穆的壓抑感，卻帶有極大的開放性和靈活性，在恢宏的氣勢中，透出無所不在的空靈。這種功利特質，是以不拘一格的空靈表現出來的，既有隨意性，也有實用性，易於為人所接受。」〔註17〕若是利配合著義，則義對利也有著一定的約束作用，但義也不是利的簡單反映而已，這如《管子·侈靡》篇中說的：「甚富不可使，甚貧不知恥。」〔註18〕就是指出人若是處於「甚富」和「甚貧」之狀態，在社會上都可能造成不良的影響。所以，齊人了解意識到，讓人民富足之重要性，不過若是因此失去禮義廉恥，亦是十分危險之事。就這一點來說，齊人的義利並重態度，與先秦儒家講的先義後利，並沒有相去太遠的差異，要是說有什麼不一樣，可能是齊人比先秦儒者較重

〔註14〕曹勝高、安娜譯注：《六韜·鬼谷子》（北京：中華書局，2007年），頁7。
〔註15〕〔春秋〕管仲著，李勉註譯：《管子今註今譯》，頁1。
〔註16〕李玉潔：《齊國史》，頁241。
〔註17〕黃松：《齊魯文化》，頁42。
〔註18〕〔春秋〕管仲著，李勉註譯：《管子今註今譯》，頁594。

視利吧。

齊文化的功利特徵，表現在學術上則是兼容並包之樣態，是多變性與接納性的融合再創造。姜太公治理齊國初期，實行「修道術，尊賢智，賞有功」，〔註 19〕以及「因其俗，簡其禮」的行政方針，〔註 20〕此與道家思想頗爲類似。而管仲輔佐君主，重視提倡富國強兵，任霸用法，成爲後代法家的先驅之一。晏嬰入齊爲相，極力倡導節儉之德，任用賢才與關愛人民，省去刑法而隆重禮法，儒、墨思想兼顧而行。以上這些舉措都體現出「與時變，與俗化」的多樣變化。然而學術風氣的盛行不是朝夕之功。其實從姜太公開始的治國思想，到其後大多數國君行政思想風格，都堅持開放和不拘一格的任人政策，也提供開展學術之良好的環境條件。故而春秋至戰國時期，相繼興盛起管晏學、兵學、稷下之學。

在齊桓公時可能就創立了稷下學宮，到齊宣王時期稷下學宮規模已達相當隆盛。〔註 21〕如《史記·田敬仲完世家》就說：「宣王喜文學游說之士，自如鄒衍、淳于髡、田駢、接予、愼到、環淵之徒七十六人，皆賜列第，爲上大夫，不治而議論，是以齊稷下學士復盛，且數百千人。」〔註 22〕齊國在威王和宣王時期，國力發展到鼎盛狀態。其軍隊「疾如錐矢，戰如雷電，解如風雨」。〔註 23〕而齊國拓展「南割楚之淮北，西侵三晉，欲以并周室，爲天子。泗上諸侯、鄒、魯之君皆稱臣，諸侯恐懼」。〔註 24〕齊宣王胸懷滿志，雄心勃勃，他企圖達成統一天下的功業。在這種情勢高漲中，齊宣王就想招賢養士，並力振稷下學宮之榮耀。

〔註 19〕〔東漢〕班固撰，〔唐〕顏師古注：《新校本漢書》（北京：中華書局，1981年），卷 28，頁 1661。

〔註 20〕〔西漢〕司馬遷撰，〔劉宋〕裴駰集解，〔唐〕司馬貞索隱，〔唐〕張守節正義：《新校本史記三家注并附編二種》，卷 32，頁 1480。

〔註 21〕有關稷下學宮，有學者指出：「它是中國最早的書院。稷下，是齊都臨淄的稷門，即臨淄城的西南首門。……稷門在臨淄的城西南。稷門因臨稷山或其側有系水而得名。考古發現，稷山在臨淄舊城址之南略偏西，故稷門是臨淄西南首之門。學宮因在稷門之側，故史稱稷下學宮。」以上參見李玉潔：《齊國史》，頁 427。

〔註 22〕〔西漢〕司馬遷撰，〔劉宋〕裴駰集解，〔唐〕司馬貞索隱，〔唐〕張守節正義：《新校本史記三家注并附編二種》，卷 46，頁 1895。

〔註 23〕〔西漢〕劉向集錄：《戰國策》，卷 8，頁 337。

〔註 24〕〔西漢〕司馬遷撰，〔劉宋〕裴駰集解，〔唐〕司馬貞索隱，〔唐〕張守節正義：《新校本史記三家注并附編二種》，卷 46，頁 1900。

　　在稷下學宮的不斷壯大下，影響所至乃是造就齊國學風，形成兼容、獨立和自由之學術。所謂兼容，即是對各種學說平等地對待，以及持著兼容並包的態度，尊重學者各自提出見解的權利。為不同文化背景、學術興趣、研究方法的學者，提供揮灑學說之討論空間，對此有學者即說：「稷下是兼容並包的，在那裡戰國各派大小學者都可以參加。」〔註25〕因此，稷下學宮能存在儒家、法家、道家、墨家、陰陽家、名家等不同學派。所謂獨立，就是學者們堅守學術獨立和人格獨立，把學術的批判精神發揮得淋漓盡致，學術沒有淪為政治的附庸，從更宏觀的角度為執政者提供智力支持。所謂自由，即是學者們有自由來去權力，若是合適則居留，不合適則離去，無人作出干涉。既享有研究、討論的自由，又有一定的人身自由。

　　戰國時期，百家爭鳴進展至繁盛局面，社會舞台充滿著各種流派思想，各國的政治經濟文化都有一定程度受其影響，但各國還是有其主導思想以貫之。魯國尚儒，秦、晉二國尚法，而齊國則為各種思想並存交融之形態。齊人的思想家，如管仲法家成分居多，晏嬰有近似墨家，鄒衍則開創陰陽家，淳于髡如同道家，公孫丑實為儒家之徒，以上諸位都屬於不同之道統，可說在齊國幾乎是沒有一種思想居獨尊地位。經過稷下學派之爭鳴，齊國學術思想的接納度，有更明顯多元而融合。如田齊推崇法家，卻也接受道家學說，主張「明王在上，法道行於國」，〔註26〕即顯示出以道家作為法家的立論根據，採取道、法並提的形式。同時，又強調法制配合著禮義來教化，此將秦法家「以法為教」包容進儒家學說，而形成一種融合樣態。

　　在齊國這些各具不同特色的思想文化，由於各種文化、學術思想在相互辯難與批判中，不斷地作出反思及補充，從中吸收合理養分，從而豐富自身學說，使其學說理論得到更多發展。武內義雄即指出：「稷下之學底特徵，是歷來由於地域分化的思想，在這個時代，因為集在一個地方，互相影響，顯現了折中的傾向，又因為不同的思潮底合流，議論很紛雜。」〔註27〕不過也因此形成齊國兼容自由的學術思想，這可說在列國中是獨特的景象，而在這學術風氣之影響下亦產生諸多優秀學術成果。

〔註25〕侯外廬：《中國思想通史》（北京：人民出版社，2004年），第1卷，頁47。
〔註26〕〔春秋〕管仲著，李勉註譯：《管子今註今譯》，頁293。
〔註27〕〔日〕武內義雄：《中國哲學思想史》（長沙：商務出版社，1939年），頁58。

二、地域性的楚思想文化

（一）積極精神與懷民思想

在西周文王之時，鬻熊歸順文王並對剪商行動予以幫助，據載：「西伯曰文王……伯夷、叔齊在孤竹，聞西伯善養老，盍往歸之。太顛、閎夭、散宜生、鬻子、辛甲大夫之徒皆往歸之。」〔註28〕因而得到文王之認可，鬻熊方能統治荊楚一帶。至於楚國正式立國，是在鬻熊之後的熊繹，於此《史記·楚世家》就記載：「熊繹當周成王之時，舉文、武勤勞之後嗣，而封熊繹於楚蠻，封以子男之田，姓羋氏，居丹陽。楚子熊繹與魯公伯禽、衞康叔子牟、晉侯燮、齊太公子呂伋俱事成王。」〔註29〕熊繹接受周王室的冊封，並服從於周朝，遵守朝貢之義務。

不過，周王室還是視楚人爲楚蠻，不但受封爵位較低，而且封地不大且又荒僻。如史籍就記載說：「楚之祖封於周，號爲子男五十里。」〔註30〕此外，楚靈王在回憶先祖創國之艱辛歷程說：「昔我先王熊繹，辟在荊山，蓽露藍蔞，以處草莽。跋涉山林，以事天子。唯是桃弧棘矢，以共王事。」〔註31〕可見異姓楚國被視爲蠻夷，自不能與魯、齊等封國之待遇相提並論。而這有具體事例可證明，一是楚國沒有結盟的資格，如《國語·晉語》所記：「昔成王盟諸侯于岐陽，楚爲荊蠻，置茅蕝，設望表，與鮮卑守燎，故不與盟。」〔註32〕文中所謂的「置茅蕝」、「設望表」及「守燎」，學者認爲：「都是指燎祭山川大神的具體活動。」〔註33〕周天子認爲楚蠻沒有結盟的份，只有與鮮卑去守火燎的份。二是不賞賜寶器給楚國，如楚靈王曾說過：「昔我先王熊繹與呂級、王孫牟、燮父、禽父並事康王，四國皆有分，我獨無有。」〔註34〕五個國家一同服事於周王，齊國等四國皆有受贈寶器，只有楚國沒有。此乃賞賜原則是依姻親關係，楚國是異姓之國，沒有與周王室有聯姻，雖有其功勞，

〔註28〕 〔西漢〕司馬遷撰，〔劉宋〕裴駰集解，〔唐〕司馬貞索隱，〔唐〕張守節正義：《新校本史記三家注并附編二種》，卷4，頁116。

〔註29〕 同上註，卷40，頁1691～1692。

〔註30〕 同上註，卷47，頁1932。

〔註31〕 同上註，卷40，頁1705。

〔註32〕 〔春秋〕左丘明著，〔三國〕韋昭注，上海師範大學古籍整理組點校：《國語》（上海：上海古籍出版社，1978年），卷14，頁466。

〔註33〕 羅運環：《楚國八百年》（武漢：武漢大學出版社，1992年），頁76。

〔註34〕 〔晉〕杜預注，〔唐〕孔穎達等正義：《春秋左傳正義》（台北：藝文印書館，1997年《十三經注疏》本），卷45，頁794。

不過賞賜部分卻不見得有。

可以說，周王室這樣一直對楚國的歧視下，反而激發出楚人創業的積極奮發精神。懷此精神的楚國遂從小邦，在經過難苦經營之後，而躍升成為南方大國。楚人的積極精神，也表現在蔑視既存、勇於創新上。楚國雖服事於周，但從沒有放棄問鼎中原的政治抱負。且楚君熊通自稱為楚武王，此舉是率先與周王室分庭抗禮之表現，以王者自居其位，與周天子並稱王號。

楚國在立國之初，其所顯現的文化特質或許不太明顯，但經過楚人幾代的勵精圖治，與相繼擴張融合，到了西周晚期的楚文化考古遺存，就能更多表現出楚文化特徵。1958 年在湖北蘄春毛家咀發現一組西周時期的大型木構建築遺址，其地方面積約有 5000 平方米，並遺留有 230 根木柱的縱橫分布，且成行排列。其中包含有木制的樓梯，還有一些像是樓房。其中整齊的木板與規範的榫槽，可能是運用金屬工具來加工制成的。〔註 35〕這顯示楚國在手工技術和青銅鑄造有著一定水平。楚文化的艱辛發展歷程，至西周晚期與東周之際，其獨具風格的楚地域文化，在歷史文化上已樹起典型意義。

楚人雖被看作是蠻夷，但其開疆征戰的過程中，卻是實行懷柔的政策，以此淡化了被征服者的反抗情緒。楚人深切銘記著「是以不德，而亡師於鄢，以辱社稷」，以及「撫有蠻夷，奄征南海，以屬諸夏」的憂患意識以及和融合族群之政策。〔註 36〕戰爭是國家軍政大事，各諸侯國彼此爭奪城池，耗費大量的人力與物力，使生活其中的百姓痛苦難耐。楚國政治思想家因而發現到，若要「愛民」則需關注民生的疾苦，因此，自春秋以來的楚國君臣，大多能用心於體恤人民。而具有強烈憂患意識的楚莊王即說到：「無德以及遠方，莫如惠恤其民而善用之。」他認為上位者要能施惠於民，並能體恤人民之苦難。有學者就認為「楚莊王之所以能夠興霸立業，顯然與君臣這種保民思想、憂國忘私的精神是分不開的。」〔註 37〕此外楚莊王、伍舉等人，也都能以因任民力的考量設想，去提出「因民」的行政措施，如《國語‧楚語上》就記載楚大夫伍舉說：「先君莊王為匏居之臺，高不過望國氛，大不過容宴豆，木不妨守備，用不煩官府，民不廢時務，官不易朝常。」〔註 38〕說明春秋中期的

〔註35〕 中國科學院考古研究所湖北發掘隊：〈湖北蘄春毛家嘴西周末木構建築〉，《考古》1962 年第 1 期。
〔註36〕 〔晉〕杜預注，〔唐〕孔穎達等正義：《春秋左傳正義》，卷 32，頁 555；頁 556。
〔註37〕 魏昌：《楚國史》（武漢：武漢出版社，2002 年），頁 213。
〔註38〕 〔春秋〕左丘明著，〔三國〕韋昭注，上海師範大學古籍整理組點校：《國語》，

楚莊王，反對去大興宮殿，就是基於民力的考量，這即是因民思想的體現。

關於因民思想，道家也多有論及。道家提倡因順民心、民情，這是從其「道法自然」之說衍生而來。《老子・第四十九章》說：「聖人無心，以百姓心爲心。」〔註39〕意思是說，聖人沒有一定的主觀意志，而依順百姓的意志以作爲自己的意志，故而要求上位者應能像聖人那樣，也做到一切因任百姓之意願，以民心作爲其行政舉措之根據。對此，帛書《黃帝四經・十大經・立命》說：「吾畏天、愛地、親〔民〕，□無命，執虛信。吾畏天、愛〔地〕親民，立有命，執虛信。吾愛民而民不亡，吾愛地而地不兄（荒）。吾受民□□□□□□□死，吾位不〔失〕。」〔註40〕這段話之中，不斷言及親民、愛民等詞，由此可見因民思想亦爲黃老道家政治思想中的重要主張。

戰國時期，楚國政治家和詩人屈原（約342～278B.C.），面對統治者的昏庸無道，致使國家破亡，百姓因此離鄉遠去，民生艱難萬分，此觸動著屈原憂苦之心，因而他在《楚辭・離騷》中道出：「長太息以掩涕兮，哀民生之多艱」的無限感傷。〔註41〕屈原在他的詩文作品，也不斷嘗試勸諫楚王去覽民德、察民憂，在這些詩句中，述說著屈原愛民思想，不只是口號，而是融入自身生命關懷於其中。可說楚國思想家在提出親民、愛民等思想的同時，亦體現著重民之價值取向，而之中有起到緩和矛盾與減輕人民負擔的正面影響。

（二）神仙文化與自然思想

《漢書・藝文志》說：「神僊（仙）者，所以保性命之眞，而游求於其外者也，聊以盪意平心，同死生之域，而無怵惕於胸中。」〔註42〕神仙思想所強調的是保性命之眞，即保持生命之本質純眞，以期達到同死生之域的狀態，也就是無生死之別的逍遙境界。

神仙思想的某些觀念之來源，可說與原始宗教含蘊的神靈信仰密切有關。「神仙」是屬於偏義結構的合成詞，「神」字是作爲修飾「仙」字之使用，意即是說若獲得如神般的特性，與有著同神一樣本領的人，則就可稱其是

卷17，頁542。

〔註39〕〔春秋〕老聃撰，朱謙之校釋：《老子校釋》（北京：中華書局，1984年），頁194。

〔註40〕陳鼓應：《黃帝四經今注今譯——馬王堆漢墓出土帛書》（北京：商務印書館，2007年），頁201。

〔註41〕〔戰國〕屈原撰，〔宋〕洪興祖補注，白化文等點校：《楚辭補注》（北京：中華書局，2000年），卷1，13～14。

〔註42〕〔東漢〕班固撰，〔唐〕顏師古注：《新校本漢書》，卷30，頁1780。

「仙」。由此顯然可見，神仙一詞乃是有受到神靈信仰之影響，而發展形成一種獨特的神仙思想。而神靈信仰影響到神仙思想的主要特質，是表現在神仙思想有關入山爲仙的概念上，而這也可能源自於原始宗教之影響，因爲巫師能以山爲天梯而登於天。此外神仙思想中的長生不死觀念，亦有可能受到原始神靈信仰中靈魂不死之啓發。原始宗教的基礎信仰，即是關於萬物有靈和靈魂不死。《山海經》作爲一部記述有關巫的書籍，其內容自然會有不死的概念之描述，如《海外南經》記：「不死民在其東，其爲人黑色，壽，不死。」〔註43〕《大荒南經》記：「有不死之國，阿姓，甘木是食。」〔註44〕《海內西經》記：「開明北有……不死樹。」〔註45〕《山海經》裡這些有關不死之文字記載，有著原始宗教中靈魂不死的概念，亦可說是神仙思想中長生不死、生命無限的概念源頭。

　　而在楚國一帶，因爲在崑崙山神話的影響，於是所描述的仙界大都是在山上，而就不是在海中。在《山海經》中，崑崙山被講述爲一處百神所在之地方，山中物產豐盛，萬物盡皆有之，尤其最重要的是，相傳山上藏有修煉仙術所需的不死之藥。直到戰國時期，神仙思想更在楚國大爲流行，在《莊子》書裡多有關於仙人的形容，與成仙方術的描述，這實有受到神仙思想某種程度之影響。如《莊子·逍遙遊》說：「藐姑射之山，有神人居焉。肌膚若冰雪，淖約若處子。不食五穀，吸風飲露，乘雲氣，御飛龍，而遊乎四海之外。其神凝，使物不疵癘而年穀熟。」〔註46〕文中描述姑射山之神人，實有著後世所說仙女的特質，如其爲超凡且脫俗，以及高超的本領，而此莊子所講述之故事，頗像是早期仙話。從中也不難看見神仙家的成分及影子，如說到姑射山之神人，可以不食用五穀雜糧，而僅靠吸風飲露爲生，這其實就是神仙家的服氣、辟穀一類養生。又姑射山之神人還能乘著雲氣，駕馭著天上飛龍，而遨遊飛翔於天下，此種情形就是神仙家所謂的乘龍升仙。此外，像是《莊子·大宗師》所說：「古之眞人，不知說生，不知惡死。」〔註47〕這是

〔註43〕〔晉〕郭璞注，袁珂校注：《山海經校注》（上海：上海古籍出版社，1983年），卷1，頁196。
〔註44〕同上註，卷10，頁370。
〔註45〕同上註，卷6，頁299。
〔註46〕〔戰國〕莊周撰，〔清〕郭慶藩輯，王孝魚整理：《莊子集釋》（北京：中華書局，1995年），卷1，頁28。
〔註47〕同上註，卷6，頁229。

說明古代眞人是可以超脫生死的，〔註 48〕而這種有超脫生死能力之眞人，當然就如同仙人般。

神仙思想於是成就楚國特殊的神仙文化，在楚國的文學、繪畫、雕塑等領域，都有烙上某些神仙思想的成分。神仙思想所嚮往的自由人生價值，與屈原對人格生命價值的自由追尋，似乎也是不謀而合，依此，則屈原在作品有表達出神仙思想，也算是合理的情形。如其有描寫飛升成仙的內容，《楚辭·遠遊》即說：「載營魄而登霞兮，掩浮雲而上征。」〔註 49〕所謂登霞，即是指登上雲端，猶如是登仙離去的樣子。而戰國時期，楚國的藝術品風格亦受到神仙思想的熏習，出現一大部分有關乘龍升仙、羽化升仙之類的帛畫、漆畫之作品，還有其他木雕、玉雕等藝術雕塑。有關馭龍升天的景象，出現在戰國時期楚墓出土的帛畫中，如 1949 年在湖南長沙東南郊楚墓出土的「人物龍鳳圖」帛畫，和 1973 年在湖南長沙子彈庫一號楚墓所出土的「人物御龍圖」帛畫，〔註 50〕這兩幅帛畫分別描繪墓主人，在龍鳳的牽引或是騎在舟形的龍體上，飛升進入天界的奇妙景象。還有一種異形鳳的作品，如湖北江陵楚墓出土文物中，就有不少「虎座立鳳」的木雕制品，其形象是鳳背部上長有一對鹿角，而呈現展翅昂首姿，站立在虎背之上。這種鳳鹿合體的形象特徵，有學者認爲可能是古代神話中的風神飛廉。〔註 51〕《楚辭·遠游》說：「前飛廉以啓路。」〔註 52〕《楚辭·離騷》說：「後飛廉使奔屬。」〔註 53〕由此可知，飛廉是作爲前導或後扈之職，且可帶領死者靈魂飛遊於天際。

〔註 48〕 對此，涂又光説到：「人的存在，都是一個一個的個體，這個個體就是他的『自』。人的個體，是自然的存在，而有超自然的願望。人的自然存在，無論在空間上、時間上，都很有限。人有超自然的願望，要求在空間上、時間上，進入無限。人的血肉之軀，不可能進入無限。人的精神狀態，則可能進入無限，就是自覺個體與宇宙合一，也就是自覺天人合一。宇宙無限，若個體自覺與宇宙合一，也就自覺其無限。……《莊子》中的至人、神人、聖人、眞人，都自覺天人合一，而進入無限。」以上參見氏著：《楚國哲學史》（武漢：湖北教育出版社，1995 年），頁 19～20。

〔註 49〕 〔戰國〕屈原撰，〔宋〕洪興祖補注，白化文等點校：《楚辭補注》，卷 5，頁 168。

〔註 50〕 熊傳新：〈對照新舊摹本談楚國人物龍鳳帛畫〉，《江漢論壇》1981 年第 1 期，頁 90～94；湖南省博物館：〈新發現的長沙戰國楚墓帛畫〉，《文物》1973 年 7 期。

〔註 51〕 郭德維：〈楚墓出土虎座飛鳥初釋〉，《江漢論壇》1980 年第 5 期；張正明等：〈鳳鬥龍虎圖象考釋〉，《江漢考古》1984 年第 1 期，頁 102～106。

〔註 52〕 〔戰國〕屈原撰，〔宋〕洪興祖補注，白化文等點校：《楚辭補注》，卷 5，頁 170。

〔註 53〕 同上註，卷 1，頁 28。

　　崇信巫鬼、隆重祭祀，亦屬於楚國人重要的風俗民情之一。〔註54〕《漢書‧地理志》說：「楚有江漢川澤山林之饒，……信巫鬼，重淫祀。」〔註55〕《楚辭‧九歌》也說：「昔楚國南郢之邑，沅、湘之間，其俗信鬼而好祠。」〔註56〕在楚國除了一般民眾相信鬼神之說外，就連統治者如靈王、共王、懷王等君王，亦崇敬巫鬼之祭祀。因而有學者說：「春秋末至戰國時期的楚人對巫師的天生異稟和超自然法力非常推崇。……楚人還習稱巫為『靈』或『靈子』，古漢語『靈』、『神』同義，可見楚人將巫也視為神。」〔註57〕楚人遇到大敵進犯之時，往往是先想到用巫術、祭祀等方法來逼退敵患。如崇信巫術的楚懷王，面臨秦國軍隊壓境之際，竟然先想到用祭祀鬼神方式以求能克敵，《漢書‧郊祀志》記載：「楚懷王隆祭祀，事鬼神，欲以獲福助，卻秦師。」〔註58〕這表明楚懷王對鬼神相當崇信之地步。

　　此外，南方有汪洋灝瀚的江河湖泊，鍾靈毓秀的山景林木，這些景物似乎利於人們的玄理探想。故南方哲人們，其思想大多神馳八荒之外，更遠溯於上古之初，而不受制於空間時間的約束。這種情形在老莊和屈原身上表露無遺。道家學派的老莊思想，即是以「道」的體現當作文藝的根本，這種體道表現又代表著玄虛抽象的理想。因而為能更加清楚完整表達出此種理想，就需要採取上天入地、放蕩不羈、怪誕幻想等超現實描述方式，來予以呈現。這種對玄虛理想和超現實境界的探索，並由此所引申出來有關神話奇想、怪誕人物、誇張語文等等，便自然成就了自然浪漫主義的形成。屈原在楚辭的創作過程中，更是將強烈融入自然精神於作品之中，《楚辭》所表達屈原高潔情操、奇麗才思、無拘想像，和描述許多的神話傳說，以及關於風雲、山川、神鬼、龍鳳、麗花、芳草等等，可說是構築出一種獨特自然藝術之思想園地。

〔註54〕　對此魏昌就指出：「巫還能作訓辭，以行事於諸侯，在交結諸侯、參與國事中，也能發揮重大的作用，故楚昭王時的觀射父，既是一位大巫師，也同時是一位參與政事的大夫，地位極為顯赫，敵楚國奉為第一國寶。」參見氏著：《楚國史》（武漢：武漢出版社，2002年），頁218。此外，陳紹棣也指出：「在信仰上，楚人祀祝融，崇鳳。日神（別號炎帝）在楚人心目中具有特別尊榮的地位。」參見氏著：《中國風俗通史——兩周卷》（上海：上海文藝出版社，2006年），頁642。

〔註55〕　〔東漢〕班固撰，〔唐〕顏師古注：《新校本漢書》，卷28，頁1666。

〔註56〕　〔戰國〕屈原撰，〔宋〕洪興祖補注，白化文等點校：《楚辭補注》，卷2，頁55。

〔註57〕　宋公文、張君：《楚國風俗志》（武漢：湖北教育出版社，1995年），頁379。

〔註58〕　〔東漢〕班固撰，〔唐〕顏師古注：《新校本漢書》，卷25，頁1260。

第三節　荀子「命」觀念思想形成的天論與心性之理論根據

　　基於儒家的傳統學說，荀子對於天的討論也是很關注，故有專門論述的〈天論〉文章，來闡發其關於天的看法，以及闡釋其中的天人關係，儘管都是談論天之議題，不過荀子對天的掌握，似乎有別於孔孟。而關於天與天命之問題，在殷商與西周時期，大都是將天與天命當作人格神來看待。發展到了孔子，天的人格神意味才漸被淡化。而孔子以後的弟子，則是努力將仁德、心性來與天命之間相貫通，並企圖讓仁德、心性的追求，能得到天論的支撐。而在荀子學說中，其對天的了解又是如何呢？以及他的心性論又有何特殊說法？對此以下進行討論。

一、天有常道：荀子的天論

　　荀子有時單獨引用《詩經》的話，來談論天，如《荀子・正論》說：「詩曰：『下民之孽，匪降之天。』」《荀子・富國》說：「詩曰：『天方薦瘥，喪亂弘多。』」此處所引用的天，是一種作為主宰性的天。不過有時荀子也沒有引用《詩經》，但所說的天還是保有一樣的含義，如《荀子・大略》說：「天之生民，非為君也。天之立君，以為民也。」〔註59〕就是作為主宰天之用法。由此可見，荀子有仍受傳統主宰天說法所影響，故而才在文章中提及具有主宰性的天。對此，梁啟雄也認為，在〈性惡〉篇的「天非私曾、騫、孝已而外眾人……天非私齊、魯之民而外秦人」；〈賦〉篇的「皇天隆物，以示下民，……弟子勉學，天不忘也。……嗚呼！上天！曷維其同」；〈修身〉篇的「天其不遂乎」，這些文章中的「天」字，都明顯含有著意識的、人格化意思的天。〔註60〕儘管荀子是有約略提到主宰之天，可是天的這個層面之意思，在他整個思想體系裡，並沒有居於決定性的指導作用，故而較不為人們所關注。

　　在荀子之前，儒道墨三家對於天的論述，都各具有自身的特點，而在這

〔註59〕以上參見〔戰國〕荀況撰，〔清〕王先謙：《荀子集解》，頁 224；頁 121；頁 332。

〔註60〕梁啟雄：《荀子簡釋》（北京，中華書局，1983 年），頁 22。亦有學者持梁氏之說，如高晨陽：〈孟荀天人關係思想異同比較〉，《孔孟荀比較研究》（濟南：山東大學出版社，1989 年），頁 6～7；曾振宇：〈荀子自然觀再認識〉，《東岳論叢》1990 年第 3 期。

些特點中實隱含一共通性，此即是法天觀念。就儒家來說，其論天雖將之定義為，具有道德屬性的天道意涵，不過人亦需效法此道德天，以作為處世行事之準則。如孔子便說「唯天唯大，唯堯則之」，〔註61〕認為帝堯之所成為後人推崇的聖王，乃是因為他能效法天德，以為治國之鵠的，故能成其大業。之後的孟子亦有此觀點，「天與賢則與賢，天與子則與子」，〔註62〕此也是不排除效法天的看法。就道家來看，老子認為天是自然的天，而聖人應當效法天道的自然「人法地，地法天，天法道，道法自然」，〔註63〕天道自然無為，聖人就是能體會此中道理，而能無為而無不為。此亦是人法自然天之例。

此外，墨家論天指出，天為一有意志的天，天志能行賞罰善惡之權，且義從天而出，可說天志是一切價值規範的根源，「天為貴，天為知而已矣，然則義果自天出矣」，〔註64〕價值規範出於天，天是最高依據，故人當效法祂，可知墨家的法天性質更加濃厚。

然而荀子本著理智精神，提出天的自然義，恢復天的自然品格，他說到：「天行有常，不為堯存，不為桀亡。應之以治則吉，應之以亂則凶。」〔註65〕「常」是指規律與法則。自然之天乃是依循常規運行著，自然界之運有其規律性與必然性。它不會因為世上有聖王堯帝而存在，不會基於暴君桀王的出現而消亡，天就是依照自然規則不斷運行。而人間治亂與天的運行無關，會有治亂現象產生，是取決於人本身依循常道而行與否。可知荀子所說的自然天，是較為獨立於人的天，因此人的善惡之行也不影響天的運作，天還是保持其自然狀態：「天不為人之惡寒也，輟冬；地不為人之惡遼遠也，輟廣；君子不為小人之匈匈也，輟行。天有常道矣，地有常數矣。」〔註66〕不因人之喜好與否，而改變其自然運行，天地的陰陽四時變化情形，是依照著一定規律進行著，而這規律即是常道、常數。可以說「天行有常」，是荀子論天的基本觀念，對此觀念的涵義，韋政通（1930～）進一步解說：「天體的運行，有它自身一定的軌道、法則，這種軌道、法則是永恆如如的，天體的一切現象

〔註61〕〔魏〕何晏等注，〔宋〕邢昺疏：《論語注疏》，頁72。
〔註62〕〔東漢〕趙岐注，〔唐〕孫奭疏：《孟子注疏》（台北：藝文印書館，1997年《十三經注疏》本），頁169。
〔註63〕〔春秋〕老聃撰，朱謙之校釋：《老子校釋》，頁103。
〔註64〕〔清〕孫詒讓著，孫以楷點校：《墨子閒詁》（台北：華正書局，1987年），頁180。
〔註65〕〔戰國〕荀況撰，〔清〕王先謙：《荀子集解》，頁205。
〔註66〕同上註，頁208。

的遞變,即無不遵循其自身所具的法則。」〔註67〕因此人要依循天的常道,
順從遵循它,而不得改變它。

　　以上大致上是荀子對於天道的詮解,而緊接著另一相關課題,那就是關
於萬物是如形成的呢?《荀子‧天論》認爲:

> 列星隨旋,日月遞炤,四時代御,陰陽大化,風雨博施,萬物各得
> 其和以生,各得其養以成,不見其事,而見其功,夫是之謂神。皆
> 知其所以成,莫知其無形,夫是之謂天功。〔註68〕

列星往返運行,日月交替循環,四季轉換流變,陰陽推移變化,風雨普降大
地,萬物各得其所以生的成長條件,此一現象不見操作過程,卻有其形成完
成之結果。這樣的奇妙現象,不見其背後的主宰者,萬物都是自然而成的,
可見自然的功用偉大又神奇,荀子稱此爲「神」。然此神不是傳統宗教中的神
靈概念,荀子此處說的神,只用以形容萬物自然生成的神妙功能。荀子不把
神說成神秘主宰力量,其用意似乎如同馮友蘭所說的,是在主宰天和目的論。
〔註69〕對此,孔繁(1930~)進一步地讚揚認爲:「像他這樣明確主張按照自
然界的本來面貌,來說明它的物質存在,不附加任何精神意志在內,這在先
秦可說是第一人。」〔註70〕此外荀子文中又指出,人們知道這是自然所發生
的作用,卻也無從追尋此一現象形成的具體過程,而這就是「天」。關於列星、
日月、四時、陰陽、風雨等自然現象的形成總體便是天。

　　荀子對於天的自然義的說明,也透顯出天的另一特性,此即是天的無意
志無目的性:

> 天地者,生之始也;禮義者,治之始也;君子者,禮義之始也。……
> 故天地生君子,君子理天地,……無君子,則天地不理,禮義無統,
> 上無君師,下無父子,夫是之謂至亂。〔註71〕

〔註67〕 韋政通:《荀子與古代哲學》(台北:商務印書館,1966年),頁51~52。
〔註68〕 〔戰國〕荀況撰,〔清〕王先謙:《荀子集解》,頁206。
〔註69〕 馮友蘭:《中國哲學史新編》(北京:人民出版社,2007年),上卷,頁539。
　　　　 對此,孔繁亦認爲:「荀子把『神』作爲一種『功用』來解釋,神便不再具神
　　　　 秘性,這樣便把目的論從自然領域中排除出去了。」孔氏之說,參見任繼愈
　　　　 主編,孔繁等撰:《中國哲學發展史》(北京:人民出版社,1998年),先秦卷,
　　　　 頁678。
〔註70〕 孔繁之看法,參見任繼愈主編,孔繁等撰:《中國哲學發展史》,先秦卷,頁
　　　　 677。
〔註71〕 〔戰國〕荀況撰,〔清〕王先謙:《荀子集解》,頁103。

天能創生萬物，以及創生人類，然而天之所以創生萬物，乃是無意志性的生成，因爲天生出萬物後，一切天地萬物以及典章制度的禮義，還是需由人來加以治理。可見天是不能治理，是無知且不具有意志。所以荀子又說：「天能生物，不能辨物也，地能載人，不能治人也。」〔註72〕天生出萬物後，卻不能辨別萬物。辨別可說是理智的表現，而現在天既然不能辨識萬物，則可知天是無知的無意的。此外荀子也從另一角度論說天的無意志，他說天生萬物，是「不爲而成，不求而得」，〔註73〕有求就是有意志的作用。天若是有意志性的生出物類，那麼就會有所求於其中，而現在卻不見天有所求，天之生物無所求，則天是無意志的。天既是無主宰意識的創生萬物，那麼物質界的生成亦是自然的，「積土成山，風雨興焉；積水成淵，蛟龍生焉」，〔註74〕自然界生成沒有意志主宰著，荀子肯定物質世界的自然而然的形成。

天的無意志性也表現在自然界的運動變化上，人和萬物處於自然世界之中，而自然世界生成運動變化，乃是陰陽二氣變動的結果：「天地合而萬物生，陰陽接而變化起。」〔註75〕荀子認爲天地是萬物的本源，而天地陰陽二氣相結合與作用，而後自然界起了變化的種種現象。荀子認爲自然界的變化產生，是自然界本身的內部陰陽二氣交感作用所致。他把天地萬物產生與發展，看做是自然界本身的自我運作與演化。於此荀子更進一步說到：「水火有氣而無生，草木有生而無知，禽獸有知而無義，人有氣、有生、有知，亦且有義，故最爲天下貴也。」〔註76〕他認爲天下最貴的人，與水火、草木、禽獸等，都是由於天地陰陽之氣和合，而變化產生出來的。而人因爲具有高度的智慧與懂得四維之大道，故是自然界最尊故者。

綜上所述，可知荀子所說的天，僅有少數主宰天成份，不過這不是其學說重點，他的重點在於論證天是自然的。他認爲自然天是一種自然規律與常則的天。而天創生萬物也只是無目的無意志的生出萬物，這種無爲並不是有意的無爲，而是無意志的無爲。〔註77〕從而導發出治亂全在人爲的人文學說。

〔註72〕同上註，頁243。
〔註73〕〔戰國〕荀況撰，〔清〕王先謙：《荀子集解》，頁205。
〔註74〕同上註，頁4。
〔註75〕同上註，頁243
〔註76〕同上註，頁104。
〔註77〕對此葛兆光進一步說到：「《荀子‧天論》提出另一種思路，他認爲天只是自然的天，既不是有神的意志的天，也不是作爲秩序依據的天，儘管『不爲而成，不求而得，夫是之謂天職』，但這『無爲』並不是有意的『無爲』，只是

在荀子看來，天是無知且不具意志，所以人不是受制於天，因此，人更應重視自身之努力實踐上。

二、縱／惡：荀子的人性論

荀子所說的性，是指天生就有的物質感官能力，《荀子・禮論》就說：「性者，本始材樸也。」〔註78〕對此徐復觀解釋說，句中的本始材樸，乃是指天生所具備的感官的原始能力與作用，〔註79〕如「目辨白黑美惡，耳辨音聲清濁」，〔註80〕耳目的感官作用不需要經過造作，它是一種質樸的原始素材且天生就存在。在荀子看來，眼耳口鼻形皆是人的感官，其感官能力是與生就具備。這種才性、質性是人在先天就已生成，而不是後天加上去的。《荀子・性惡》說：「凡性者，天之就也，不可學，不可事。……不可學，不可事，而在人者，謂之性。」〔註81〕不必經過學習過程而就有的，也不用依靠人為從事就已天就，對這種天生才質荀子稱之為性。有如學者所說：「（荀子）對人性的了解，……人性之為人所『本有』，只是一經驗的自然之『然』，並沒有創造的意義。」〔註82〕在荀子看來，所謂「性」其實是人的自然天性，也即是人在天生就已有的自然慾求。

荀子認為，人的天生本性，主要是說人的利欲之心。一般人都有「生而有好利」、「生而有耳目之欲」，這是一種「不待事而然」的內在欲望，此即為人性。他又說：「若夫目好色，耳好聲，口好味，心好利，骨體膚理好愉佚，是皆生於人之情性者也；感而自然，不待事而後生之者也。」〔註83〕耳目口心身體之欲望，與經由此發展的好利之欲求，都是人身心自然的感覺，因而它是不待後天加工而形成之天性。人因有著這種利欲之心，於是不斷引發人們去追求物質利益。

由於將人的自然本性，視為是追求利欲的認知出發，故荀子導出人性之惡的說法，他說：「今人之性，生而有好利焉，……。用此觀之，然則人之

無意的自化，它更不會回應人間的是非。」以上葛先生之說參見氏著：《中國思想史》（上海：復旦大學出版社，2001年），第1卷，頁156。

〔註78〕〔戰國〕荀況撰，〔清〕王先謙：《荀子集解》，頁243。

〔註79〕徐復觀：《中國人性論史》（上海：上海三聯書店，2001年），頁202。

〔註80〕〔戰國〕荀況撰，〔清〕王先謙：《荀子集解》，頁39。

〔註81〕同上註，頁290。

〔註82〕何淑靜：《孟荀道德實踐理論之研究》（台北：文津出版社，1988年），頁208。

〔註83〕〔戰國〕荀況撰，〔清〕王先謙：《荀子集解》，頁291。

性惡明矣，其善者偽也。」〔註84〕人生而有好利之心，若是順此好欲之心而去追求滿足欲望，則會發生爭奪、殘賊、淫亂，到最後可能變成暴虐。人生來就有好利之心，即有追求感官滿足和生理享受的欲望，然而人之好利心是無窮無盡的，「食欲有芻豢，衣欲有文繡，行欲有輿馬，又欲夫餘財蓄積之富也，然而窮年累世不知不足，是人之情也」，〔註85〕由於人天生的利欲之心，是不知足也不知止的，在這種利欲之心驅使下才會不斷去作追求，於是就產生社會上永無休止之爭奪，嚴重暴亂隨之橫行。故而韓德民才會指出：「性之為惡，並不在性本身，而在性之放任所導致的某種結果。」〔註86〕經由此層面作觀察，荀子才認為人性不是善，而是惡的狀態。

　　荀子證明人性之惡，著眼於人性的欲望滿足之社會後果來談論，如果任憑人的自然天性，而不限制一直去滿足它，氾濫無歸無窮地去攫取，那麼就有「爭奪生，而辭讓亡」、「殘賊生，而忠信亡」、「淫亂生，而禮義文理亡」之情形叢生，〔註87〕因此，人性遂有惡之發生。

　　人之性因為「有」好利、疾惡、好聲色，於是順從這些發展，而演變成爭奪，荀子「觀看」到此現象才說性惡。但是他只「觀看」人性「有不好」的方面，且順從這些不好的方面發展才產生惡。亦即是：人之性→「有」好利、疾惡、好聲色→順是→爭奪、殘賊、淫亂→「觀」之→性惡，這樣的發展模式。

　　可是從另一個角度來說，人的眼睛也可以「觀看」人性「有好」的方面，如「乍見孺子落井，皆有惻隱之心」，那麼順是發展人性好的方面，故仁愛祥和興而自私冷淡亡，若觀看此現象，於是又可說是人之性善。亦即是：人之性→「有」惻隱之心→順是→仁愛祥和→「觀」之→性善，這樣的發展模式。

　　所以觀看角度的不同，就有不同之說法。其實荀子是因「觀看」到人性「順著好利之情」一直發展而後，人所表現出的不好的行為，依此行為而說人之性惡。而這樣就表示人的性，有「惡的因素（狀況）」，於是荀子想要改變這人性的有「惡的因素（狀況）」，也就是要改正之使向善，於是才提出要用師法教化的後天人為力量，來加以導正，使人性「惡的因素（狀況）」的消

〔註84〕　同上註，頁 289。
〔註85〕　同上註，頁 42。
〔註86〕　韓德民：《荀子與儒家社會理想》（濟南：齊魯書社，2001 年），頁 282。
〔註87〕　〔戰國〕荀況撰，〔清〕王先謙：《荀子集解》，頁 289。

除，而歸於善的，故才有「善者偽也」之說。

那麼，荀子是怎樣去認識人的自然天性？好像這問題荀子看似解決，但嚴格說來他並未明確給出解答一。荀子證明性惡，是著眼在人性不斷追求滿足所造成的社會現象，順著人性好利心去發展，終而可能導致社會紛爭與道德淪喪，依此則認為人性是惡的。然而仔細探究，荀子關於人性的自然情慾為何是惡的本質問題，似未作出合理之分析。依他所說「從人之性，順人之情，必出於爭奪，合於犯分，亂理，而歸於暴」之例來看，有產生「爭奪」、「犯分亂理」、「暴」之現象情形，固然可說是「惡」，但這些惡的現象似乎不太能「等同」於「人之性」本身。人之性在本質上，為何是惡的，荀子其實未加以完整的去分析。

對此，明儒王守仁在談論荀子性惡說時，曾有這樣的論斷：「孟子從源頭上說性，要人用功在源頭上明徹。荀子從流弊說性，功夫只在末流救正，便費力了。」他說孟子是從「源頭」層面來論說人性，故才會有善端之說法；而荀子則是從「流弊」層面為來談人性，故著重分析人性之欲望滿足而造成社會之後果，而未就人性本質來論析。對此，武內義雄即說到：「荀子之性即欲，孟子性是心之思慮判斷，雖為同一性字，而其所指完全不同。」〔註88〕那麼，何以重視理論嚴謹的荀子，不去從源頭來論說人性，而著眼在「流弊」層面之考察？若是從「源頭」論人性，這是先驗地去考察人性；而若是從「流弊」論人性，則是現實經驗地來考察人性。孟子是著力闡釋人性的先驗性，以求人們「良心發現」，從而建立一理想的人性原型。而荀子在面對人性的墮落情形，是直接從社會現實去發現考察其因由，也就是經由社會紛爭、禍亂所表現的人性墮落，去推論出人性之惡。人性是惡的，是荀子由社會現實所考察而證明的。

總之，荀子承認人性之惡，從而想要用實際可行之辦法去扼止它，此可說是一種有效的選擇。〔註89〕這便是荀子不選擇從先驗層面論斷人性，而從流弊考察得出人性之惡的基本思路。所以他強調人性之惡，實際上是為能在現實中，去改變人性之墮落，而使人向善。

〔註88〕〔日〕武內義雄：《儒教之精神》（上海：太平書局，1942年），頁30。

〔註89〕鮑國順對此也有比較恰當的評價：「荀子主張性惡，是有其惕勵與積極的用心。」參見氏著：《荀子學說析論》（台北：華正書局，1984年），頁16。謝和耐也說過：「正是社會以它對人的欲望、殘暴和天生自私施加的經常性抑制，才疏通了這些富有生命力的力量，制服它們並使它們轉向有利於所有人和每個人。」參見〔法〕謝和耐著，耿昇譯：《中國社會史》（南京：江蘇人民出版社，1995年），頁93。

第四節　荀子的「命」觀念思想及其對孔子之承續與發展

　　荀子關於天的解說重點，並不是要將天作爲人的命之主宰義，而是要將天視如列星和四時變化的自然之義。在此，他將天理解爲由日月星辰等自然現象，所代表的自然界，這樣來看待天，是企圖要抽掉依附於天之神秘性。

　　荀子認爲天是按照規律運行，而不會因人事變化而改變，所以天也不會直接主控世間的興衰。如此而說來，天和人都各自成爲獨立的系統。而荀子所關切乃是後天的人之作爲，故而也開啓人事努力的新方向。在某種程度來看，由於荀子對人作出如此界定，因而爲他進一步去思考人的命運與作爲，提供探索之契機。在前文分別已論述了荀子的天論與心性論，進而以之爲基礎，再來論述荀子的「命」觀念思想。首先討論「命」爲何有不好情況發生？其次討論荀子說的「命」之內容爲何？再其次當人處在不順遂之時，其如何排解與改變生命之困頓？而當他在經歷「軸心期後期」大傳統思想文化之轉變後，與身歷在地域性齊、楚思想文化之中，其回應時代所呈現出「命」觀念，較之孔子「命」觀念有何不同？本節進行分析如下。

一、群與爭：「命」是怎麼產生？

　　人到底要如何理解天、對應天呢？荀子舉出「分」的概念，來回應天人之間的問題，其《荀子‧天論》說：「故明於天人之分，則可謂至人矣。」[註90] 關於此處「天人之分」的「分」字的看法，學界約可分爲兩種說法。一種認爲「分」字是屬於「動詞」，是「分別」的意思，如趙吉惠（1934～2005）即持此看法，他說：「荀子所說的天人之分的『分』是『分別』或『區分』之義，所『天人之分』既是天人的區別。」[註91] 至於另一種則主張「分」字是屬於「名詞」，是「職分」的意思，如晁福林就是這樣認爲，他指出：「荀子所強調的是要弄明白天和人各自的名分。這裡的關鍵在於『天人之分』的『分』不是作爲動詞的分別、區分之意，而是作爲名詞的職分、名分之意。」[註92] 他之所以這樣認爲，在於「明於天人之分」中的「明」

[註90] 同上註，頁 205。
[註91] 趙吉惠：〈論荀子「天人之分」的理論意趨——兼答張頌之、楊春梅同志〉，《哲學研究》1995 年第 8 期，頁 64。
[註92] 晁福林：〈論荀子的「天人之分」說〉，《管子學刊》，2001 年第 2 期，頁 13。

已經是動詞，這樣在動詞之後不可能再加上一個動詞，所以他認為這個「分」字必是名詞，也就是指名分、職分的意思，也唯有這樣才符合古漢語用詞之通則。〔註93〕綜觀雙方說法，皆論述有據，言之成理。然而趙氏之說，雖主張分字為區別義，但是他也說到天有天職，人有人職，可見也未反對天、人各有其職之說，只不過較強調天人之間的區別。而晁氏所說分字為職分義，也針對天、人各自來說，認為天、人各有其分別的職責，也只是凸顯天人職分不同。因此兩方說法，其實是可相互補充為說，亦即「天人之分」就是天人之間本有其「職分」的不同，也因「職分」的不同故天與人當然是有所「區別」的。

在荀子看來，人只需要順天之道，發揮己身才能，努力做好自己的本分。人如過放棄自身的努力，而僅是企慕上天垂賞，就真的是太迷惑不知。因此明於天人之分，就是明於天和人職分的不一樣，人應當盡人事之力，做好人事的部分。荀子天人之分用意即在於說明天職與人職不同屬性：「治亂天邪？曰：日月、星辰、瑞曆，是禹、桀之所同也，禹以治，桀以亂，治亂非天也。」〔註94〕日星運行，祥瑞的出現，禹、桀之時皆相同；春夏生長，秋冬收藏，天氣的變化在禹、桀之時皆同，萬物倚地得以生存，不論禹、桀之時都一樣。天的自然變化運作與人事無關係，人間的治亂不是天地所決定的。荀子強調天職屬於自然的，人職屬於社會的，治亂是人事的問題，不應盲目的受天支配，人有其主動性。對此，韓德民（1964～）說到：「站在道德人倫的角度，或說站在儒學理解的價值立場上，則人就其自天而來的最初存在形式而言，實在是一無所有。一無所有的人，卻堅執站在與天地自然分立的價值立場，此邏輯必然導致對『為』的強調。」〔註95〕荀子對於天人之分的說明，意在訴說著人事的治亂吉凶，在於人的作為端正與否，而不是在於天的變化上。

荀子看待世間治亂之源，發現人為因素才是關鍵，強調天的災異並非最可怕的，要擔心的是「人為妖孽」，也就是人謀的不善：「楉耕傷稼，楉耨失薉，政險失民；田薉稼惡，糴貴民飢，道路有死人：夫是之謂人祆。……祆是生於亂。」〔註96〕由此觀之，荀子認為的人祆，乃因農業經濟失調，財政

〔註93〕參閱同上註，頁14～15。

〔註94〕同上註，頁207。

〔註95〕韓德民：〈論荀子的天人觀〉，《孔子研究》，1999年第4期，頁60。

〔註96〕〔戰國〕荀況撰，〔清〕王先謙集解：《荀子集解》，頁209。

困頓不濟，致使百姓飢荒餓死；因政策不明確，法令不嚴謹，指使百姓生活毫無依循根據。國家有這些人為疏失情形的，雖沒有天災來臨，也將終至步上滅亡之途。

人與萬物同樣，都是天地自然的產物，不過卻有別於萬物之處，此即是人有其特殊性。人是屬於有靈智的一類，而在所有萬物裡，有靈智的動物是高級於無靈智的動物。有靈智的主要特質即為有辨知能力，人有此種能力而來與其他物類相較，則顯得相對更具有智慧的，故而《荀子‧非相》說：「人之所以為人者，非特以其二足而無毛也，以其有辨也。」〔註97〕辨即是能別，即人有辨別各種事類的能力。荀子在此明確指出，人之所以是人，乃因其具有識別智力，這是人與動物的不同之處。

人與動物的又一項不同，則是人能夠發揮「群」的作用，而動物則不能夠群。人相較於牛馬，「力不若牛，走不若馬，而牛馬為用，何也？曰：人能群，彼不能群也。」〔註98〕所謂群，指的是人類有著一定社會組織與聯繫，能不分你我而來結成完整的群體，此具有規組織而言。此處意指的群，並非自然成群的群，而是指能分工、分職且彼此合作，凝聚成一股有效力量去支配自然，索取自然資源以豐富社會的群體組織。人因有社會組織，才能團結一致，一起去征服自然界。而人雖然力氣不如牛的大，奔走不如馬的快，但能加以利用牛馬來供人使用，即是人可以使役牛馬為己效力。所以在荀子看來，人是居於最高地位，是自然萬物之中的主人。

荀子還進一步對「群」的起源，提出看法說到：「人何以能群？曰：分。分何以能行？曰：義。故義以分則和，和則一，一則多力，多力則彊，彊則勝物；故宮室可得而居也。故序四時，裁萬物，兼利天下。」〔註99〕人之所以能「群」，是由於能「分」的緣故，所謂分就是指禮義之分，換言之社會群體亦包含著分，可說人的「群」是經由「分」來維持結構和諧。而有了禮義與倫理道德，就能讓各人安於職分，使得社會各階層秩序井然，也就是「和則一」，這樣就能夠讓人群之間達成團結，以便發揮人的作用。人類要生存，就必須發揮這種社會群體力量。而人們處在這樣群和的氛圍中，其「命」可說是一種美好之狀態。

〔註97〕同上註，頁49。
〔註98〕同上註，頁104。
〔註99〕同上註，頁104。

　　人在自然界的物種中雖是處於最高地位，然而人還是屬於自然的一部分，基於此點，荀子表示人的本性爲一種自然性，「性者，本始材樸」，說明自然而有的本能即是人性。人性向外延展就成了情和欲，「情者，性之質也；欲者，情之應也」。人亦有感官之欲望，如「生而有耳目之欲，有好聲色焉」。好利是以感官欲望爲基礎，但往往超出基本限度的需求。具體來說，好利行爲即是對財富的追求與擁有，「欲夫餘財蓄積之富也，然而窮年累世不知不足，是人之情也」，〔註100〕而像是排他性和妒嫉心，亦是好利的不同方面表現，可說是好利的外延形式。

　　對於本性而言，荀子並沒有分善惡，也就是人的「命」原本沒有好壞之別。但依荀子之見，在本性之中有隱含惡的「基因」，當本性受感官不斷牽引向外擴展時，便走向了「惡」之情形。荀子認爲順乎天生本性，與「辭讓」、「忠信」、「禮義文理」一類是會產生對抗，又指出「從人之性，順人之情，必出於爭奪」，人若是依照利欲之心而無限制去追求，就會有爭奪、殘賊的不良情況持續上演，以至於社會上紛爭禍亂四起，此時顯現出來的人性是流於惡之狀態。從這個意義上來講，荀子遂推斷出人性之惡，也即是在此時，人的「命」也跟著流於惡的狀態，於是「命」就跟著變成不好了。

二、「命」的內容

　　荀子認爲，天地宇宙有常經與常道，而人間亦有其常法，故而君子不該去怨天，也不用去不怨人，而需先從自知開始。因爲能自知之人，能著重於自我修習，自立且能立人，並守法以恆，對此《荀子・榮辱》即說：「自知者不怨人，知命者不怨天。怨人者窮，怨天者無志。」〔註101〕文中所說的「知命」，並非說是冥冥之中的定數之命，而是指君子本身能自我反觀，明瞭人之窮通，而能盡一己所當爲之事務，用人事上的努力，去彌補天功的不齊。所以，荀子在人事方面指出人有其當盡之處，即是天有其天職，人有其人治，應該各盡其職責。

　　既然重視自然之天，故天不能隨意給禍福，亦不能任意去控制人事。所以，在成敗或利之情形，荀子認爲是出於人爲，是以君子貴在自反，因而若是錯人而思天，則是失萬物之情。由此，荀子所說的「知命」，是知曉命有窮

〔註100〕同上註，頁 42。
〔註101〕同上註，頁 35。

通的不同，以及自己所當盡之務，知其窮通之律則，而能因時而順從，一切都能盡其在我，即爲荀子所講述的「知命」。

　　荀子對於善的內容之認知，乃是人表現在外之禮義行爲，若所行合於禮義可稱爲善。因此禮義可以當作善的標準，故而《荀子·不苟》說：「君子至德，嘿然而喻，未施而親，不怒而威，夫此順命，以慎其獨者也。」〔註102〕荀子著重君子有無修德，重視禮義的潛移默化功用，他又認爲「積善而全盡，謂之聖人」，〔註103〕這些內容顯示出，人要能努力積德與積善，並付諸於生活之實踐，持之以恆最後即可成爲聖人。

　　至於知天的方面，荀子說到：「所志於天者，已其見象之可以期者矣；所志於地者，已其見宜之可以息者矣；所志於四時者，已其見數之可以事者矣。」〔註104〕要如何知天，荀子說明人認知天，可從從象、宜、數等方面去體察認知天。經由觀察天象律則，就可以掌握時節，依天時而從事耕作；知道天地陰陽變化之理，就可以藉此制訂治理國家的法則。人是有智慧的生物，居於萬物最爲尊貴之位，可以很好去運用智慮和能力，來利用天之常道，亦即「制天命而用之」。〔註105〕天有四時的變化，地有土地山川草木等各種豐物，人則有治理裁用天地萬物之能力，故而人可以與天地來相參。

　　荀子又提出天生人成的看法，此即是表明人對天的回應，亦既是人必須盡到人治的職分：「聖人清其天君，正其天官，備其天養，順其天政，養其天情，以全其天功。如是，則知其所爲，知其所不爲矣，則天地官而萬物役矣。」〔註106〕聖人思維清晰，感官正常不混亂，因此聖人能裁制由天所生的外物，來供養人類之需，稱做天養；順從天政給人民帶來福祉叫做天政；正常發揮由自然的天所生的喜怒哀樂之情而不混亂，此爲天情。如此則可以使天功完全發揮運用。人知道該做什麼，不應當做什麼，人就可以官管萬物，達到事事周到，生活順遂。

　　荀子認爲自然與人爲的關係，其正確的對待方式應該是，人除要遵循自

〔註102〕同上註，頁28。

〔註103〕同上註，頁91。

〔註104〕同上註，頁207。

〔註105〕唐君毅亦說：「荀子之天命，爲人之所治所制之對象，……人即時時有其治物、理物之事，即人之時時制天命而用之也。則荀子之言制天命，正略近今人所謂控制環境，控制命運之說。」以上參見氏著：《中國哲學原論（導論篇）》（北京：中國社會科學出版社，2005年），頁344。

〔註106〕〔戰國〕荀況撰，〔清〕王先謙集解：《荀子集解》，頁206。

然規律，又要能開展自己積極的作爲，在遵循一定的自然規律下，運用規律而調整自然而來服務於人類。因此，荀子極力宣導人可以裁制自然而有所作爲，於是才要提出「制天命而用之」的思想，企圖透過人自身的不斷努力，來改造大自然萬物而來供養人類。

由於上述這樣的認知，荀子才會認爲人的貧富、禍福、吉凶不在於天而是在於人。從此方向看，則人只要掌握自然法則又積極奮作，就應該可以有好的收獲。且依此而行則天亦不能強加貧禍於人，故荀子說：「彊本而節用，則天不能貧；養備而動時，則天不能病；脩道而不貳，則天不能禍。」〔註 107〕若是從相反方向看，人若違背自然法則且怠惰不積極，則可能因此遭遇不幸，那麼就是天想加以補救，對此人來說也是無所助益的。正是這層意義，荀子因此宣稱：「本荒而用侈，則天不能使之富；養略而動罕，天不能使之全；倍道而妄行，則天不能使之吉。」〔註 108〕從正反的分析說明來看，人的禍福、壽夭和吉凶，與自身行行是否努力奮進有關，而與外在災害沒有太大關係。荀子主張天人相分的同時，是要強調人爲主動性之作用，鼓勵人們經緯天地，且去裁用萬物、官役萬物，乃是呈現積極有爲的思想。故而荀子認爲，要承認天是自然且天人相分，也要重視人力作用並「制天命而用之」，此方爲正確思想。

人之成敗有其遇時與否，這實屬無可奈何之命運。《荀子・正名》說：「性傷謂之病，節遇謂之命。」〔註 109〕又說：「遇不遇者，時也；死生者，命也。今有其人，不遇其時，雖賢，其能行乎？苟遇其時，何難之有！」〔註 110〕荀子認爲人生之能遇或不能遇，乃有受限於得時或不得時的存在，而文中的「節遇之命」，顯然是與荀子的主宰天之遺續有相關係。儘管是如此，人還是要能盡其在我，荀子在〈非相〉篇中，舉出堯、舜、禹、湯、桀、紂等古代君王爲例，說明君王之的賢或不賢，都是由於己身施政行爲所決定，這無關於得時或不得時，更與其相貌或天之數都無關係。如禹之時有十年的水患，湯之時亦有七年的旱災，然而人民生活還衣食有餘，並無太大的艱荒。乃因禹湯君王善於裁制天命，又能有發揮人事作爲的積極效力，如治水措施、防旱政策等行動，故並非天於禹、湯有所厚之，而於桀、紂有所薄之。

〔註 107〕同上註，頁 205。
〔註 108〕同上註，頁 205。
〔註 109〕同上註，頁 274。
〔註 110〕同上註，頁 345。

荀子強調「所以知之在人者」，君子志學並非全只是求通達，面對節遇存在順逆不同，亦有不可測之情形發生，而但求盡其在我，不去存有天註人之福禍的想法。因為在荀子看來，自然天已不具審判的作用，人的作為方是福禍的主要因素。

從大體上來講，荀子認為人是可自己作主宰的。人若能依循自然規律，配合倫理規範則可得吉；相反地，人若違離自然規律，不守倫理規範則會得凶，由此可知福禍是自己所選擇。但是，荀子也不排除人生命運存在偶然因素，如果姜子牙遇不到周文王，可能會至老死皆是窮困；孔子如果遇到賢明君王舉用之，何必要「知其不可而為之」。或許是觀察到一些偶然存在，荀子才會發出「遇不遇者，時也；死生者，命也」的言論，滿懷才能卻不遇伯樂者何其多，於是，荀子將命的這種哀怨而略帶神秘，稱作是「節遇之命」。此命即是某種不可捉摸的偶然際遇。對此荀子提到，楚王有數千乘的從車，並不是因為他智慧過人；而道德高尚之人卻生活艱困，並不是因為他愚笨不敏，這乃是「節遇之命」的關係。

人之才情和際遇未必一定相符合，而人生通達與否，有受於時遇與不遇，此未必全能操之在己。故荀子認為節遇雖有其順逆，但就荀子觀之，一切奮發取決在我，君子只在努力求無愧於己的事。由此說來，材與遇之間未必是相當，而說是命的安排，無不如說是節遇的不時，故而荀子強調「為不為者人也，遇不遇者時也」，〔註111〕積極有為的人事才是他所重視的。至於人的貧窮或是通達，乃時之不濟所造成，故荀子本著「君子博學深謀，修身端行，以俟其時矣。」〔註112〕當然，荀子也承認人並非是萬能的，尤其對控制自己的命運之事，他也坦然承認若是恰好時遇到來，這情形只能說是節遇之命。

三、改變命的方法

荀子對人的命之闡釋，有分析說明決定人的命之主導因素，也談及人的命中的偶然和不測之因素。這對解開人的命之議題來說，可說是有益之嘗試。然而人的命若是處在不好之狀態中，常人都是想要力求去作出突破，想要由不好的命轉變成好的命，這乃人之常情，也無可厚非。不過光是想也無法改變命的困境，那要如何改變？就是需要有可行之方法，對此以下論述之。

〔註111〕同上註，頁345。
〔註112〕同上註，頁345。

（一）順勢／順禮：「外修」以改變命之方法

在《荀子‧性惡》文中多次出現兩個字「順是（勢）」，這兩個字在文中有重要的意義，它表示荀子所主張的性惡說，「並非」指人的本性天生就是惡的，人天生的自然耳目之欲也無所謂善惡，只是在「從人之性，順人之情」，順著自然本性肆意無所節制去發展，才會使得天生的感官欲望「無限」膨脹，而這種順勢會產生社會混亂爭奪之惡劣局面。所以，人性之惡可說是後天所形成的。在此，荀子從人性的流弊上來論出人性之惡。

那麼怎樣克服人性之惡，使人向善呢？這便引出了荀子的工夫論。「人之性惡，其善者，偽也。」〔註113〕這是荀子對人性由惡轉向善，之所以可能的著名解說。在荀子所說的「偽」，不同於一般所說的虛偽或偽裝，而是指社會上的人為作用，進一步來說，這種社會人為則是體現儒家道德的人文規範與導向。故而，美國漢學家艾蘭說到：「《荀子》中『為』（偽）對古之聖人而言，不僅是必然的而且是獨特的貢獻，意義在於指導人心與使天下有序和仁愛。」〔註114〕此外，荀子將「性」與「偽」分開觀看，《荀子‧性惡》說：「不可學，不可事之在人者，謂之性；可學而能，可事而成之在人者，謂之偽。是性、偽之分也。」〔註115〕所謂「可學而能，可事而成之在人者」，應是指人所表現出的道德修養。因此，「偽」可說是是一種道德概念，也可以指一種社會的規範與秩序之作用。

荀子明確論及外在積習過程，對人所產生的實際影響：「可以為堯、禹，可以為桀、跖，可以為工匠，可以為農賈，在勢注錯習俗之所積耳。」〔註116〕無論是成為堯、禹一類的聖人，或是成為桀、跖一類的惡人，皆是受到外在形勢習俗的積累所產生的。於是人對於外在條件是可以有所選擇外，也當致力於積習向善，而這也就是修養之道。

荀子認為人性之惡，能靠外在人為的努力（偽）去求改善。在行為道德方面，可以依靠經驗的積累。當經驗積累到一定程度後，是可以把人性之惡加以變化。有學者說到：「一個人可以被認為『陋』，或看作『小人』，但並不

〔註113〕同上註，頁 289。
〔註114〕〔美〕艾蘭著，張海晏譯：《水之道與德之端：中國早期哲學思想的本喻》（上海：上海人民出版社，2002 年），頁 136。
〔註115〕〔戰國〕荀況撰，〔清〕王先謙：《荀子集解》，頁 290。
〔註116〕同上註，頁 39。

一定意味著，如果他發展成為好人就是違反他的本性。」〔註117〕由小人轉進成為君子，由君子進而成為聖人，非一朝一夕之所能達之。那麼聖人如何可能實現呢？這就引出荀子的道德工夫論，此即是「學」。對於學《荀子·勸學》說：「學，惡乎始？惡乎終？曰：其數，則始乎誦《經》，終乎讀《禮》；其義，則始乎為士，終乎為聖人。」〔註118〕文中關於「學」的順序、意義、目的，都作了具體的闡釋。從這些闡釋規定之中，可以察覺到荀子所說的學，幾乎是圍繞著儒家道德之踐履過程，最終要臻於道德之極的聖人。

　　後天人偽的學，便可以改造人性之惡，而轉成道德君子。荀子講：「見善，修然必以自存也；見不善，愀然必以自省也；善在身，介然必以自好也。」〔註119〕荀子所謂「學」，就是要人修養自身，從而改惡從善。如法國漢學家謝和耐說到：「義和行為總則（禮）使每個人都能學會控制自我、體面和公正的意識。節日和禮儀、音樂和舞蹈都是一種趨向和睦的驅動力。社會制度培養了人。」〔註120〕荀子提倡人的修身，亦是以聖人當作榜樣，以他作為改變人之性惡的驅動力，而塑造出人之性善的樣態。而當時齊國稷下學宮學者們的學說，也可說深深地影響著荀子，尤其是宋鈃和淳于髡。如宋鈃「以聏合驩，以調海內」的治學理念，〔註121〕實是反映他相互融合了百家之學的趨勢。又如淳于髡則能「博聞彊強記，學無所主」，〔註122〕這種學說特點正是博學多師的表現。荀子和「淳于髡久與處」，受到他諄諄的教誨，且「時有得善言」的學習收獲。〔註123〕可說荀子學說重視學，實有受稷下學風所熏習。

　　外在條件發揮作用於人之修養，是需要一段時間積習之過程。因而荀子提醒君子修養之時，要選擇合宜居住與適切交往，且應時常接近中正之道，以防止邪僻的萌生。「故君子居必擇鄉，遊必就士，所以防邪辟而近中正也」

〔註117〕　〔美〕唐納德·J·蒙羅著，莊國雄、陶黎銘譯：《早期中國「人」的觀念》（上海：上海古籍出版社，1994年），頁77。

〔註118〕　〔戰國〕荀況撰，〔清〕王先謙：《荀子集解》，頁6。

〔註119〕　同上註，頁12。

〔註120〕　〔法〕謝和耐著，耿昇譯：《中國社會史》（南京：江蘇人民出版社，1995年），頁84。

〔註121〕　〔戰國〕莊周撰，〔清〕郭慶藩輯，王孝魚整理：《莊子集釋》，卷10，頁1082。

〔註122〕　〔西漢〕司馬遷撰，〔劉宋〕裴駰集解，〔唐〕司馬貞索隱，〔唐〕張守節正義：《新校本史記三家注并附編二種》，卷74，頁2347。

〔註123〕　同上註，卷74，頁2348。

一個「防」字，〔註124〕點出在人們修養過程中，外在環境對人所發生的漸然性之作用。這種後天環境對人產生的熏習，荀子稱之爲「漸」。他舉例說明：「蓬生麻中，不扶而直；白沙在涅，與之俱黑。蘭槐之根是爲芷，其漸之潃，君子不近，庶人不服。」〔註125〕蓬生長在茂密的麻叢中，不用扶植也會長直；白沙處在黑水之中，也會被浸染成黑色。蘭槐之根本爲芷，具有芳香氣味，將它浸泡在汙濁的水域，亦會由芳香變成惡臭。從中可見植物的良窳，與環境條件存有密不可分的關係。因此，君子才要認眞選擇居住地，出遊時要與德行高尙之友同行，如此在接受正道之人的熏染而可遠離邪惡。這種思想的實際指導作用在於，人們若是希冀成爲一位道德高尙之人，則「求賢師而事之，擇良友而友之」，〔註126〕會是一種有效之方法。因爲時常與道德高尙、學識淵博的良師益友相從學習，在久「聞堯、舜、禹、湯之道」，在不斷潛移默化的影響下，自身也會逐漸變成如同堯舜禹湯般之人物。

而學習教育之內容，必須有所依據，至於這種內容的具體項目，在荀子指的即是「禮」。人性若無師法禮治才會導致悖亂，故而透過師法之教導、禮義之規範，才有可能使之達到規正效果。因此，荀子才重視禮法師教的修養之重要，〔註127〕對此提出：

> 禮者，所以正身也；師者，所以正禮也。無禮何以正身？無師，吾安知禮之爲是也？禮然而然，則是情安禮也；師云而云，則是知若師也。情安禮，知若師，則是聖人也。〔註128〕

禮的作用足以正身，師長的作用是正確講述教導去對禮之實踐。沒有禮則身無以爲正，沒有師則禮也無從被了解，因此，應按照禮之規範去做事，也要勤奮向師長學習禮法內容，而不是自以爲是的去行事。「禮」所以能夠來正身者，是因爲禮是一種修身的原則標準，故依其標準而去行事則可得正。故無

〔註124〕〔戰國〕荀況撰，〔清〕王先謙：《荀子集解》，頁3。

〔註125〕同上註，頁3。

〔註126〕同上註，頁299。

〔註127〕武內義雄就說：「據此則禮乃先王爲人之欲，使供給之分配適當起見而制定的規則。不過所謂制欲，不僅是把抑壓之意，同時也指養欲而言。凡人俱求快樂，不遇倘若單求快樂，則反而自招滅亡，所以要藉禮而適當地滿欲養欲。所以禮之目的，在個人方面，是要養欲，在社會方面，是要明貴賤長幼貧富之別，以維秩序，所以禮可說是養欲明別以防亂的規則。」〔日〕武內義雄：《儒教之精神》（上海：太平書局，1942年），頁29～30。

〔註128〕〔戰國〕荀況撰，〔清〕王先謙：《荀子集解》，頁20。

論是言行、交往、或是學說，其正確與否，可貴與否，推崇與否，都依照是否合於禮作為評判標準。因此無論居處任何地方，君子之心態和行為，皆能保持其應有之態度，而且也能安然處之，勇敢行其理義，謹慎不受屈辱。君子何以能做得到？就是他的處事作為都遵守禮法，運用「禮法」來戰勝「私欲」，以調節人之性情。

春秋戰國時期，社會發生極度強烈的變革。之所以如此與諸侯們對天下和霸業的貪欲，有著極度密切關係。列國爭戰後果導致舊有禮制的瓦解，傳統的社會調控體制也跟發生轉移。欲謀取霸權則攻打他國取得更多土地，成為當時最為有效之途徑。與此同時，社會結構出現嚴重危機，社會調控力量由禮向法換替，法的作用力被空前的放大。因此荀子隆禮重法的思想，可說是順應了這一股時代思潮下之影響。

禮義的實質作用，是要讓社會中有限的資源，能夠在最大限度的有效滿足社會群體的基本需求。所以荀子說：「制禮義以分之，使貧、富、貴、賤之等，足以相兼臨者，是養天下之本也。」〔註129〕依照禮義來分配社會財富物資，以限制人為的過多欲望。如果任由人之本性欲望，無節制一直發展下去，則可能導致社會爭奪混亂的後果。因為「無禮何以正身」，於是生命有待依禮，進行重新塑造與滲透，即是「身」必需透過「禮」來調「正」。故而生命由原初「本始材樸」，改變成為具有價值意義之存在體。此時達至「身」與「禮」相互融合，此即如楊儒賓（1956～）所言：「人的身體是社會化的身體，更確實地說，它是禮義的身體。」〔註130〕人經由禮義法度的外在約束，對於人性進行改變。人處在外在條件的制約下，而能不斷的揚善，即是做到積善以成德，如此則人們就可更加完善。而此時人的身體依循禮的指導下，隨處皆「依禮」而「得正」。人的言行學說，其正確與否，皆依乎「禮」來作判斷。故而能夠順禮而行動，則身之表現隨處皆得其正，那麼原先人性流於惡之狀態，在此由「流於惡」轉為「趨向正」，人由流於惡之不好的命，轉變成依禮而身正之好的「命」狀態，所以人之「命」獲得改變了。

（二）由外而內：從「身善」到「心明」之改命方法

荀子本於經驗的觀察，指出人性是與生俱來，且包含著人之官能的欲望

〔註129〕同上註，頁 96。

〔註130〕楊儒賓：《儒家身體觀》（台北：中央研究院中國文哲研究所籌備處，2004 年），頁 17。

與能力，且這種人性官能可說是中立事物。荀子提及情與欲：「性之好、惡、喜、怒、哀、樂謂之情」，〔註131〕情與欲也都是人性而有的東西，他認為情欲本身並非是惡的，只不過順著自然之性的欲求擴展，卻不加節制且極端去追求，則爭奪叢生而造成社會秩序大亂，導生出許多不良後果。

這樣人性就流於惡，因而人所想的只有利益。此乃無禮法約束所致。故而要有「化師法，積文學，道禮義者爲君子；縱性情，安恣睢，而違禮義者爲小人」，〔註132〕由不同的行爲出發，其結果就產生君子或小人之別。對此，荀子舉例說明，如其在《荀子・解蔽》說：

> 昔人君之蔽者，夏桀、殷紂是也。桀蔽於末喜、斯觀而不知關龍逢，以惑其心而亂其行；紂蔽於妲己、飛廉而不知微子啓，以惑其心而亂其行。故群臣去忠而事私，百姓怨非而不用，賢良退處而隱逃，此其所以喪九牧之地而虛宗廟之國也。〔註133〕

文中指出人君之蔽，如夏桀、殷紂的貪圖女色，只聽任取用讒佞，而對忠良關龍逢、賢臣微子啓卻殘害之，災禍殃及百姓，說明人君因蔽塞而衍生出重大禍害。人君若是像桀、紂之無道橫其行，最終會因惑心而亂行，走向身死國亡之地步。荀子文中點出「惑其心而亂其行」，此說明「心」具有指導行爲之作用力，因此心思若是不正則行爲就會不端。此外，荀子也舉出人臣之蔽，如唐鞅和奚齊二人，一個是逐賢相而一個是罪孝兄，最後二人皆遭受刑戮。〔註134〕這是因爲唐鞅的不忠義，奚齊的不孝悌，這都是受到權力欲望所蒙蔽了心，而走向危辱滅亡之結果。

以上皆由人性流於惡而引起的，然而如何對待此流於惡之性，而改變其惡果？對此荀子認爲如要解蔽，首先要解除心術之「患」。

荀子指出的人性，含情與欲之作用，倘不節制則生悖亂。是以要如何化性成善，乃是荀子人性論的核心議題。其人性的內容除有關於情與欲外，還有一個能知「心」，此是人性能夠由惡向善之關鍵。而人在行爲抉擇之過程中，其心之活動是如何？對此荀子說：「仁者之行道也，無爲也；聖人之行

〔註131〕〔戰國〕荀況撰，〔清〕王先謙集解：《荀子集解》，頁274。
〔註132〕同上註，頁289。
〔註133〕同上註，頁259。
〔註134〕《荀子・解蔽》即載說：「昔人臣之蔽者，唐鞅、奚齊是也。唐鞅蔽於欲權而逐載子，奚齊蔽於欲國而罪申生，唐鞅戮於宋，奚齊戮於晉。逐賢相而罪孝兄，身爲刑戮，然而不知，此蔽塞之禍也。」以上參見同上註，頁260～261。

道也，無彊也。仁者之思也恭，聖人之思也樂。此治心之道也。」〔註 135〕以無爲無強之心來行事，以恭敬而又愉快之心，來對人事進行思考，這即是荀子的治心修養之道。不過此治心之道實際踐履情形是如何？對此《荀子‧解蔽》表示：「人何以知道？曰：心。心何以知？曰：虛壹而靜。心未嘗不臧也，然而有所謂虛；心未嘗不滿也，然而有所謂一；心未嘗不動也，然而有所謂靜。」〔註 136〕人心是能夠知曉道，荀子主張是以「虛壹而靜」來知的。此是說心未嘗不藏，指心有其內容，不會成爲空白，然而這不妨礙其有虛，說虛是相對來看的。文中說的心未嘗不滿，是說心的內容雖然很多，但並不妨礙其能一，即能專一去思考問題。文中說的心未嘗不動，是說人的心思很活躍，無論是集中或散漫其心都處在活動狀態，即使睡眠作夢亦是心的一種活動形式。但是心雖無時不動，不過亦有平靜之時，不因思想不集中或胡思亂想而擾亂心的認識活動，此即是「靜」。總的來說，若能在修養過程中做到「虛壹而靜」這層面，則可對「道」能有所明察與窮盡。

　　荀子屢稱宋銒爲「子宋子」或「宋子」，此是表達尊重之義。因此荀子學說中對宋尹學派的許多術語，也多有所稱用，例如：心術、心容、大清明、虛壹而靜等等，有時還整句引用，如：「心者形之君也」、「心居中，虛以治五官」等句。由此可見荀子實有受齊國思想文化中，像是稷下道家的宋銒、尹文之影響，於是在理論學說有了「虛壹而靜」主張之提出。

　　心在進入「虛壹而靜」狀態中，即可謂是「體道」之境界。這就是「心」處在這種狀態的作用，才可發揮化性向善之動能。英國漢學家葛瑞漢（Angus Charles Graham，1919～1991）就說到：「不妨用心、思想的器官去判斷滿足某欲望的行爲是否『可』，即是否適合作爲物質可能與道德容許的事物之理。」〔註 137〕荀子以心來導性，是透過所謂「道」來加以引導人性，使其能向善。所以荀子以道作爲心之經緯準則，故說：「道也者，治之經理也。」〔註 138〕因爲「道」是屬於認識層次中最高的，道是作爲事物之普遍規律，因而對道的掌握便能指導人們來認識事物，荀子說：「君子壹道於而以贊稽物。壹於道則正，以贊稽物則察。」〔註 139〕所謂壹於道，是說人們已能夠掌握到事物規

〔註 135〕〔戰國〕荀況撰，〔清〕王先謙集解：《荀子集解》，頁 268。
〔註 136〕同上註，頁 263～264。
〔註 137〕〔英〕葛瑞漢著，張海晏譯：《論道者——中國古代哲學論辯》（北京：中國社會科學出版社，2003 年），頁 292。
〔註 138〕〔戰國〕荀況撰，〔清〕王先謙集解：《荀子集解》，頁 280。
〔註 139〕同上註，頁 266。

律，將認識統一在「道」的內容之中，故而能表現出如蕭公權所說的：「儒家政治，以君子為主體。君子者以德位兼備之身，收修齊治平之效。此儒家所持之理想也。」〔註140〕君子之心能統一於道則能正確無誤，而以道去考察事物則能無所錯，收到修齊治平之效果。

荀子認為心的作用，除可以選擇趨向善，亦可以選擇不趨向善，此即是說人之行「有中理」、「有不中理」，所以心之主宰作用，還須依循著「道」以作為選擇標準，才可以受信賴。「心也者，道之工宰」，〔註141〕以心「所可道」及「所中之理」作為個人行事的依準，其結果才有可能合於善。心能夠知道而後才可道，進而能夠守持道以隔絕非道。因此，「以正志行察論，則萬物官矣。」〔註142〕所謂正志，即運用正確的心思來考察事物，則可有條理地宰制萬物，之所以如此是因正志為合於道之志。正志，也可說是心得其正故不會偏倚，由此則各種事物方能得其宜，以至於通達而無所蔽塞。這種心正、心通，乃說明人的情感活動能處在自然合禮之規範中。

所以心靈的解蔽過程，就是心能知「道」之過程，而這種過程不僅是知識的積累，也是道德修養工夫進程。換言之，心對道的有所認知，故能對應做及不應該的事有所判斷抉擇。化性向善之所以可能，是因人擺脫人性的本能欲望，而此是透過心的力量加以控制的。故荀子很強稱「心使之也」、「心止之也」，〔註143〕此表達出心所具有的抉擇能力。君子的恭敬、謹慎、敦德等行為表現，不只是遵守外在禮法規範而已，更是其發自內心能夠自覺作出合禮的判斷，而來順應事物。而這種自覺自由的心之境界，排除了一切外在對人心的蒙蔽，原先人性流於惡的不好之「命」狀態，轉而變成通達的自覺自由之心，由此呈現出一種清明無遮蔽的心境，人在這種心境之中，不再有任何偏執之態度，而能夠清楚又正確地認識和對待各種事物。完全把自然情欲，轉變調節成自由通達狀態，因而，人的外在行為表現與內心情感之間，獲得和諧而美好之「命」狀態。於此人的「命」獲得改變了。

四、荀子對孔子「命」觀念思想的承續與發展

孔子對於人之生死安排，有歸之於天的傾向，因他對此安排也無從說出

〔註140〕蕭公權：《中國政治思想史（上）》（台北：聯經出版事業公司，1981年），頁23。
〔註141〕〔戰國〕荀況撰，〔清〕王先謙集解：《荀子集解》，頁280。
〔註142〕同上註，頁266。
〔註143〕同上註，頁283。

其中之規律，而只能感嘆說生死貧賤都是命，此即是「知命」的意思，就是知道命中這些事是無可奈何之事，也就不去妄求它，或是花費心思去妄想它。

而《荀子‧榮辱》則說：「自知者不怨人，知命者不怨天。怨人者窮，怨天者無志。失之己，反之人，豈不迂乎哉。」文中所說的「知命」，並非說是冥冥之中的定數之命，而是指君子本身能自我反觀，明瞭人之窮通，而能盡一己所當為之事務。天地有其常經，而人間亦有其常法，君子應能不去怨天怨人，而是要求先從「自知」做起。所以人若一味思慕於天，則顯現出失萬物之情。能夠曉知憂通有其則，而順時居處之，守恆以待之，一切都能盡其在我，即為「知命」之君子。可說荀子知命、順命的看法，是對孔子知命說之承續。

孔子重視禮的外在規範作用，並認為能夠學習與體知禮的內蘊，才能將禮真正內化於精神之中。而在孔子有關人道層次改命方法中，他非常重視學習，因為學習對修身主體而言，是一種外在修養的重要方式過程。

而至於荀子的人性論，其目的在於強調教育學習，對於改變人性的重要作用。他指出藉由不斷的去作學習，人可以從愚昧轉變成為聰明，故而說「我欲賤而貴，愚而智，貧而富，可乎？曰：其唯學乎？」〔註144〕此外，荀子也強調禮義對於改變人性之效用，它也是社會穩定與否之重要力量根據。所以荀子主張應當明瞭「性、偽之分」，不過需要說明的是，其所說的「偽」，是一種能有效改變人性之修養方式。因而他提出運用禮義的內容，來對人性流於「惡」之現象進行轉變，以期人性能由惡而歸向於善。由此可見荀子改命方法中之隆禮、重學，正是承續了孔子改命方法中的重視禮之外在規範作用。

孔子所說的「五十而知天命」，是明確地表示出「天命」是可被理性認識之對象。這裡知天命的知，除了是指一種理性認知形態，其實還包含著某種超理性之人生體驗。作為理性思考與人生體驗之道德實踐，「知天命」可說是象徵一種精神境界，這種境界提供一種精神超越的可能性，所以孔子才會說：「天生德於予，桓魋其如予何！」所謂的天或是天命，是他從傳統的宗教信仰所借助，用以表達自己的人生觀信仰之終極依據。經由這種援引過程中，作為具有傳統統治神性力量的天命，被轉化為孔子本人的天命。

而荀子主張把人與天加以區分開，天行有其常規，人生有其常道，人若是「循道而不貳，則天不能禍」、「倍道而妄行，則天不能使之吉」，人的生活

〔註144〕同上註，頁79。

遭遇往往是其行爲所造成，而人不太可能離開這種邏輯軌道之處境。荀子的
自然觀是積極有爲的，主張人類從自然中「分」出來，因其能群又有義，所
以是天下最貴的地位。沿此思路進展，並結合自然天之觀點，於是他推導出
「制天命而用之」的論點。即是認爲人可以去制天，他說：「大天而思之，孰
與物畜而制之！從天而頌之，孰與制天命而用之！望時而待之，孰與應時而
使之！因物而多之，孰與騁能而化之。」〔註 145〕亦即是指出，人可以運用自
己的智慧，根據天之規律進而來利用之。有學者指出，荀子沒有要去完全宰
制住性命之想法，他所說的制，應亦即《荀子・王制》中的「序四時，裁萬
物」之裁用。換言之，荀子是在強調要去裁用天而讓人與天之關係，以達到
和諧、協調，以便「全其天功」，而不是要讓人與天發生對立。〔註 146〕而學者
這樣的理解是正確的。荀子所說的制天命並不要去逆天命，而是在天人相互
作用關係，去建立二者之間的統一性。荀子在〈天論〉中強調，天與人各有
其職分，人在面對天並非消極無爲，而要以德性修養去對天命作出回應。這
樣，人的生活中就可排除天命的因素，天命作爲不可駕取的必然性在人的生
活中被消除掉了。荀子將人事福禍治亂，歸因於人爲因素所致。這些論述，
明白顯示出荀子修改變化孔子的天命，此即爲荀子對孔子命觀念所作的創新
發展之處。

　　而荀子的自然觀與楚思想文化是有所關聯。周王室對楚國的不斷歧視，
激發了楚人積極進取的精神。也由於有這樣積極奮發作爲，楚國能才由一個
蕞爾小國，在經努力辛苦經營下，終而躍爲南方大國。且南方楚文化蒼茫的
水澤，汪洋的湖泊，與鍾靈毓秀山林景物，使人感到富於奇想和深思。故在
南方的老莊和屈原身上，都懷有著超現實的願景，要求人的精神能夠進入永
恆之狀態，《莊子》中的至人、眞人、神人，都是精神能進入無限之人。楚思
想文化中的積極精神與自然思想，這些可說都影響著荀子自然觀。

　　孔子曾說：「禮，與其奢也，寧儉；喪，與其易也，寧戚」，「爲禮不敬，
吾何以觀之哉。」這些對禮的講述，雖然還不是很完整的理論體系，然而也
明確地將禮的眞實內容、根源予以提出，並將其歸爲某種具有道德含義的情
感。所以，孔子才會說到：「人而不仁如禮何，人而不仁如樂何」。對禮的奉

〔註 145〕同上註，頁 211。
〔註 146〕歐陽禎人：《先秦儒家性情思想研究》（武漢：武漢大學出版社，2005 年），
　　　　　頁 409。

行與實踐，實際上也就是一種道德實踐。禮是仁外化實現的形式，而仁是禮的內在核心，人在達到仁的思想境界時，才是眞正地實踐禮之規範。而禮用來規範行爲的過程，從中幫助建立起仁的思想，這也即是「克己復禮爲仁」之意義。

不過荀子與此有所不同，他把禮的作用效力連結到有關人的欲望來談。在他看來，人的欲望是無窮且不可滿足的，但現實社會物資利益卻是有限的。爲緩解由於爭奪而發生的衝突，故必須節制人之欲望，必須有等級區別來分享物資，也就是用先王之禮以分之。「程者，物之準也；禮者，節之準也。」〔註147〕可見禮的功能是要去確立人倫秩序，並去節制人的本性欲望。而這就是荀子關於禮的看法與孔子的不同之處。禮的實現價值不再是一種倫理道德性質，而是帶有某種功利實用性質。從中不難看見，荀子禮的理論觀點在根本上，修改變更了孔子的觀點，這顯示出荀子思想在社會層面上，具有了新的理論內容和方向。

而荀子將禮作爲限制人的欲望之作用，實與當時戰國時代背景有關。當時列國彼此爭雄，發動戰爭獲取城池，成爲謀取霸權的最有效途徑。因此戰國時期，戰爭所帶來混亂遂成爲最嚴重的社會問題。其實質狀況，是各國以征伐爲手段，進行土地、人力、物資的大肆掠奪，並最終取得更高的控制權力。戰亂和社會動盪給鄉里帶來不良後果，當時的社會變成是非顛倒，人們不辨善惡，且無所適從。所以在各項領域秩序的發生失衡後，就想要求重整社會，再度協調統一秩序，以期能走向新的穩定之局面。荀子因經歷戰爭的殘酷，社會的失序和人心道德的淪喪之時代，面對人性的貪婪亂象，因而要求人們學習禮義以改變轉化人們的精神，從而更進一步去改變當時的社會狀況，使其能歸向善。

第五節　小　結

齊國就是不以親疏、出身、地位與國別，只考量其是否具備能力，而能爲國家盡忠職守，或能爲國出策和立功，則此種賢才就能受到任用與獎賞。可說自立國之起，推行「務實」與「開放」一直是齊國所發展的姿態。爾後齊君也多都能朝著，開明且因時而變之路邁進，而這種政經思想對國家發展

〔註147〕〔戰國〕荀況撰，〔清〕王先謙集解：《荀子集解》，頁174。

起到十分有利之作用。綜觀齊文化約 800 年的發展歷程,可以說是一貫地體現著「主變惡常」的思想。

姜太公本身曾有過從商的經歷,了解在百姓心中對「利」是相當在乎的,以及「利」對於政權的影響,所以他特別重視對百姓要滿足其基本之利。《管子》書中也說:「倉廩實,而知禮節;衣食足,而知榮辱。」也認為施政首要,在於先滿足百姓的民生必需之利益。齊人了解意識到,讓人民富足之重要性,不過若是因此失去禮義廉恥,亦是十分危險之事。就這一點來說,齊人的義利並重態度。齊文化的功利特徵,表現在學術上則是兼容並包之樣態,是多變性與接納性的融合再創造。而在稷下學宮的不斷壯大下,影響所至乃是造就齊國學風,形成兼容、獨立和自由之學術。

西周文王之時,鬻熊歸順文王並對剪商行動予以幫助,不過,周王室還是視楚人為楚蠻,不但受封爵位較低,而且封地不大且又荒僻。此乃賞賜原則是依姻親關係,楚國是異姓之國,雖有功勞但賞賜不見得有。周王室這樣一直對楚國的歧視下,反而激發出楚人創業的積極奮發精神,在經過難苦經營之後,而躍升成為南方大國。楚人雖被看作是蠻夷,但其開疆征戰的過程中,卻是實行懷柔的政策,以此淡化了被征服者的反抗情緒。因此,自春秋以來的楚國君臣,大多能用心於體恤人民。親民、愛民等思想的同時,亦起到緩和矛盾與減輕人民負擔的正面影響。

在楚國一帶,因為在崑崙山神話的影響,於是所描述的仙界大都是在山上,而就不是在海中。到戰國時期,神仙思想更在楚國大為流行,像是《莊子‧大宗師》所說:「古之真人,不知說生,不知惡死。」這是說明古代真人是可以超脫生死的,而這種有超脫生死能力之真人,當然就如同仙人般。楚國的藝術品風格亦受到神仙思想的熏習,楚墓出土的「人物龍鳳圖」、「人物御龍圖」帛畫,分別描繪墓主人,在龍鳳的牽引或是騎在舟形的龍體上,飛升進入天界的奇妙景象。這種對玄虛理想和超現實境界的探索,並由此所引申出來有關神話奇想、怪誕人物、誇張語文等等,便成就了自然浪漫主義的形成。

荀子所說的天,僅有少數主宰天成份,不過這不是其學說重點,他的重點在於論證天是自然的。他認為自然天是一種自然規律與常則的天。而天創生萬物也只是無目的無意志的生出萬物,從而導發出治亂全在人為的人文學說。在荀子看來,人不是受制於天,人應重視自身之努力實踐上。而關於人

性，荀子認爲人的天生本性，主要是說人的利欲之心。人之性因爲「有」好利、疾惡、好聲色，於是順從這些發展，而演變成爭奪，荀子「觀看」到此現象才說性惡。亦即是：人之性 →「有」好利、疾惡、好聲色 → 順是 → 爭奪、殘賊、淫亂 →「觀」之 → 性惡，這樣的發展模式。荀子是從「流弊」考察到社會紛爭、禍亂所表現的人性墮落，去推論出人性之惡。

孔子對於人之生死安排，有歸之於天的傾向，因他對此安排也無從說出其中之規律，而只能感嘆說生死貧賤都是命，此即是「知命」。而荀子則說：「自知者不怨人，知命者不怨天。」所說的「知命」，並非說是冥冥之中的定數之命，而是指君子本身能自我反觀，明瞭人之窮通，而能盡一己所當爲之事務。可說荀子知命、順命的看法，是對孔子知命說之承續。

孔子重視禮的外在規範作用，並認爲能夠學習與體知禮的內蘊，才能將禮眞正內化於精神之中。荀子指出藉由不斷的去作學習，人可以從愚昧轉變成爲聰明，強調學習禮義對於改變人性之效用，因而他提出運用禮義的內容，來對人性流於「惡」之現象進行轉變，以期人性能由惡而歸向於善。由此可見荀子改命方法中之隆禮、重學，正是承續了孔子改命方法中的重視禮之外在規範作用。

孔子所說的「五十而知天命」，是明確地表示出「天命」是可被理性認識之對象。荀子在〈天論〉中強調，天與人各有其職分，人在面對天並非消極無爲，而要以德性修養去對天命作出回應。這樣，人的生活中就可排除天命的因素，天命作爲不可駕取的必然性在人的生活中被消除掉了。荀子將人事福禍治亂，歸因於人爲因素所致。這些論述，明白顯示出荀子修改變化孔子的天命，此即爲荀子對孔子命觀念所作的創新發展之處。而荀子天的自然說與小傳統楚思想文化是有所關聯。楚思想文化中的積極精神與自然思想，這些可說都影響著荀子天道自然說。

孔子說到：「人而不仁如禮何，人而不仁如樂何」。人在達到仁的思想境界時，才是眞正地實踐禮之規範。而禮用來規範行爲的過程，從中幫助建立起仁的思想，這也即是「克己復禮爲仁」之意義。不過荀子與此有所不同，他把禮的作用效力連結到有關人的欲望來談。他認爲禮的功能是要去確立人倫秩序，並去節制人的本性欲望，而禮的實現價值不再是一種倫理道德性質。這就是荀子關於禮的看法與孔子的不同之處。荀子將禮作爲限制人的欲望之作用，實與當時戰國大傳統時代背景有關。荀子因經歷戰爭的殘酷，社

會的失序和人心道德的淪喪之戰國時代，面對人性的貪婪亂象，因而要求人們學習禮義以改變轉化人們的精神，使其能歸向善。

對於人的本性，荀子並沒有分善惡，也就是人的「命」原本沒有好壞之別。但依荀子之見，在本性之中有隱含惡的「基因」，當本性受感官不斷牽引向外擴展時，便走向了「惡」之情形。荀子遂推斷出人性之惡，也即是在此時，人的「命」也跟著流於惡的狀態，於是「命」就跟著變成不好了。人性之惡可說是後天所形成的。在此，荀子從人性的「流弊」上來論出人性之惡。荀子所謂「學」，就是要人修養自身，從而改惡從善。荀子提倡人的修身，亦是以聖人當作榜樣，以他作為改變人之性惡的驅動力，而塑造出人之性善的樣態。而當時齊國稷下學宮學者們的學說，也可說深深地影響著荀子，如宋鈃「以聏合驩，以調海內」的治學理念，又如淳于髡則能「博聞彊強記，學無所主」，這種學說特點正是博學多師的表現。可說荀子學說重視學，實有受稷下學風所熏習。

生命有待依禮，進行重新塑造與滲透，即是「身」必需透過「禮」來調「正」。故而生命由原初「本始材樸」，改變成為具有價值意義之存在體。人能不斷的揚善，即是做到積善以成德，而此時人的身體依循禮的指導下，隨處皆「依禮」而「得正」。人的言行學說，其正確與否，皆依乎「禮」來作判斷。那麼原先人性流於惡之狀態，在此由「流於惡」轉為「趨向正」，人由流於惡之不好的命，轉變成依禮而身正之好的「命」狀態，所以人之「命」獲得改變了。

此外，心在進入「虛壹而靜」狀態中，即是「體道」之境界。在這種狀態心的作用，才可發揮化性向善之動能。心的作用，除可以選擇趨向善，亦可以選擇不趨向善，即是「有中理」、「有不中理」，所以心之主宰作用，須依循著「道」以作為選擇標準，便可以受信賴。依此則體道之心的境界，可排除一切外在對人心的蒙蔽，原先人性流於惡的不好之「命」狀態，轉而變成通達的自覺自由之心，由此呈現出一種清明無遮蔽的心境，而能夠清楚又正確地認識和對待各種事物。因而，人的外在行為表現與內心情感之間，獲得和諧而美好之「命」狀態。於此人的「命」獲得改變了。

第六章 《易傳》「命」觀念思想與改命方法及其對《易經》卦爻辭之詮釋

第一節　前　言

　　西周統治者為了防止血緣關係，對君權所造成的過度干擾，於是定立宗法制度，用來對血緣關係進行一定的限制與利用，且成為服務於君權的一種宗族制度。此外，周代施行的宗法制度與世官世祿制、等級制之間，有著緊密的聯繫關係。換言之，西周時代各種制度的實施，都有體現著宗法制度之色彩。

　　春秋時代對於鐵，有了更加成熟的冶煉技術之發明。這是文明進步相當重要之標誌。隨著鐵器的廣泛使用，農業與手工業的制造生產獲得有效的發展。隨之社會各種物資財富也跟著大增，由此引發出各國統治者的貪欲，故而不斷發動戰爭侵掠城池，以從他地獲取更多資源。文明的進步發展，也發生一個嚴重的問題，此即是人性的異化。老子清楚察覺到文明異化的現象，因而說：「禍莫大於不知足，咎莫大於欲得。」、「人多利器，國家滋昏」，[註1] 這無疑是對春秋晚期所作出深刻反省與批判。春秋戰國之際，隨著社會生產力的大幅增強，以及政治行政不斷出現變革，相對的血緣關係則是逐

〔註1〕〔春秋〕老聃撰，朱謙之校釋：《老子校釋》（北京：中華書局，1984 年），頁186、頁231。

步被削減，而西周所制定的宗法在春秋戰國時代日趨走向瓦解。

如果說重禮信、宗周王、嚴祭祀在春秋時期可能還尚存，即在一定程度上保留著對禮樂文化的某種認同，但是到了戰國時期，這種禮樂文化連基本象徵意義也消失。東周周王室勢力衰頹，於是禮崩樂壞更嚴重，宗法社會倫理關係加速解體，國家宗法控制力和社會秩序統合力被削弱，弊端亂象叢生。而這樣社會歷史條件和文化背景，卻從而為孔、老為代表的諸子，提供發表治國良策的發展空間，因而有了百家爭鳴的出現。而照中國史家的傳統說法，百家爭鳴的諸子文化可說是西周「禮樂文化」在發展到東周，因著「禮崩樂壞」情形下的產物。

近現代學者對西周至秦代時期的發展，也觀察出其歷史上的重要價值。而郭沫若提出，在中國文化史上，曾有過三次重要社會革命運動，他指出：「我們在文化史上也可以看出三個激越的時期，真真正正是劃時代的時期：第一，《易》、《詩》、《書》所代表的一個文化的集團；第二，周、秦諸子（孔子一門包含在裡面）的一個文化的集團；第三，近百年來科學與中學的混戰。」〔註2〕對此，王國維亦曾分析過中國古代，從周朝衰落到漢代以前的學術發展概況，他說：「在這個時期，國民之智力成熟於內，政治之紛亂乘之於外，上無統一之制度，下迫於社會之要求，於是諸子九流，各創其學說，於道德政治文學上，燦然放萬丈之光焰，此為中國思想之『能動時代』」。〔註3〕從中可知他用「能動時代」一詞，來指稱周朝到漢代之間的思想情勢。

以上學者的分析看法，也都與雅期培的「軸心期」說法相類似，他們都有強調指出，春秋戰國在整個中國學術歷程是居於重要地位。對此，余敦康（1930～）亦表示看法：「人類自覺地邁出走向普遍性的步伐，是以軸心期的哲學突破為真正的起點。」〔註4〕在春秋戰國的交通運輸發達下，人們交往的空間距離被大幅縮短，也促使文化事業的舞臺更加繁榮廣闊。王權走向衰落，諸侯不斷爭霸，在多元的政治格局中，也形成較為寬鬆的文化氛圍，亦為思想學術提供前所未有的自由發展空間。

〔註2〕 郭沫若：《中國古代社會研究（外二種）》（石家莊：河北教育出版社，2004 年），頁 54。

〔註3〕 參見王國維：〈論近年之學術界〉，《王國維文集》（北京：中國文史出版社，1997 年），第 3 卷，頁 36～38。

〔註4〕 余敦康：《中國宗教與中國文化：宗教、哲學與倫理》（北京：中國社會科學出版社，2005 年），頁 88。

　　而生活在此的人們，其「命」觀念究是如何？對於「命」的闡說在〈說卦傳‧第一章〉有所提到：「昔者，聖人之作《易》也，幽贊於神明而生蓍，參天兩地而倚數，觀變於陰陽而立卦，發揮於剛柔而生爻，和順於道德而理於義，窮理盡性以至於命。」〔註5〕此章開頭即從聖人作《易》之目的說起，之後便是講述其方法，最後談及命的問題。生蓍、倚數、立卦、生爻是作《易》的步驟方法，於是人們便可依據卦爻辭所說的天地人事之理，來「理於義」。理是指治理而言，義是指合宜而言。也就是合宜的來治理人事物。然而其能「理於義」，與「和順於道德」是有關的，人能和順處事，乃是協和順成於道德，人有道德之心，故治理萬物萬事秉道德而行之，則能事事合其宜。當窮得萬物的奧妙之理，究盡人所秉之性，也就得到那天使我有之的命，而天命在我也。

　　於此《易傳》所表述之「命」觀念，與上述軸心期思想文化轉變之間關聯爲何？《易傳》在回應時代課題下，其命觀念對《易經》卦爻辭有何詮釋上的發展變化？本章對上述問題，將從三個方向進行討論，第一「《易傳》命觀念思想形成的天論根據」，此處討論《易傳》的天與天人關係，因其命觀念實有導源於此，故需要先行探討。第二「《易傳》命觀念思想形成的人性論根據」，此處探述《易傳》的人性論，因其是命觀念的內在依據，所以要加以探討。第三「《易傳》的『命』觀念思想及其對《易經》卦爻辭的承續和創造」，將討論《易傳》「命」觀念的形成、內容與改命之方法，並論述其命觀念對於《易經》卦爻辭有何承續與創造發展。本文進行討論如下。

第二節　《易傳》「命」觀念思想形成的天論根據

　　在遠古時期「禽獸多而人少」，〔註6〕人們「同與禽獸居，族與萬物並」，〔註7〕人們的生存環境條件是相當惡劣，因此，他們幾乎必須用去全部的時間和精力，來適應大自然的嚴酷挑戰，並積極奮鬥謀取生活物資，才能得以溫飽生存。但是人們不會永遠屈從在大自然底下，他們可依靠卓越的智慧和非

〔註5〕〔魏〕王弼、〔晉〕韓康伯注，〔唐〕孔穎達正義：《周易正義》（台北：藝文印書館，1997 年《十三經注疏》本），頁 182。

〔註6〕〔戰國〕莊周撰，〔清〕郭慶藩輯，王孝魚整理：《莊子集釋》（北京：中華書局，1995 年），卷 9，頁 994。

〔註7〕同上註，卷 4，頁 336。

凡的能力，努力去改變這種生活窘境。於是隨著人類主體力量的逐漸提高，他們有了基本的生存保障條件，故再也不需要整天為求生而不斷奔波。所以人們驚奇地發現，原來大自然還是有其美妙的成分，而在面對這無限神奇的大自然，人們也開始用心思考，因而想要了解天地萬物是從哪裡來的，自然界的各種現象又是如何發生的，換言之，即是對於天與人之關係，想要去作探尋。而關於天人之間，中西文化都有所論及，對此張世英（1921～）以宏觀角度，用「天人合一」和「主客二分」作為中西文化思想傳統之首要區別。〔註8〕那麼《易傳》的天論以及天人關係，其表現形式是如何？以下討論之。

一、《易傳》「命」觀念思想形成的天論根據

（一）邁向天德：《易傳》的帝與天

在《易傳》出現人格神之義的「帝」字很少。比較明顯的表述是出現在〈象傳〉和〈象傳〉。例如〈鼎☲·象傳〉說：「聖人亨以享上帝，而大亨以養聖賢。」〔註9〕、〈豫☷·大象傳〉說：「先王以作樂崇德，殷薦之上帝，以配祖考。」〔註10〕聖人舉行祭祀上帝的禮儀，表示在〈象傳〉、〈象傳〉中還保有《詩經》、《尚書》的天人思想。而至於「殷薦之上帝，以配祖考」，這與甲骨卜辭中所說的「賓于帝」，以及《詩經》、《尚書》中的「配天」思想有其相似之義。此外，在《帛書易傳·二三子問》中有說：「《易》屢稱於龍，龍之德何如？孔子曰：『龍大矣！龍刑學段，賓于帝，倪神聖之德也。」〔註11〕文中說到龍會成為神聖之德的代表形象，是因為龍賓附在帝的身邊，而這裡所稱的帝，乃是具有主宰性的對象。

而〈說卦傳·第五章〉也說到：「帝出乎震。」〔註12〕對於「帝出乎震」之義，李鼎祚《周易集解》引崔憬之解釋說到：「帝者，天之王氣也。至春分則震王，而萬物出生。」〔註13〕梁寅《易參義》則是解釋說：「帝者，天之主宰，而萬物之生成無不由之。其神運於四時，而游乎六合固不得而測也。」

〔註8〕 張世英：〈略論中西哲學思想的區別與結合〉，《學術月刊》，1992年第2期。
〔註9〕 〔魏〕王弼、〔晉〕韓康伯注，〔唐〕孔穎達正義：《周易正義》，頁112。
〔註10〕 同上註，頁49。
〔註11〕 廖名春：〈帛書〈二三子〉釋文〉，《帛書《周易》論集》（上海：上海古籍出版社，2008年），頁370。
〔註12〕 〔魏〕王弼、〔晉〕韓康伯注，〔唐〕孔穎達正義：《周易正義》，頁183。
〔註13〕 〔唐〕李鼎祚：《周易集解》（台北：台灣商務印書館，2004年），卷17，頁408。

〔註14〕對此高亨《周易大傳今注》解釋說:「帝,天帝也。」〔註15〕由上各家之解說,可得知〈說卦傳〉所說的「帝」乃是天地之主宰,而天地萬物都是經由「帝」所生成。在這裡亦顯示出《易傳》思想中,也還仍然保留一些《詩經》、《尚書》中的天帝思想。

　　《易傳》談論「天」,其內容有主宰意義的天,有自然意義的天,有義理之義的天。先說明在《易傳》中,有關主宰意義的天。例如〈无妄▤▤·象傳〉說:「大亨以正,天之命也。……无妄之往,何之矣?天命不祐,行矣哉?」〔註16〕所謂「天之命」,即是指上天的命令。〔註17〕而「天命不祐」,即是說天命不保佑。又如〈萃▤▤·象傳〉說:「用大牲吉,利有攸往,順天命也。」〔註18〕所謂「順天命」,即是說要能夠順從天命。又如〈繫辭上傳·第二章〉說:「是故君子居則觀其象而玩其辭,動則觀其變而玩其占。是以自天祐之,吉无不利。」〔註19〕所謂「自天祐之」,即是說有來自於上天對自己所作的保佑。以上這些《易傳》所表述的「天」,基本上是屬於主宰意義的天。而這些天觀念,可說是對三代宗教思想所作的某些遺留。

　　《易傳》中關於自然意義的天。例如:〈乾▤▤·文言傳〉說:「乾元用九,乃見天則。」〔註20〕句中指的「天則」,《周易集解》引何妥之解釋說:「陽消,天氣之常;天象法則,自然可見。」〔註21〕由此可知天則,即是指宇宙大自然的運行律則,如天地間的陽氣轉換成陰氣,這也都是屬自然規

〔註14〕〔元〕梁寅:《易參義》(台北:廣文書局,1974年),頁652。

〔註15〕高亨:《周易大傳今注》(濟南:齊魯書社,2006年),頁456。

〔註16〕〔魏〕王弼、〔晉〕韓康伯注,〔唐〕孔穎達正義:《周易正義》,,頁66。

〔註17〕關於天命,羅光說:「《尚書》上常說天命,有時也說天意。《尚書》的天命、天意,乃上天的詔命,叫湯王去伐夏桀,叫文武去伐商紂。討伐的詔命,乃一時的天意,乃一種行動的動機……。《尚書》也說人君該行天命,以造福於民。這所謂詔命,就非一時的天命了,乃是天所授的治民之道。治民之道,乃常久之道。遵守這種常道,即是行天之道……《詩經》的詩章裡,每說天命,這種天命,也常指天道。……因此可說在《詩經》、《尚書》、《易經》的篇章裡,天命或指上天一時的詔命,或指上天所定的法則。」參見氏著:《中國哲學大綱(上冊)》(台灣:台灣商務印書館,1970年),頁117~118。可見《易傳》的天,含有「天命」之義,此與《尚書》、《詩經》中所說之「天命」之義相同,是對傳統天命觀的遺留。

〔註18〕同上註,頁106。

〔註19〕同上註,頁144。

〔註20〕〔魏〕王弼、〔晉〕韓康伯注,〔唐〕孔穎達正義:《周易正義》,頁16。

〔註21〕〔唐〕李鼎祚:《周易集解》,卷1,頁17。

律。又如〈豫䷏‧象傳〉說：「豫，天地以順動，故日月不過，而四時不忒。」
〔註22〕即是說天地依順著本性而運動，所以日月交替不會超過時度，四時變
化也不會發生差錯。〈賁䷕‧象傳〉則說：「觀乎天文，以察時變。」〔註23〕
能觀察日月星辰的移轉，而去明白時序之變化。〈豐䷶‧象傳〉說：「日中則
昃，月盈則食，天地盈虛，與時消息。」〔註24〕當太陽處在天空正中的位子，
於是就要開始傾斜。當月亮發展到盈滿的時候，接著就要開始虧缺。天地之
間的變化原理，就是一盈一虛的規律，即是如日月交替，寒暑往來等現象。

　　天地的運行，可說是永無停息，這在某種程度上，體現出天地自然的本
來面貌。〈繫辭上傳‧第一章〉就說：「在天成象，在地成形，變化見矣。」
〔註25〕這是表示自然界之變化，雖有形象之不同，但其實有其規律可循，而
不相紊亂。《易傳》還時常將這種「不相紊亂」的自然變化，稱作是「陰陽
不測」之神妙，如〈說卦傳‧第六章〉即說：「神也者，妙萬物而為言者也。
動萬物者莫疾乎雷，橈萬物者莫疾乎風，燥萬物者莫熯乎火，說萬物者莫說
乎澤，潤萬物者莫潤乎水，終萬物始萬物者莫盛乎艮。故水火相逮，雷風不
相悖，山澤通氣，然後能變化，既成萬物也。」〔註26〕可見，天道之變化，
有其規律與常則，但同時又有著陰陽不測之奇妙體現。《易傳》中的自然之
天的變化，其表現形態雖有不確定性，但從這種不確定性形態來看卻也豐富
其表現性。以上《易傳》這些天觀念，都是從自然意義來加以理解的。

　　《易傳》中也有關於義理意義的天。例如，〈乾䷀‧文言傳〉說：「飛龍
在天，乃位乎天德。」〔註27〕所謂「天德」，即是天之美德。又〈乾䷀‧文
言傳〉說：「夫大人者，與天地合其德。」〔註28〕所謂「與天地合其德」，即
大人行為與天地之德相互符合。此外〈繫辭上傳‧第一章〉也說到：「天尊地
卑，乾坤定矣。卑高以陳，貴賤位矣。」〔註29〕此處的「天尊地卑」，是指天
尊而高，地卑而低。〈繫辭下傳‧第一章〉則說：「天地之大德曰生，聖人之

〔註22〕〔魏〕王弼、〔晉〕韓康伯注，〔唐〕孔穎達正義：《周易正義》，頁48。
〔註23〕同上註，頁62。
〔註24〕同上註，頁126。
〔註25〕同上註，頁143。
〔註26〕〔魏〕王弼、〔晉〕韓康伯注，〔唐〕孔穎達正義：《周易正義》，頁184。
〔註27〕同上註，頁16。
〔註28〕同上註，頁17。
〔註29〕同上註，頁143。

大寶曰位。」〔註30〕對於「天地之大德」，孔穎達解釋說：「即天地之盛德」。〔註31〕以上《易傳》這些材料所講述的「天」，基本上都含蘊道德的意思，這即是《易傳》的義理之天。

中國古代除了將天看作爲神靈外，亦以天作爲自然，而《易傳》也是如此。如果從卜筮的角度來說，天作爲一種神靈，這是屬於宗教崇拜的對象。〔註32〕不過在《易傳》裡的天，只有少數將天作爲主宰之義，而其主要還是將天作爲自然之義與義理之義來表述。即是從自然與義理的角度，來對《易經》卦爻辭作出解釋，而逐漸發展成爲以哲學去詮解宇宙現象。

（二）融合儒道：《易傳》對《易經》卦爻辭帝、天的承續與發展

《易經》卦爻辭是有表「意」的作用，在《易經》的「意」乃是有作爲天神旨意。不過到了《易傳》中，在〈繫辭上傳・第十二章〉說到：「聖人立象以盡意，繫辭焉以盡其言。」〔註33〕可看出這裡的「意」，已不再是屬於天神之意，而是指爲「聖人之意」。換句話說，天神上帝被隔離出來，也就是已經受到邊緣化。

然而這樣對天神的減弱，在《易傳》裡也未完全徹底地予以排除觀念，如《易傳》中還是有「帝」字，〈鼎䷱・象傳〉說：「聖人亨以享上帝，而大亨以養聖賢。」〔註34〕鼎，作爲烹飪之器物，是有其雙重含義，既可用烹來享於上帝，也能烹食以奉養聖賢。不過享上帝與養賢二者是有所區別的。文中所享上帝只用一個「享」字，這是因爲「享帝貴誠」之心，郊天使用特牲禮，故只殺一頭小牛犢，然後用鼎烹飪之，以用來奉獻上帝。因僅僅亨以小牛，故而才說亨。而養賢則是用了「大亨」之詞形容，養賢之禮貴於豐盛，燕享賓客使用太牢禮，就是用牛、羊、豬等三牲作爲禮品。用了三牲享客可說豐厚之極，故而說是大亨。〈豫䷏・大象傳〉說：「先王以作樂崇德，殷薦之上帝，以配祖考。」〔註35〕這些是涉及上帝與祖先神之間的主從關係，而《易傳》的「帝」往往是對於《易經》的承述，也可看作是商代上帝傳統

〔註30〕同上註，頁166。
〔註31〕同上註，頁166。
〔註32〕李杜：《中國古代天道思想論》（台北：藍燈文化事業有限公司，1992年），頁19。
〔註33〕〔魏〕王弼、〔晉〕韓康伯注，〔唐〕孔穎達正義：《周易正義》，頁158。
〔註34〕同上註，頁112。
〔註35〕同上註，頁49。

的遺緒。又如關於《易傳》中的「天」，像〈萃 ䷭ ·象傳〉所說：「用大牲吉，利有攸往，順天命也。」〔註36〕這裡天是主宰之義，不過此「天」的神性要比「帝」要減小一些。可見《易傳》的「天」還是保有某些神性，這乃是對《易經》中的主宰天之義的承續。

至於〈節 ䷻ ·象傳〉說的：「天地節而四時成，節以制度，不傷財，不害民。」〔註37〕〈繫辭上傳·第一章〉說的：「在天成象，在地成形，變化見矣。」〔註38〕這些《易傳》中的「天」，無疑都是指自然之天而言。而這也恰恰是《周易》這具巫術神道外衣下，所包含的合理內質。〔註39〕這就是說，《易傳》主要傾向是持天道自然論。

《易傳》有鑑於老子，故而提出「一陰一陽之謂道」之論點。而關於老子的自然主義之天道觀，是有源於春秋時期的自然思潮。在春秋時期，隨著社會的持續發進步向前發展，於是傳統天命觀不斷受到各方的衝擊。如在當時的知識份子，在面對對大自然現象時，出現一股運用陰陽、氣等概念予以解釋的風潮。並且分化天地陰陽變化與吉凶之間的關連性，因不斷的去神秘化活動進行，遂也發展出理性化的時代思潮。例如，《國語·越語下》說：「天道皇皇，日月以為常，明者以為法，微者則是行。陽至而陰，陰至而陽，日困而還，月盈而匡。古之善用兵者，因天地之常，與之俱行。」〔註40〕這些都是認為天道，是一個循環不止的變化過程，天道就是一種自然規律現象，同時亦指出人應效法天道而行。而老子正是在這種思維基礎上，提出自然主義的思想學說。在老子看來，天道的運行，乃是無意識也無目，例如老子說：「天長地久。天地所以能長且久者，以其不自生，故能長生。」〔註41〕；又說：「天之道，不爭而善勝，不言而善應，不召而自來。」〔註42〕；「天之道，其猶張弓與！高者抑之，下者舉之；有餘者損之，不足者補之。天之道，損有餘而補不足。」〔註43〕老子認為天道是盈虛消長的狀態，保持著自然平衡，

〔註36〕 同上註，頁 106。
〔註37〕 同上註，頁 132。
〔註38〕 同上註，頁 143。
〔註39〕 羅熾、蕭漢明：《易學與人文》（北京：中國書店，2004 年），頁 82。
〔註40〕 〔春秋〕左丘明著，〔三國〕韋昭注，上海師範大學古籍整理組點校：《國語》（上海：上海古籍出版社，1978 年），卷 21，頁 653。
〔註41〕 朱謙之校釋：《老子校釋》，頁 29。
〔註42〕 同上註，頁 287。
〔註43〕 同上註，頁 297。

而天地生長萬物，是自然而然的。

　　而老子這種思想，對《易傳》是有所影響，故而《易傳》的天道觀，雖有儒家的成分在其中，〔註44〕但是之中道家自然主義的成分相對是較多些，如〈豫䷏‧象傳〉：「天地以順動，故日月不過，而四時不忒。」〔註45〕；〈恆䷟‧象傳〉：「天地之道，恒久而不已也。……日月得天，而能久照。四時變化，而能大成。」〔註46〕；〈繫辭下傳‧第五章〉：「天地絪縕，萬物化醇。」〔註47〕這些《易傳》中「天」的內容，與上文老子所的相似，其立場都是從自然主義，來理解天道相關問題。因此，戴君仁（1901～1978）就說到：「《易傳》裡談『天道』，很明顯的受了道家的影響」。〔註48〕這也是說明《易傳》的自然之天，是有受到老子學說的影響。因而《易傳》在詮釋自然天時，則有顯示著老子自然學說之成分內涵，而這可說對《易經》天論所作的新發展。

　　此外《易傳》的天，亦含有義理天，如〈乾䷀‧文言傳〉：「飛龍在天，乃位乎天德。」；〈乾䷀‧文言傳〉：「夫大人者，與天地合其德，與日月合其明，與四時合其序，與鬼神合其吉凶。」〔註49〕；〈繫辭上傳‧第一章〉：「天尊地卑，乾坤定矣。卑高以陳，貴賤位矣。」〔註50〕這些「天」的內容，包含著道德之義。而由於《易傳》中的「天」，在觀念上被賦予一定的道德含義。因而在〈大象傳〉裡，可隨處發現關於德政的言論，而這種道德言談的傾向，似乎有著儒家學說之表現，因此，李鏡池（1902～1975）說：「如果我們讀過了儒家的一部重要的書——《論語》，再來讀〈象傳〉，就彷彿在溫習舊書一般，很熟識，很易瞭解。〈象傳〉這些話，差不多從《論語》裡

〔註44〕《論語》中也有「天何言哉？四時行焉，百物生焉。天何言哉？」之類不乏「自然主義」內涵的自然之天。因此，金景芳認為：「《易》中的一陰一陽也是兩儀。……四象在自然界中就是象春夏秋冬四時。『變通莫大乎四時』，四時就是天地的變化，由天地的變化而生成萬物。筮法講『揲之以四以象四時』，與卦講『兩儀生四象』的含義是一樣的。《論語》說：『天何言哉，四時行焉，百物生焉，天何言哉！』，與《周易》的思想一致。」金先生之說，參見金景芳講述，呂紹綱整理：《周易講座》（桂林：廣西師範大學出版社，2005年），頁16。
〔註45〕〔魏〕王弼、〔晉〕韓康伯注，〔唐〕孔穎達正義：《周易正義》，頁48。
〔註46〕同上註，頁84。
〔註47〕同上註，頁172。
〔註48〕戴君仁：《談易》（台北：台灣開明書店，1982年），頁18、28。
〔註49〕〔魏〕王弼、〔晉〕韓康伯注，〔唐〕孔穎達正義：《周易正義》，頁16、17。
〔註50〕同上註，頁143。

頭可以找出它相類似的話來。」〔註51〕對此朱伯崑也說:「儒家解易,始於孔子,注重卦爻辭的教育意義,不太迷信筮法,……後來的《易傳》,特別是《象》,正是繼承孔子的這種學風,對《周易》進行解說的。」〔註52〕儒家所講的仁、義、禮、智,對於這些德目《易傳》都有所肯定之分析。牟宗三認爲,不論從道德實踐來講,或是從天地生萬物來講。儒家看道德秩序就如同宇宙秩序,宇宙秩序亦即也是道德秩序。仁乃是道德實踐的最高根據,這就是道德的秩序。萬物可說涵蓋在人的道德心靈之下,仁具有一種普遍性,當發展至絕對的普遍性時,仁也即就是一種宇宙秩序。〔註53〕所以《易傳》中的義理之天,可說是有著儒家義理成分在其中。

如果《易傳》僅是承續著《易經》的主宰天,而未開創出義理之天,而只將「天」解釋成爲顚頂,亦即在人身之上至高的部位,而未能將天創發爲萬化之本的義理天,則天的觀念就會因時間的流逝而磨損化爲無。誠如成中英(1935~)所說:「理解不是單純的『複製』而始終是『生產性』的,這種生產性歸功於時間間距而形成的新視界。」〔註54〕經典意義是隨著歷史時間而不斷產生變化,而此時間間距,就是指因歷史時間的距離而產生出變化發展。因而在前理解與時間間距的因素下,文本的觀念內涵也會隨之創新發展。

總而言之,受到春秋時期天道觀的出現和人文理性的興起,及由此發展出的觀念哲學突破,天的觀念得到更多新的發展時代契機。〔註55〕而無論從思維方面,還是從思想建構方面,這也都爲春秋晚期開始的哲學提倡,提供豐富的學理資源。春秋戰國之際儒道兩家思想,就是在反思、梳理這些時代文化資源,從而幫助建立自家的學說理論。於此同時,《易傳》在解釋《易經》

〔註51〕 李鏡池:《周易探源》(北京:中華書局,1991年),頁308。

〔註52〕 朱伯崑:《易學哲學史》(台北:藍燈文化事業有限公司,1991年),第1卷,頁36。

〔註53〕 牟宗三:《中國哲學十九講》(台北:台灣學生書局,1983年),頁136。

〔註54〕 參見成中英主編:《本體與詮釋——從眞理與方法到本體與詮釋》(北京:三聯書店,2002年),頁141。

〔註55〕 對此,趙中偉指出:「『天』的本義就是人的頭頂,在頭頂之上的爲何物?自然爲吾人思考的方向,而此方向是超越形而下的形而上之本體,則成義理天的形成過程。有從感性的訴求,將『天』視爲具有人格意義的神秘大神,此爲主宰天的形成過程。也有從現象觀察的認知解釋,視『天』爲世界萬有之一,看作一事物,此爲物質天的形成過程。以故,對『天』的意義形成多元性的解釋。」以上趙中偉之說,參見氏著:〈乾元用九,乃見天則——《周易》「天」之思想的創造性詮釋〉,《哲學與文化》第34卷第10期(2007年10月),頁23~24。

的「天」觀念時，也汲取儒道家之說，融入到《易傳》本身之中，故而可說是融合儒道學說，進而推展出更具自然、義理之義的「天」。

二、天／地／人／德：《易傳》的天人關係

（一）人、天、地之協和

人有其特性，也有其生活規律，此即是人之道。在《易傳》看來，人是由天地所生，而生活居於天地之間。對於人乃天地所生，即是〈序卦傳・下篇〉所說的：「有天地，然後有萬物，有萬物，然後有男女。」〔註56〕而〈說卦傳・第十章〉也說到：「乾，天也，故稱乎父；坤，地也，故稱乎母；震一索而得男，故謂之長男；巽一索而得女，故謂之長女；坎再索而得男，故謂之中男；離再索而得女，故謂之中女；艮三索而得男，故謂之少男；兌三索而得女，故謂之少女。」〔註57〕人類有其所衍生出的人文，而人文也可說是人類的社會文明。

在《易傳》看來，「天」有著與地、人不同之特質，即天有其所屬的規律，這就是天之道。天乃是純精的，因而剛健中正，如〈乾☰・大象傳〉所說：「天行健，君子以自強不息。」又〈乾☰・文言傳〉說：「大哉乾乎！剛健中正，純粹精也。」〔註58〕而且天的狀態可靜也可動，是一切生命之活動根源，如〈繫辭上傳・第六章〉說到：「夫乾，其靜也專，其動也直，是以大生焉。」〔註59〕

而至於「地」是與天相對而言。大地是一切生命生活居處的地方，人類不太可能離開大地而獨自去生存。在《易傳》看來，地也有其不同的特質，不過又與天、人有著息息相關性。地有其地的規律，此即是地之道。地雖是居在天之下，不過地亦有地險，即是高山成群。地之質乃是至柔、至靜、至順，如〈繫辭下傳・第十二章〉所說：「夫坤，天下之至順也，德行恒簡以知阻。」〔註60〕地所呈現的德性是簡約而方正。但是若是其動也是可剛，如〈坤☷・文言傳〉說的：「坤至柔而動也剛，至靜而德方。」〔註61〕這就表示地

〔註56〕〔魏〕王弼、〔晉〕韓康伯注，〔唐〕孔穎達正義：《周易正義》，頁188。
〔註57〕同上註，頁185。
〔註58〕同上註，頁11；頁16。
〔註59〕同上註，頁149。
〔註60〕同上註，頁176。
〔註61〕同上註，頁20。

能動也是能靜的，其在靜的方面則內藏孕育，其在動的方面則是開闔吐納能廣生萬物。總之，大地配合著上天，因而開創萬物生生不息，於是才有生靈的活動其中，可說大地是人類立足生存之根基。

在體察天地自然之現象關係，《易傳》作者就已意識出天地若能相協調，則萬物可以興盛不絕；倘若天地不相協調，則萬物會走向凋敝之路。關於天地之間相協調關係，在《易傳》多有所論述，如〈泰䷊‧象傳〉說：「泰，小往大來，吉，亨。則是天地交而萬物通也。」〔註62〕所謂「交」，是說天與地相互對立的兩方，能夠彼此交接、交流，於是對立雙方變成相互溝通與友好，故能夠成為通達狀態。又如〈咸䷞‧象傳〉說：「咸，感也。柔上而剛下，二氣感應以相與，……。天地感而萬物化生，聖人感人心而天下和平。」〔註63〕所謂「感」，是說不同的兩方之氣，能夠相互感通、感應，即是一方感應了另一方，兩方於是可以交融貫通而和氣。《易傳》這種天地相交相感的情形，即可以統稱為天地相協調。對此安樂哲（Roger T‧Ames，1947～）則指出：「《大傳》（《易傳》）的架構實由一組關鍵的哲學用語所組成。我們可以從經驗世界中得出層出不窮的二元對立詞彙，如高低、動靜、剛柔、虛實、大小、明暗、寒熱等。在如此被理解的世界中，所有的變化便在這些息息相關、兩極又變動不居的緊張關係中出現。而這種緊張關係正好是變化過程中所產生嶄新結果的來源。」〔註64〕可以確定《易傳》作者，經由天與地、陰與陽的相互關係中，考察發現到天與地、陽與陰的相互協調是「因」的話，那麼關於萬物相通、品物咸章、萬物化生、剛柔有體等等，就是其所呈現出的「果」。在《易傳》作者看來，這些都是人世間吉利亨通之美好景象，其之所以能如此，都是來源於天地的協調。

《易傳》認為天、地、人三者的關係，天是萬物之根始，萬物是統屬於天；而大地是順承配合於天的；至於人乃是經由天所生出，因而人道是效天法地發展而來的。《易傳》認為天、地、人都是處在不斷運動變化中，且是陰與陽、剛與柔的彼此持續發生作用轉化。所以天、地、人是相互關係著，特別是地順承於天，人效法於天地。因此，《易傳》天人觀之特點，即是表現為天、地、人三才統一的形態上。對此〈說卦傳‧第二章〉就說到：「立

〔註62〕同上註，頁41。
〔註63〕同上註，頁82。
〔註64〕〔美〕安樂哲：〈《易大傳》與中國自然宇宙觀〉，收入鄭吉雄主編：《周易經傳文獻新詮》（台北：國立台灣大學出版中心，2010年），頁246。

天之道，曰陰與陽；立地之道，曰柔與剛；立人之道，曰仁與義。兼三才而兩之，故易六畫而成卦。」〔註65〕這本來是談論卦畫的構成之問題，但是當談論中納入了天、地、人於一卦六爻時，就同時也體現出天、地、人三才統一的完整觀念，這也是《易傳》說明天人關係的一個重要根據。而對於「三才之道」，韓國儒者李滉也有所論述，其說：

> 天地之性，人爲貴。《易》曰：「立天之道，曰陰與陽；立地之道，
> 曰柔與剛；立人之道，曰仁與義。」此言人極之立天地參也。天地
> 之道主北面南，人生其間，背陰抱陽，亦主北面南而立，是爲正位。
> 可見其與天地參三之貴矣！〔註66〕

三才之道是借用卦畫的六爻來表現的，卦爻自下而上，分別各以二爻依序象徵地、人、天。《易》乃是根據客觀的世界與主觀的思維相結合來看，而將天、地、人的法則轉化成用陰與陽、柔與剛、仁與義來加以表述。因而天表現爲陰陽，地表現爲柔剛，人表現爲仁義，於隨事發展而可見之。進一步來說，陰陽二氣乃是動力的源頭，經由陰陽之氣的相互凝聚，變成柔與剛的象徵形體，而表現於人則是仁的柔和德性，與義的剛直德性。六爻之變化可說無窮盡，其表現作用皆能與天、地、人的本性相合融通。由此可見，李滉將由易理所轉化而來的三才之道，當作爲「人極之立」與「天地參」。如此一來，易道則可看作是人道之體，而人道就是易道之體現作用。所以，易道與人道，知的理論與行的實踐，都可看作是經由易理所推演出來的。

然而，值得注意的是，《易傳》在說明三才之道時，也強調不管在何時，人們都應該以「順天應人」爲中心理念，如〈兌䷹·象傳〉所說：「兌，說也。剛中而柔外，說以利貞，是以順乎天而應乎人。」由此可見，《易傳》在對於人的主體性地位作出肯定之同時，也還包含著更深刻之義涵，即認爲人還是天地萬物的成員之一，人的主體性地位只能以「順乎天而應乎人」爲原則才有其意義，亦即是人要在天地之道的合宜範圍內去作發揮。此外，在《帛書易傳·要》中亦有論及天、地、人三才的觀念：

> 故《易》又天道焉，不可以日、月、生、辰盡稱也，故爲之以陰陽；
> 又地道焉，不可以水、火、金、土、木盡稱也，故律之以柔剛；又

〔註65〕〔魏〕王弼、〔晉〕韓康伯注，〔唐〕孔穎達正義：《周易正義》，頁183。
〔註66〕〔韓〕李滉：《〈天命圖說〉後敘》，《增補退溪全書》（漢城：成均館大學大東文化研究院，1978年影印本），第2冊，頁324。

　　　　人道焉，不可以父子、君臣、夫婦、先後盡稱也，故要之以上下。
　　〔註67〕

文中所說的「不可以日、月、生、辰盡稱也，故爲之以陰陽」，就是關於天之
道的看法；「不可以水、火、金、土、木盡稱也，故律之以柔剛」，就是關於
地之道的看法；「不可以父子、君臣、夫婦、先後盡稱也，故要之以上下」，
就是關於人之道的看法。從中可以察見，《帛書易傳·要》對於天、地、人三
才之說亦是相當重視的，而其中的看法也略同於〈說卦傳〉的三才之例。於
此，有學者說：「三才之道，分開來說，天道、地道、人道有一定的區別；總
之來說，一陰一陽之謂道，是普遍性的。」〔註68〕這說明天、地、人是各自
獨立的，而其形態或許有所區別，但是作爲整個宇宙生命體系來看，三者則
又可說是同本同根，共同依循著變易法則而存在著。

　　由天地的陰陽到人的仁義，呈現出生命進化之關係。陰與陽作爲兩種普
遍基本的功能，以此推動著自然界各項變化，於是產生各種生命。自然界的
生成變化都依循秩序目的不斷進行中，人的仁義就是在這秩序中產生的。因
此，人因爲有著這樣仁義，故能從生命的活動方式，去體會到人之生命與自
然界的依存關係，而不是將天地自然界當作和人不相關之對象，而是將天、
地、人之間視爲有著協調關係。總之，《易傳》將天、地、人看作是三個各自
獨立，而又彼此相互聯繫的關係，從這個側面亦顯示出人與天地自然是相互
建構的統一體系。

（二）人與天地合其德

　　對於中正和諧是《易傳》所重視的，並以此來調適天人之間的關係，而
將天人和諧作爲人生之理想目標。人處在三才之中的角色定位，乃是人要能
崇效天而卑法地，不過同時又是三才的統一。在《易傳》裡談到的人格形象，
大略有君子、大人、聖人等等。在《易傳》裡特別關注到聖人形象。因爲他
不僅是完美人格典範之代表，更是具有極高的智慧與品德之理想人格，亦同
時是傳統代天行教的偉大聖王。聖人這種特殊身份，在《易傳》是可清楚見
到的，例如〈鼎䷱·象傳〉說：「聖人亨以享上帝。」〔註69〕可知聖人因人

〔註67〕　參見廖名春：〈帛書《要》釋文〉，《帛書《周易》論集》（上海：上海古籍出
　　　　　版社，2008 年），頁 389。
〔註68〕　張岱年：《中國古典哲學概念範疇要論》（北京：中國社會科學出版社，1989
　　　　　年），頁 26。
〔註69〕　〔魏〕王弼、〔晉〕韓康伯注，〔唐〕孔穎達正義：《周易正義》，頁 112。

格完美，故可代表來行祭祀天帝之禮。而〈繫辭傳〉裡所記載作《易》的相關人物，多是古代的聖人。他們對於人間之貢獻，也算屬於帝王般的事功。所以只有成就斐然之人，才可能被尊稱為聖人。

聖人與百姓總是對舉而稱的，這也表明聖人有偉大統治功效之能力。然聖人亦是具有憂患之心，只不過這種憂患不是一般群眾所憂之事，那麼聖人所憂之事為何？對此〈繫辭傳〉說明起初聖王製作八卦，是要「以通神明之德，以類萬物之情」，〔註70〕可見其目的仍是為著百姓來設想，進而聖人由此「以通天下之志，以定天下之業，以斷天下之疑。」〔註71〕文中所說的「天下」指的是百姓，其中明確提到聖人的三項重要任務，說明聖人所憂心關心與相應作為。〔註72〕所謂「以通天下之志」的任務，要完此事則聖人必須擁有極高的德性，而此種品德內涵，仍然遵循儒家傳統文化思想，即以仁義之德來作為通眾人心志的原則。所謂「以定天下之業」的任務，這方面聖人須具有最高處事的能力，《易傳》相信「天地設位，聖人成能」，〔註73〕聖人能成就之事如「開物成務」的成務，「崇德廣業」的廣業等人間事務，而聖人的功績在《易傳》中亦有所描述：「上古穴居而野處，後世聖人，易之以宮室……，古之葬者……後世聖人，易之以棺槨，……上古結繩而治，後世聖人，易之以書契，百官以治，萬民以察。」〔註74〕而這樣能治之聖人，當然可以作為人民的父母。所謂「以斷天下之疑」的任務，乃是說聖人能排解百姓之疑難，並且判斷人事之吉凶禍福，此乃因為聖人具有豐富完善的智慧能力。其智慧表現在善於觀察人事的本領，「天地變化，聖人效之」，〔註75〕《易傳》指出人們要能根據天地自然變化現象，從中思考其變化的奧義，進而分析事物變化之由，而能順從天道自然之道。人是具有靈智，故可依據自然變化，而產生不同的生活模式，如天地有春夏秋冬的變化輪替，於是聖人就效法它，而建立起相應之人倫生活，同時也不離開教育化成的目標。

不過《易傳》所描述的聖人，似乎不是一般人所可達到的，所以《易傳》

〔註70〕同上註，頁166。

〔註71〕同上註，頁155。

〔註72〕張岱年：〈論易大傳的著作年代與哲學思想〉，收入黃壽祺、張善文編：《周易研究論文集》（北京：北京師範大學出版社，1987年），第1輯，頁411～432。

〔註73〕〔魏〕王弼、〔晉〕韓康伯注，〔唐〕孔穎達正義：《周易正義》，頁176。

〔註74〕同上註，頁168。

〔註75〕同上註，頁157。

談論較多的，乃是君子如何成就其爲君子，而這可從《易傳》裡君子出現頻率極高可得知。倘若以聖人作爲人道的最完善代表，那麼君子就是在成聖之路邁進之人。〈謙䷎·象傳〉說到：「天道虧盈而益謙，地道變盈而流謙，鬼神害盈而福謙，人道惡盈而好謙。謙尊而光，卑而不可踰，君子之終也。」〔註76〕此即表示君子要能以天地之道，作爲修養品格之效法依據。所謂「卑而不可踰」，即君子能卑下而不去作出逾越，即不可逾越天道之理，而此卑下態度是源於地道。這也表明在天道與人道之間是存在共通性，人們可以通過認識天道，而從中獲得道理，由此再引申出處事依循原則，能夠做到這程度，也即可稱爲君子。又如〈繫辭上傳·第二章〉中說：「君子居則觀其象而玩其辭，動則觀其變化而玩其占。」〔註77〕；〈繫辭下傳·第五章〉中說「君子安其身而後動，易其心而後語，定其交而後求。君子脩此三者，故全也。」〔註78〕可見君子是透過天地的變化律動，在觀察而後自覺去存養，以成就作爲君子，此乃是《易》學教化結果之呈現。

此外〈說卦傳·第二章〉更提出了天人相通合一之路徑，其說：「立天之道曰陰與陽，立地之道曰柔與剛，立人之道曰仁與義。」〔註79〕陰陽、仁義與剛柔，雖然表現出不同的概念，不過其意義指向則是相同的，即是人道要與天地之道形成成相通合一之狀態，此之所以可能須經由仁義德性的不斷修持，最後就能上達體證「形上之道」。關於此，〈乾䷀·文言傳〉亦有精彩的解釋：「夫大人者，與天地合其德，與日月合其明，與四時合其序，與鬼神合其吉凶。先天而弗違，後天而奉天時。」〔註80〕人的仁與義，是天地陰陽剛柔之道的體現。天地之道若從其體現說，即是一種「德」。《易傳》相當著重人的德行能與天地相配合，此即是所謂的贊天地之化育。仁人君子本身，其行爲舉止當要效法天道，而能培養出無私高潔之德。能夠無私無欲，保持中正不移之心，即是上證「形上之道」的最佳表現。此亦揭示進行德性修養，乃是一種能達到天人一本的先行必要工夫。趙中偉（1950～）也說：「通過道

〔註76〕同上註，頁 47。
〔註77〕同上註，頁 146。
〔註78〕同上註，頁 172。
〔註79〕同上註，頁 183。
〔註80〕其中「夫大人者，與天地合其德」一句，來知德《周易集注》解釋說：「與天地合其德的具體展示，就在於大人所具之德，皆天理之公，而无一毫人欲之私。若少有一毫人欲之私，即不合矣。」〔明〕來知德：《周易集注》（北京：九州出版社，2004 年），卷 1，頁 178。

德的修鍊，人方能對最高原理有感通的實存性體驗，這是一種智的直覺能力。」〔註81〕《易傳》鼓勵人們去觀看天地變化，以了解宇宙動變之律，並順應取法其中之道，而發揮於人文化成之功業。以上《易傳》所說，不斷在討論有關君子之修養，並且重點論述君子處世之原則與方法。由是觀之，可以發現君子「致命遂志」之所以而能，〔註82〕乃是在任何困難之下，也不肯放棄自己的志節。而能擁有這般堅毅定力，君子終究能成就偉大的人格與事功。

　　由上所論，《易傳》除闡述人類生命與天地萬物有機統一，而且也揭示出天地的自然生命力，對於人類道德之啓迪作用。人類生活是不能脫離倫理規範，人類文明也要有一種神聖價值去支撐倫理規範。而《易傳》就能提供這種道德支撐力量，「天地之大德曰生」這裡所說的大德，不是人與人之間相處人倫之德，而是天地創生人類之「大道德」。故有學者指出：「恰恰是『道德』將人與『宇宙的大化流行』連接起來，並因此成爲維度間的連接因子。」〔註83〕不過在《易傳》的作者看來，天地的這種「大德」卻是人倫之德的根本來源，因爲人的道德是要與天地之德融合爲一。人們生活就在於順從天地，並靠著自然賦予的智慧，讓生命過著具有節律之生活。

　　《易傳》體現出天人之間的相參、相成與和諧。若是以天道的角度說，大自然與人應該和諧共。若是以人道的角度說，則是一種「順乎天而應乎人」的保合太和之道德境界。而處在和諧生活之中，天與人之間超越分別，而相合於德。總之，人之德是源自於天之德，而人道與天道之關係是相緊密著。天人合於德乃是人之主體而與天之道體相互統一後，所呈現出的一種理想狀態，此爲人們希求達到的最高修養境界。

（三）《易傳》對《易經》卦爻辭天人關係的承續與發展

　　《易經》關於人們的吉凶、利害，經由卦爻之象予以顯現出來，以供人

〔註81〕 趙中偉：〈形而上者謂之道──《易傳》之「道」的本體詮釋與創造詮釋〉，《哲學與文化》第 31 卷第 10 期（2004 年 10 月），頁 87。呂紹綱也説到：「《易傳》看天與人的聯繫，著眼在客觀規律上。它認爲，天的運動有一定的規律性，人的活動也要有一定的規律性。天不是任意而爲的，人也不可任意而爲。《易傳》可説都體現著這一思想，它的意義就是指導人們如何在不違背，客觀規律的前提下，充分發揮主觀能動性，爭取最好的結果。」以上參見氏著：《周易闡微》（上海：上海古籍出版社，2005 年），頁 144。

〔註82〕 〔魏〕王弼、〔晉〕韓康伯注，〔唐〕孔穎達正義：《周易正義》，頁 108。

〔註83〕 凱文‧德拉圖爾、西蒙娜‧德拉圖爾，張文智譯：〈《易經》：早期儒家的形上學與意識進化學〉，《周易研究》2006 年第 1 期，頁 50。

之行事決斷。這樣個人之利害，可說有決定於卦爻，也就是人的偶然遭遇和命運有決定於天。然而人們可以依據卦象的顯示，順隨其指示而行，並配合發揮自身能動性，去選擇避開或趨近的行動，人與天的關係是順從而合的關係。而經由這種規避或趨往，其過程是包含著人的主動選擇與捨取，是通過個人主觀的努力，來使得生活更加美好。

《易傳》便是承續《易經》中這種「積極」有爲因素，而加以提至哲學高度。即是《易傳》將存在於《易經》的天人合一思想，進而明確表達出天人合於德，如〈乾☰・文言傳〉說：「夫大人者，與天地合其德，與日月合其明，與四時合其序，與鬼神合其吉凶，先天而天弗違，後天而奉天時。」〔註84〕《易傳》的基本傾向，是將天當作一種自然現象看待，但卻也賦予了天有某種義理意義，如認爲天是至善與至美的。此外，像是大人居於九五尊位，其品德應該要與天地之德相合爲一致，而其言行也需合於天道，如能這樣則其思想光輝可比日月普照。可見天的這些品質，都是要經由人不斷修養而體現出來的，此有著人的積極奮發作用在其中。

在面對春秋的社會政治現況，儒、道兩家哲人進行反思時，同時都將天人關係作爲創立自身學說與提出解決之道的切入點。在老子就表現爲「推天道以明人事」的方式，也就是依循天道自然的本然，作爲社會和諧的根據，以期能維護人類社會之合理生存。在孔子則是提出：「天生德於予，桓魋其如予何！」這種說法是將「天命之德」加以內化到人身之中，以此作爲人的倫理道德行爲，之動力發源的根據。又孟子主張「存心養性以事天」，也是一種天人合德之行爲體現。由上可知，老子是推天而明人的進路，孔孟是推人而達天的進路。對此《易傳》則爲著人和社會的存在考量，進一步從天人統一方向去找出合理之根據。如〈頤・象傳〉說：「天地養萬物，聖人養賢以及萬民。」〔註85〕〈咸☲・象傳〉說：「天地感而萬物化生，聖人感人心而天下和平。觀其所感，而天地萬物之情可見矣。」〔註86〕〈恆☳・象傳〉說：「日月得天而能久照，四時變化而能久成。聖人久於其道，而天下化成。」〔註87〕以上皆有其共通的特點，文中都先是說明天道，而後再提出人道，由

〔註84〕〔魏〕王弼、〔晉〕韓康伯注，〔唐〕孔穎達正義：《周易正義》，頁 17。
〔註85〕同上註，頁 69。
〔註86〕同上註，頁 82。
〔註87〕同上註，頁 84。

此可知《易傳》論及天道，是要提供聖人來經綸濟世，的一個有效的論說根據，並且為社會生存之模式，找出某種可靠的立基點。

《易傳》的天人之學，其學說方式有結合自然主義和人本主義之傾向，並依此來探究自然和人生之關係。此表示在談論人道之時，不可以孤立天道不談，此即是力圖從自然界和人類生活的互動中，來討論得出宇宙的統一基本原理。對此《易傳》在取法「天地自然」的路徑上，有同於道家的方式，但是，細部中兩者還是有其差別點。此差別在於《易傳》取法於「天地自然」而後在人事積極「有所作為」，如在〈大象傳〉內容裡大多都是分成上下兩部分，上半部是取法自然之象或以自然來作為卦的象徵，是一種客觀說明；下半部就著重在「進德修業」的修養涵義，是一種主觀說明。而《易傳》這種作法是有別於老莊，因老莊學說取法天地自然後，是以「柔弱處下」的態度，作為其行事處世哲學。因此，從廣義方面來看，《易傳》與道家雖然都屬「推天道以明人事」的表達模式，但是他們推求「天道」而後，在各自用以說明運用於「人道」的方式作為上，兩者可說是有著不一樣的態度與作為。《易傳》思想可說有著戰國時期，諸子思想融通匯合之表現情形，對此，孫劍秋（1962～）在研究錢穆對《易傳》之詮釋後，指出：「《易傳》雖吸收許多道家、陰陽家等學派思想，但論其最後歸屬，仍是屬於儒家系統的。」〔註88〕故《易傳》雖然有吸收各家的思想，不過它仍舊是以儒家系統為主。而這也表示它在吸收別家思想時，其儒家本質性的學說旨趣，並不因此而完全受到改變，而是當它在吸納學說的過程中，它會將各家概念、學說進行適度地調整，以融入到自身體系之中。

因此，人文思想與自然思想的有機結合，才會在《易傳》中明顯體現出。不過就思想來源論之，如果認為《易傳》人文思想有承自於儒家，那麼其自然思想應該有承自於道家。而以《易傳》的天人和諧與其含蘊之太和境界觀之，則表現包含有先秦道家的自然和諧，以及儒家的社會人際和諧。因此，《易傳》可說呈現反映著儒道互補之特徵，將儒家的人文主義思想與道家的自然主義思想完整地結合在一起。故就其根本精神論之，《易傳》是一種兼容而又超越儒道之精神。因而《易傳》之天人和諧氛圍裡，儒道兩家中的各自精神，已不會相互排斥，於是有著剛柔陰陽的互補關係，形成中和之美的狀態。

〔註88〕孫劍秋：〈融通以達變——論錢穆先生對易傳的詮釋〉，《易學新論》（台北：中華文化教育學會，2007年），頁169。

綜上所述，《易傳》的天人關係，一方面吸收道家的自然觀，而強調從天道來推衍出人道的規則；另一方面又企圖化解道家天人思想中，在人事上較為無為的消極性，從而結合運用儒家的道德有為與人道本質，來充分的完善自身，完成人生的理想目標。在此發揮綜合創新，而形成新型態的天人學說，此即是《易傳》天人關係對《易經》所作出之創新發展。

第三節 《易傳》「命」觀念思想形成的人性理論根據

除了要去認識外在客體世界現象，人們也需要對自身主體，去進行深入發掘內在的本質。這種探索進程，乃是人類思維的深化提高。而人之所以為人，是因為他身為萬物之靈，具有不同於動物的思想精神。沿著這條認知之路，向進不斷的發展，有關於人之內在本性的認識，遂成為一個重要課題。那麼《易傳》有關人性之看法是如何？以下討論之。

一、道與一陰一陽

在諸子百家興起之時，道的觀念就成為一個重要之論題。就《易傳》來看，其中〈象傳〉已經有將「道」視為一個重要觀念來使用，如在說明〈乾〉卦時使用了「乾道變化」，而這裡的乾道指的即是天道。至於〈繫辭傳〉更將道放在論說義理時的核心內容。其所講述關於道的範圍，可說是無所不包，從天道、地道，乃至於人道都包含在內。《易傳》中關於人性問題所作的說明，其最為人所注意的描述，乃是在〈繫辭上傳・第五章〉中「一陰一陽之謂道」這一段文字內容。故對此段文字的了解，應是可獲知其人性論的出發點。

而〈繫辭傳〉對於什麼是道，有兩個描述。一個是在〈繫辭傳・第十二章〉所說的：「形而上者謂之道，形而下者謂之器」，〔註89〕此處內容是把道與器相提並論，其主要用意是要在形式上區別道與器二者。另一個是在〈繫辭傳・第五章〉所說的：「一陰一陽之謂道」，〔註90〕此則是對於道的內涵進行了說明。

「形而上者謂之道，形而下者謂之器」，所謂的形而上與形而下，除了上下的關係外，亦有先後之序的意思。形，可說是指形體，形而上亦即是指無形體的意思，無形體的狀態東西就稱之為道。形而下亦即是有形體的意

〔註89〕〔魏〕王弼、〔晉〕韓康伯注，〔唐〕孔穎達正義：《周易正義》，頁158。
〔註90〕同上註，頁148。

思，有形體的狀態東西就稱之爲器。不過是什麼樣的因素，引起〈繫辭傳〉作者想到了道和器之問題？此因素應該即是對於卦象與意義二者之間的關注。在〈繫辭傳·第十二章〉有說：「子曰：書不盡言，言不盡意。然則聖人之意其不可見乎？子曰：聖人立象以盡意，設卦以盡情僞，繫辭焉以盡其言，變而通之以盡利，鼓之舞之以盡神。」〔註91〕此即說明，聖人發明了卦象是爲了要表現出其中義涵，是要表現其所理解的變化之道。就卦象來看是有形的，不過就意義本身來看是無形的。無形的意義東西是無法呈現出來，故而須借助有形之物來加以表現，而這個有形之物即爲卦象。所謂的器，也即是卦象的一種概括，而道亦即是意義的一種概括。

　　然而，已明瞭「道」爲無形意義之指稱，顯然還是不夠清楚，因而還必須知道其內容爲何？對此〈繫辭上傳·第五章〉作了簡單描述，其內容就是「一陰一陽之謂道」。所謂的一陰一陽，是說陰了又爲陽，而陽了又爲陰，這樣經由陰陽不同的兩面，才可以產生出變化。對於陰陽之變化，韓國儒者鄭夢周（達可，1337～1392）在其〈冬至吟〉中說到：

　　　　乾道未嘗息，坤爻純是陰，一陽初動處，可以見天心。〔註92〕

所謂的乾道，指的就是天道。「一陽初動處，可以見天心」，是指〈復䷗〉卦其卦象的初爻是陽爻，而其餘皆是陰爻，與〈坤䷁〉卦六爻皆是陰爻相較來看，〈復䷗〉卦初爻所顯示的，乃是陽氣初長而陰氣漸消之態勢。故而〈復䷗·象傳〉說：「復，其見天地之心乎。」就是在這樣陽長陰消之處，來看見到天地之變化。而這種陰陽變化也可說是氣化表現。但是氣化本身並不就是道，分開來講陰與陽之作用也不是道。而讓這個氣化成功表現出，是有其緣故的。而那個「一」字就是讓氣化所以成功的緣故。因此，程頤說：「離了陰陽更無道，所以陰陽者是道也；陰陽，氣也。」〔註93〕這個「所以」是表示結果。有其前面原因才會出現後面的結果，而若是依據結果也可推求找出它的原先根本。因此，所以會有陰陽氣化現象，是「道」使其成功的。從這個「所以」就能推出那個根據。眼前看見有一個陰陽的氣化結果，所以有此變化結果的緣故是道使然，因此，程頤才會說陰陽是氣，而所以陰

〔註91〕同上註，頁 158。

〔註92〕〔韓〕鄭夢周：〈冬至吟〉，收入魏常海編：《韓國哲學思想資料選輯》（北京：國際文化出版社公司，2000 年），頁 319。

〔註93〕〔宋〕程顥、程頤：《河南程氏遺書》，《二程集》（北京：中華書局，1981 年），卷 15，頁 162。

陽才是道。他就是從眼前的所然，而去推索找出它的「所以然」。故而〈繫辭上傳·第五章〉的「一陰一陽之謂道」，之中那個所以然指的即是道，是「道」在讓陰陽一直起著作用的。

程頤雖然沒能親自注解〈繫辭傳〉，但是他對於「一陰一陽之謂道」之解說有其獨到之分析。《河南程氏遺書》裡記載了程頤解說陰陽之道，其說：「一陰一陽之謂道，道非陰陽也，所以一陰一陽道也，如一闔一闢謂之變。」〔註94〕這種開闔的變化，與往來不窮的通變，所指的乃是生生不息的易道。〔註95〕而道，即是所以陰陽者，亦即一陰一陽的變易之根據。對此牟宗三亦說到：「開闔是門的兩個動向，一開一闔表示個動態，就在這個一陰一陽的動態裡面顯出道的意義。這跟說『太和之謂道』的意思一樣。陰陽是氣的兩個相反的作用，『一陰一陽』是陰了又陽，陽了又陰，連續下去成個變化，道就在變化過程裡面呈現。」〔註96〕道與陰陽的相互關係，可說是然與所以然的不同關係，但功用又源自於本體，故存有一源之關係。一陰一陽的表現形式，重要在說明陰陽區之開闔，以二元對偶之特徵。

就宇宙萬物之生成來說，道即為萬物生生之法則。「道」是從「一」而下落成為陰、陽二性，而陽性開始先發動，陰性則順承而繼起生化。從此進程發展，二性不斷交替往來，遂展開世界的變化生生現象。一陰一陽之謂道的論題，就其理論思維層面來看，是普遍承認萬事萬物都有著兩重性，並且要求人們在觀察事物之特性特，應當從陰陽面向去分析，也就是對陽的一面要去看，而又要對陰的一面也去看，因若只有審視對立面的其中一方，可能會有見仁而不見智之情形，這就成為一種片面的觀察。亦即是離開陰陽，也就沒有《易傳》的變易法則可言說。《易傳》認為所有事物，都以「一陰一陽」作為變化法則，如天為陽，地為陰；日為陽，月為陰；暑為陽，寒為陰；晝為陽，夜為陰等等。而在馬王堆帛書《黃帝四經》中〈稱〉這一篇文章裡，有談到系統成熟的陰陽學說，例如天陽地陰，春陽秋陰，夏陽冬陰，主陽臣陰，父陽子陰之類的看法，其內容可說含有自然人類生活的各項方面。若以〈繫辭傳〉對陰陽理論的討論來看，可說〈稱〉篇有著雷同相近之處。不過若以內容概括程度來對看，則〈繫辭傳〉無疑是要比〈稱〉來的高些。

〔註94〕同上註，卷3，頁67。
〔註95〕孫劍秋：〈融通以達變——論錢穆先生對易傳的詮釋〉，《易學新論》，頁173。
〔註96〕牟宗三：《周易哲學演講錄》（上海：華東師範大學出版社，2004年），頁56。

總之,對立面的存在性,廣泛從自然現象到人類社會各層面都存在著。例如事情可互相變通,日月相互推移,寒暑往來交替,處境窮通的相濟,君子小人的相互消長等。故而,崔英辰說到:「陰陽雖然具有相反的性質,但這種相反的『關係性』本身造就了相互交感和調和的契機,製造了運行的原動力。」〔註97〕推究其中變化的根源,乃是對立面發生摩盪或推移。對此現象,宋代張載進一步的發揮說明,而提出兩與一的概念關係,所謂兩即是對立,所謂一即是統一。他在《正蒙·太和》中更加明確指出:「兩不立則一不可見,一不可見則兩之用息,兩體者,虛實也,動靜也,聚散也,清濁也。其究一而已。」〔註98〕張載在此強調提出了事物都有對立性與統一性,此為非常深刻的思想論見,而此論見可說是源於〈繫辭傳〉的一陰一陽之謂道。

「一陰一陽之謂道」論題的提出,在對道的理解上,還是在陰陽學說發展過程中,都具有其重大意義。當陰陽變化成為道的內容,就使得陰陽有了普遍的價值意義。也因此之故,人們就將陰陽作為是,去觀察與理解世界活動的主要方式之一。此外自然界的萬物,或社會角行為方式,以及道德價值等,也都可以使用陰陽來加以分析說明。所謂一陰一陽之道,乃是存在於自然界中的變化之道,而自然的各種發展變化,即是人與物之性命的起點。

二、善之可能在於繼

《易傳》作者不只是運用變化,來說明宇宙生化的過程,而是還要從宇宙生化中去找尋大法則,以發掘出人生的價值根源。所以在《易傳》作者看來,深深覺得與天地準的《易》,其所表現出的生而又生,此乃是天之仁德最為明顯的表露。而人的生命之根本來源,即是從天之仁德發展而來,因而人之善性,即可說與天地是相互連結之關係。在〈繫辭上傳·第五章〉就有表

〔註97〕 〔韓〕崔英辰著,邢麗菊譯:《韓國儒學思想研究》(北京:東方出版社,2008年),頁59。而鍾啓祿也說到:「對一陰一陽之調道的解釋,是不將陰陽成相對或對立的,卻將之認為是至上原則(The primordial principle),道的本身,因動而產生的變化,那就是說:道動之時而知為陽,其靜之時而知為陰;所以一陰一陽之謂道,只是說明道本身之動或靜。這種因動靜而產生二類變化;即陰與陽的解釋,既合乎易經唯變所適的原則,又可免除二元論的內在矛盾;因之是一種比較合理的解釋。」〔美〕鍾啓祿:《易經十六講》(北京:中國華僑出版社,1991年),頁21~22。

〔註98〕 〔宋〕張載著,章錫琛點校:《正蒙》,《張載集》(北京:中華書局,1985年),頁9。

達出這種含義，其說到：「一陰一陽之謂道。繼之者，善也。」所謂「繼之者，善也」的「之」字，是指由陰陽變化而發展的生生不息。陰陽不息的結果就是化育出萬物，所以在繼之而起的，自然是一種生生不息之作用。

而關於「繼之者善」的解釋，朱熹《朱子語類》之說法爲：「『繼』是接續綿綿不息之意」，「造化所以發育萬物者，爲『繼之者善』」。〔註99〕對此，張岱年則說：「一陰一陽，繼續不絕，這是本然的善。如果不是繼續不絕，則事物將皆絕滅，就無善可言了。」〔註100〕而金景芳（1902～2001）對此亦提出解說：「『繼之者善也』，是說能繼承道就是善。」〔註101〕此外，朱伯崑則說到：「凡是繼承陰陽法則的，便是完善的，此即『繼之者善也』」。〔註102〕以上學者們之看法，大都略同於朱熹之說法。此章可說是以天道作爲起始來論說人性，並進而認爲君子之道即是人之道。此應是從天人關係來講「繼」的問題，不然若不是從天人關係而來，則首句一陰一陽之謂道與接下句的人性、人道議題，似乎就斷了聯繫。王夫之在《周易內傳》解說此章也提到了：「合一陰一陽之美以首出萬物而靈焉者，人也。『繼』者，天人相接之際。」〔註103〕其認爲「繼」所講的，就是天人相接之際，這樣的理解是精當合理的。而且亦點出這一章的思路，是以天道來開始談論問題。即是從天道再接下來過渡到了人道，而其中就是在談「繼」的問題。從發生來看一陰一陽之變化，應是與生生不息同時的，但是爲了凸顯創造生化之演變歷程，因此才會用有時間性的「繼」字來表達。生生不息的繼續發展，的另外一種表達，即是「顯諸仁」，也就是指顯露出天地之德。既然是仁德的向外發露，這就可稱作是善的，所以才會有「繼之者，善也」之說。

而若是去推溯善的根源，則正如《周易內傳》中所解說的：「一陰一陽，《易》之全體大用也。乃溯善與性之所從出，統宗於道者，固即此理。」〔註104〕人若是可以達到自覺主動，來存養受之於天的善，則也能從中體會到此善源自於天。而就這是修養到了與天道合一之工夫。此即是「溯善」，

〔註99〕〔宋〕朱熹著，〔宋〕黎靖德編，王星賢點校：《朱子語類》（北京：中華書局，1986年），卷74，頁1896、1897。

〔註100〕張岱年：《中國倫理思想研究》（上海：上海出版社，1985年），頁194。

〔註101〕金景芳：《《周易·繫辭傳》新編詳解》，《周易通解》（長春：長春出版社，2007年），頁123。

〔註102〕朱伯崑：《易學哲學史》，第1卷，頁89。

〔註103〕〔清〕王夫之：《周易內傳》（北京：九州出版社，2004年），卷5，頁428。

〔註104〕同上註，卷5，頁427。

就是由天道下來到了人，而再從人來反推上去到天道，這也是人如何對待天的問題。

如能繼承並且體悟道與天地的本質，則可稱之善。《周易折中》對於「繼」字的含義作了精確分析：

> 聖人之用「繼」字極精確。不可忽過，此「繼」字，猶人子所謂繼體，所謂繼志。蓋人者，天地之子也。天地之理，全付於人而人受之，猶《孝經》所謂身體髮膚，受之父母是也，但謂之付，則主於天地而言，謂之受，則主於人而言。〔註105〕

所謂繼體、繼志，就像是子女「繼承」父母的身體與意志的過程那樣。則人也是「繼承」了天道之善，而這個繼承的主體指的是人，人的「繼承」動作是促使善可能成立之重要因素。對此，牟宗三關於繼善之過程亦強調：

> 道或上帝是客觀地自存的。但它的內容意義卻須一個大生命來彰顯。也就是說，上帝的道，依賴一個偉大的人格超凡的生命去表現昭著。……假如不通過此大人格、大生命去彰顯上帝，則上帝也許只是一個抽象的概念。〔註106〕

至善的道或上帝乃是一種超越善惡之存在。但這種上帝之道，必須依靠人的主觀體認，並且將此道德之善表現於身上，如此才能夠證明彰顯出此道。因此，所謂的善，是藉助人之道德意識作為媒介的。

由上可知，「繼之者，善也」，其中之關鍵就是「繼」的動作過程。所謂繼也就是指繼承、繼續之義。這當然是就人來講說，因為人是可以自覺地去做繼，若是能夠繼才可說是善，否則不能繼則不是善。王夫之《周易外傳》就說：「人物有性，天地非有性。陰陽之相繼也善，其未相繼也不可謂之善。故成之而後性存焉，繼之而後善著焉。……相繼者善，善而後習知其善。」〔註107〕惟實而論，就天道來說，其本來就沒有所謂的善與不善之狀況，物也不是開始就有所謂善與不善。只在於人自覺去承繼天道，而使之綿延相承不止，這樣才稱其為善；否則，人不發揮其主體性而有所不繼，這樣才稱其為不善。

〔註105〕〔清〕李光地：《周易折中》（成都：巴蜀書社，2006 年），卷 13，頁 551。

〔註106〕牟宗三：《中國哲學的特質》（台北：台灣學生書局，1998 年），頁 60。

〔註107〕〔清〕王夫之：《周易外傳》（北京：九州出版社，2004 年），卷 5，頁 224～225。

三、成之者，性也

「成之者，性也」，這個「成」字指的是，能夠順著陰陽變化的那個元、亨、利、貞下來而有所成。〈乾 ䷀䷀ ·象傳〉說：「乾道變化，各正性命。」〔註108〕所以「成」字也可以說是順著「各正性命」來進一步了解。順著成字下來就談到性字，所謂性字是指「各正性命」的性。道從進程發展來說，如能把這個道繼續下來也就是善了。因此，宇宙萬物生生不息，而不會中斷消滅。它不是一種只有往下虛無地發展，它是處在一種進程中又是要有所成的，就是要能夠各正其性命。

若是說萬物有了善，即是指萬物在其生命中有善性，所以才會說是「成之者，性也」。不過萬物生命中這個善，其實是與乾元天道為同體，其狀態可說是一種無限的存在。然而這種善呈現在人生命之中，有隨著人的自覺程度而有不同之名，所以才有「仁者見之謂之仁，知者見之謂之知」之分別。人性之源既然與天道是同體，那麼每個人理當都應該是一位成德之君子。但就現實狀況來講，卻是一般百姓多而成德君子少，為何會如此呢？就《易傳》看來，這是因為百姓的不知所致。百姓雖然不會隨意去為惡，但也是無積極態度去為善的。所以他們的心靈，大多是處於「不善不惡」的狀態之中。所謂「不知」，即是不能夠自覺到己性與天地乃是同體之性。百姓因為缺少這種體知，因此就不用去作「存存」的工夫，所以百姓終究還是百姓。所謂「日用」，是指經常資借使用此種大法則，來維持日常生活之意。但因為不能去自覺到此本有之性，故而不會積極來建樹擴充此性，因而產生「百姓日用而不知，故君子之道鮮」之情形。

誠然，人如果不能去繼承天道，那也就無所謂善可說，這是在強調人的主體作用。同樣的若是人不去發揮主體作用去實現善，那也就不可能凝而為性。如果成性的性是人先天本就有的，那為何還要去成它？這是因為成性的「成」，不是指本來無而現今有意義上的成，而是指形成而言，亦即說要去把本有的東西來彰顯表現出來。顯而易見的是，這個「成」就是從「工夫」角度來立說的。本來有的但內涵起來了，而就需要透過工夫把它體現出來。也就是指這個性要通過實踐工夫，以不停的進程來彰顯，此即為一種生生不已的進德過程。而要對實踐工夫的無止盡進程加以形容，才說它是「存存」。

〔註108〕〔魏〕王弼、〔晉〕韓康伯注，〔唐〕孔穎達正義：《周易正義》，頁10。

人所秉受於天道的善，乃是需通過人性作出實現。不過為何說人性是成就天道賦予之善呢？對此，王夫之在《周易內傳》解釋說到：「蓋道在未繼以前，渾淪而無得失，雨暘任其所施，禾莠不妨並茂，善之名未立，而不善之跡亦忘。既以善繼乎人，而成乎人之性矣，一於善而少差焉，則不善矣。」〔註109〕亦即是說，天道不是神道和人道，它是無意識也無是無非的，頗類似於老子所說的「天地不仁」。〔註110〕可是天道之善仁是如何讓人從中得到了善呢？此可從人性之有善，而體見到人得到了善。天道不可完全直接就說是人道的善，但是人道的善卻可說是源自於天道，這是因為人道之善在於人性，而人性是承受於天道。要之，天道將善賦予了人，然若是沒有人性之善，則天道所賦予人的那個善，就可能無法顯現出來，故而說「成之者，性也」。

就「成之者，性也」的「之」字來看，其所指的對象應該即是「道」。而此「道」應即是乾道變化之乾道，即是自然運行之規則。因此就「成之者，性」之議題含義，可說是人所稟賦天道之形成，而天道通過人而實現，這就是性。換言之，內在於人的天道就是性。由此可見，《易傳》認為人性與天道之間是相連貫，天道是下貫於人，人性是來源於天道，天道是人性本善的依據，而人能承於天道就是善。從中亦可看到它又是強調，人在後天應做出道德修養，並以自強不息的精神，來保有與完善自身的本性，而呈露出一種理想狀態，這就是成就了一種人格理想。

在上述討論過程中，說明人性的存在根據，乃是乾道與天道，人性是一種內在化的天道，並論證了性與道為同一性質。這也可說人性之中內含著天德之善。由此可見，《易傳》的人性理論與先秦儒家重視的性善論，某種程度是相通的。但是《易傳》所採取的方式，是以對自然之論述作為出發點，以此來規範人事，並且提出自然變化法則之陰陽原理。而這與從人的、社會的領域中，去展開理論的儒家有所不同。《易傳》人性理論的基本內容，即是一陰一陽的自然運動規律，依此規律來行為處事就是善。將這種自然規律秩序予以內在化，就形成了性，而由這樣的性就可推導出道德當為之規範。

〔註109〕〔清〕王夫之：《周易內傳》，卷5，頁430。王氏又說：「同一道也，在未易繼以前為天道，既成而後為人道，天道無擇而人道有辨，聖人盡人道，而不如異端之妄同於天。」參見同上註，卷5，頁430。

〔註110〕〔春秋〕老聃撰，朱謙之校釋：《老子校釋》，頁22。

第四節 《易傳》的「命」觀念思想及其對《易經》卦爻辭之承續與發展

《易經》起初是來源於卜筮，故其基本功能在於卜筮的使用。不過它卻幾乎同時與卜筮，由潛隱發展到了明顯，由小處到大處發揮著溝通天人，以及指導啓迪人生之巨大功用。《易經》的溝通天人與啓迪人生之作用，隨著歷史不斷邁進而日益突出。在到了戰國之時，《易傳》則以哲學的形式來給予弘揚。可說《周易》內容蘊藏著無窮之豐富寶藏，每個人皆能從中汲取到豐盛的養分。而前面兩節已經大致談論過《易傳》的天論與人性理論。而對於一般人來說，在此生豐富多彩而珍貴的生活裡，其所更加關注的是在這短暫美好之有限生命中，他應該怎樣去做，才能賦予生命以一種永恆之意義。因此，本節著重討論《易傳》的「命」觀念思想。首先討論「命」是怎樣形成的？其次討論《易傳》的「命」內容是什麼？再其次則是當人們處於生命不佳的情形下，有何可以改變命的方法？而當《易傳》作者在經歷過春秋戰國之際，其「命」觀念思想較之《易經》又有何不同？以下依序討論之。

一、化生／相生：「命」由何而生？

在源遠流長的《易》文化發展中，其所內蘊的生生之道，應該稱得上是中華文化生生不息之智慧本源，亦是文化慧命得以相續不絕之根基。故而〈繫辭上傳・第五章〉說：「生生之謂易。」關於「生生」之義，孔穎達《周易正義》解釋說：「生生，不絕之辭。陰陽變轉，後生次於前生，是萬物恒生，謂之易也。」〔註111〕又如朱熹《周易本義》解釋說：「陰生陽，陽生陰，其變無窮。」〔註112〕對此，來知德《周易集注》則說到：「一陰一陽之道，若以易論之，陽生陰，陰生陽，消息盈虛，始終代謝。」〔註113〕以上歷代易學家對於「生生之謂易」之解說，可得知大都認爲是以陰陽兩氣交互不停，而化生萬物之意思。〔註114〕由上所述，「生生」兩字之意義是很豐富且重要

〔註111〕〔魏〕王弼、〔晉〕韓康伯注，〔唐〕孔穎達正義：《周易正義》，頁149。

〔註112〕〔宋〕朱熹：《周易本義》（台北：大安出版社，1999年），卷3，頁239。

〔註113〕〔明〕來知德：《周易集注》，卷13，頁622。

〔註114〕方東美對此亦有精確的詮釋，他說：「〈繫辭傳〉曰：『易與天地準，故能彌綸天地之道』，曷謂天地之道？曰生。所謂『天地絪縕，萬物化生』是也。易曰：『夫乾，其靜也專，其動也直，是以大生焉。夫坤，其靜也翕，其動也闢，是以廣生焉』。又曰『乾坤其易之縕耶？乾坤成列，而易立乎其中矣，（天地

的，就一般而言，前一個「生」字指的是化生之義，而後一個「生」字指的是生命物之義，「生生」即是化生出生命萬物。而在化生的過程中，能生生的來生出，所生出者又生出能生者，如此不停的循環生生不息，故而永久不斷續。因此「生生」所說的，就是天地之間化生萬物的歷程與結果。

陰陽交合故而有世界的產生，以及萬物的生成。這個交合生成是由簡單發展到複雜，在〈繫辭上傳‧第十一章〉即說：「是故易有太極，是生兩儀，兩儀生四象，四象生八卦，八卦定吉凶，吉凶生大業。」〔註115〕此中《易傳》所展現出來的生成，即是一個活潑的生命世界圖式。韓國儒者丁若鏞關於萬物生成的解釋，也對此作出說明，如他說：

> 天地之理，一生兩，兩生四，故先儒強以羲皇畫卦之法爲兩四之象。然一生兩者，分一而爲兩，非於太極之外添出個天地也（太極之分爲天地）。兩生四者，分兩而爲四，非於天地之外添出個四氣也（今所云二陽二陰）。四生八者，分四而爲八，非於四氣之外添出個天地水火風雷山澤也。〔註116〕

丁若鏞認爲萬物之所以產生，主要在於事物內部的演化與分化作用。在他看來天地之理即是一生二、二生四、四生八、八生萬物之分化歷程。也就是說太極可以一分爲二，而生出天與地，天（陽）與地（陰）自身又二分爲四，而生出天地水火。天地水火自身又分爲八，而生出天地水火風雷山澤。由此可見，萬物的產生，乃是事物自身內部作出分化運動之結果。

天地本身，可說即是宇宙萬物化生的動力源頭，〈說卦傳‧第十章〉所謂：「乾，天也，故稱乎父；坤，地也，故稱乎母」。〔註117〕又如〈繫辭下傳‧第一章〉說：「天地之大德曰生。」〈繫辭上傳‧第六章〉說：「夫乾，其靜也專，其動也直，是以大生焉。夫坤，其靜也翕，其動也闢，是以廣生焉」。〔註118〕不論乾坤的或動或靜，其本身之存在狀態，都可看作是偉大又

設位，而易行乎其中矣。）乾坤毀則無以見易，易不可見，則乾坤或幾乎息矣。』綜此以言，天地之大德，悉備於生生不已之易。舉易以言天之經、地之義、人之紀，則智慧之門可得而入也。」以上參見氏著：《生生之德》（台北：黎明文化事業有限公司，1980 年），頁 133。

〔註115〕〔魏〕王弼、〔晉〕韓康伯注，〔唐〕孔穎達正義：《周易正義》，頁 156～157。

〔註116〕〔韓〕丁若鏞：《易學緒言》，《與猶堂全書》（增補本）（首爾：景仁文化社，1987 年），第 3 集，頁 527。

〔註117〕〔魏〕王弼、〔晉〕韓康伯注，〔唐〕孔穎達正義：《周易正義》，頁 185。

〔註118〕以上參見同上註，頁 166；頁 149～150。

寬廣之生命型態。對此，方東美（1899～1977）說到：「『天地之大德曰生』，然並非生只一般而已，如尋常所謂靜態一度之生產，而是動態往復歷程。」〔註119〕其實父天母地是具有無限的生化動能，同時又兼具好生之大德。這裡的生是一種天地之根本，萬物就是生之道的外化結果，也因此萬物之中有著生之性，此亦即是永恆的生命精神。

在《易傳》看來，生即是要合乎陰陽之道與規律，而天地陰陽產生出萬物，是依循這種規律之動態過程，故而〈繫辭上傳・第一章〉說：「剛柔相摩，八卦相盪，鼓之以雷霆，潤之以風雨。」〔註120〕認爲宇宙萬物的狀態，皆處於生長變化之中，可說宇宙生命體，也是一個有秩序之動態有機體。生命整體的基礎即是萬物之有生，具體表現形式爲萬物彼此相連，它亦是天人合一哲學思想的體現。生生之理亦爲世界萬物得以貫通的內在之理。

「《易》與天地準」，〔註121〕是指《易》道作爲貫通天道、地道、人道之準則。〈繫辭傳〉說：「天尊地卑，乾坤定矣。……乾道成男，坤道成女。乾知大始，坤作成物。」〔註122〕後面接著又說到：「天地絪縕，萬物化醇。」〔註123〕天與地都是屬於自然之道，故天地化生萬物也是自然的規律。作爲天地自然運行之源，天道具有無窮的生命創造力，它能創生出萬物，並將各自的本性賦予萬物，於是形成豐富多彩且生機蓬勃的世界。蒙培元也說到：「『易』的根本精神是什麼呢？……其實，《易傳》早已經作出了回答，這就是『生』，即它的生命意義。」〔註124〕《易傳》生命哲學向人們展現出，一幅充滿生機盎然的宇宙圖景，並認爲整體宇宙就是一個生生不息，綿延不斷的生命現象。生命不僅是生物學所說的物體，而且是有著哲學思考與內在活力，能夠持續自我發展與完善之存在物。所以《易傳》才把整個宇宙看成是，一個能自動生成演變的普遍不息的萬化之流。

《易傳》的「和」是指陰陽之和，也就是人的生命之和，這是萬物存在的最好狀態。宇宙能保持和諧，就是萬物生長變化與人類生存發展之保障。

〔註119〕方東美：《中國哲學之精神及其發展》（台北：成均出版社，1984年），上冊，頁155。

〔註120〕〔魏〕王弼、〔晉〕韓康伯注，〔唐〕孔穎達正義：《周易正義》，頁144。

〔註121〕同上註，頁147。

〔註122〕同上註，頁144。

〔註123〕同上註，頁171。

〔註124〕蒙培元：《人與自然：中國哲學生態觀》（北京：人民出版社，2004年），頁116～117。

《易傳》將和的思想引導到社會人生的各種層面。〈乾▉‧象傳〉說：「乾道變化，各正性命。保合太和，乃利貞。首出庶物，萬國咸寧。」〔註125〕所謂「各正性命」之義，乃意味著在陰陽交合變化而產生性命之初時，性命已各自有所分別。在流行化合過程中自有其差別，因而造成性命的差別殊相。秉此差別殊相的性命，於是被賦予相應的外在形貌，此即是世界的殊種異類。就在天地生出萬物時，宇宙的普遍生命就下貫到每一個人、禽獸、物種之中，而萬物就形成各具獨特生命歷程，從而有著其特殊意義。就這樣個體生命以自己獨特的生命，促成宇宙間生命的無窮無限之多樣性。

　　當太極自然流行之初，此時雖有生化的意向，但並沒有受到形體所滯礙，故其由分到化合，都是自然的發展。因為是自然而然，所以化合也都能各得其宜。換言之，人物雖有差異之相，不過都是各得其時與位，此差別之形成是自然而生的，因而可說是得正。故由此而生出的性命，自然也是「正性命」。天地賦予人以至正之性命，人之個體從天道而獲得各自之正性命。並且人之個體也隨同天道變化，而各自去貞定其性命，去成就其性命。而當人們各自保有本然之性命時，大宇宙之間才會呈現出最佳和諧狀態，此即是所謂的「保合太和，乃利貞」之情形。由此可見，「和」亦可說是宇宙之道，只有處在太和的狀態之下，生命方可獲得最順暢之發展狀態。

　　萬物因著陰陽交合於是產生出來，然而在進入現實生活之後，人的性命大多失去了原先來的「正」。可觀察得知人們所以失正，不是發生在陰陽交合變化之時，而是在變化之後的生活上。知此緣由，則具有靈智的人類，當致力於以原先之「正性命」為典範，而能在行事中去力求合乎自然之理，這樣才能「保合太和，乃利貞」。而所謂「太和」即是指天道變化中的自然化合，若能保之且合之，懷有此太和之道，那麼即是「利貞」。

　　上述討論可得知，將「命」視為生生不已的自然過程，乃是一種理性的態度。它揭開在「命」範疇的神祕面紗，並且走出神祕，讓命成為可被理解的對象。生命有其意義價值可言，不在於只是重視一己之存在，而是在於重視發揚道德生命，此即《易傳》所謂「通天下之志」而「曲成萬物」。因此，它所強調的是人倫的相生與和諧。

〔註125〕　〔魏〕王弼、〔晉〕韓康伯注，〔唐〕孔穎達正義：《周易正義》，頁 10～11。

二、「命」的內容？

　　《易傳》有關「命」說法，大略可分為兩大類。一類是講述屬於天的命；另一是講述屬於人的命。以下分別進行討論。

　　首先，來對《易傳》屬於天的命內容，進行討論。

　　〈泰䷊・上六・小象傳〉說：「城復于隍，其命亂也。」〔註 126〕此命字，即是指「天命」，也就是天命的轉變規律。〔註 127〕又如《周易經傳白話解》也說：「『城牆傾覆於城壕中』，天命變亂。」〔註 128〕對此《周易尚氏學》解釋說：「言泰極返否，此天地自然之命運，無可避免。」〔註 129〕又《朱子語類》說到：「此亦事勢之必然。治久必亂，亂久必治，天下無久而不變之理。」〔註 130〕城牆傾覆倒在乾涸的城溝裡，說明上六的發展態勢已走到錯亂轉化，此時將要泰極否來，可說是處於天命規律的變亂時期。〈革䷰・象傳〉說：「湯武革命，順乎天而應乎人。」〔註 131〕對此《周易程傳》解釋說：「推革之道，極乎天地變易，時運終始也。……王者之興，受命於天，故易世謂之革命。湯武之王，上順天命，下應人心，順乎天而應乎人也。」〔註 132〕所謂革是指變革，且有著革命的意思。在自然界之中本來就有革命，例如四時的交替，從春到夏，由秋至冬，這即是一種天地的革命。不過革命一定要發生在適當之時，所謂的適當之時，是說要能夠順乎天命而應乎人民，像是湯武推翻桀紂的革命，就是合於此標準，此乃是肯定湯武革命有其合理性。

　　若是在現有資料來看，這類思想的萌芽在《墨子・非攻》就已有，其中的一段話提到：「昔者禹征有苗，湯伐桀，武王伐紂，此皆立為聖王。是何故也？墨子曰：『子未察吾言之類，未明其故其也。彼非所謂攻，謂誅也。』」〔註 133〕墨子是將「攻」和「誅」區別開來討論。在他看來，若是攻則為天

〔註 126〕同上註，頁 43。
〔註 127〕金景芳、呂紹綱：《周易全解》，增訂本（上海：上海古籍出版社，2006 年），頁 124。
〔註 128〕劉大鈞、林忠軍：《周易經傳白話解》（上海：上海古籍出版社，2006 年），頁 226。
〔註 129〕尚秉和：《周易尚氏學》（北京：九州出版社，2005 年），卷 4，頁 112。
〔註 130〕〔宋〕朱熹著，〔宋〕黎靖德編，王星賢點校：《朱子語類》，卷 70，頁 1761。
〔註 131〕〔魏〕王弼、〔晉〕韓康伯注，〔唐〕孔穎達正義：《周易正義》，頁 111。
〔註 132〕黃忠天編著：《周易程傳註評》（高雄：高雄復文圖書出版社，2006 年），卷 5，頁 429。
〔註 133〕〔春秋〕墨翟撰，〔清〕孫詒讓著，孫以楷點校：《墨子閒詁》（北京：中華書

所反對的，而若是誅則爲奉天命而行事的。所以湯武在誅桀紂之前，都是接受了天之命令，並且也得到其他諸侯的大力支持。這與〈革☲☱・象傳〉所強調的順天應人之革命，可說有相似之處。以上是《易傳》關於「天命」之說法。

〈无妄☳☰・象傳〉說：「動而健，剛中而應，大亨以正，天之命也。」〔註134〕對此《周易程傳》解釋說：「剛中而應，五以剛居中正，二復以中正相應，是順理而不妄也，故其道大亨通而貞正，乃天之命也。天命謂天道也，所謂无妄也。」〔註135〕故可得知所謂亨，即是指通之義。而「大亨以正」乃是因爲中心是正的，因此說能夠守正就可以亨通。〈象傳〉對天道所作的說明，其主要用意在於從中引申出人道的內容，此是明顯將自然現象來與人事相互結合，的一種思考的傾向。因而在〈象傳〉之中，有許多是推天道以明人事的內容，例如〈謙☷☶・象傳〉說：「天道虧盈而益謙，地道變盈而流謙，鬼神害盈而福謙，人道惡盈而好謙。謙尊而光，卑而不可踰，君子之終也。」又如〈觀☴☷・象傳〉說：「觀天之神道而四時不忒，聖人以神道設教而天下服矣。」再如〈離☲☲・象傳〉：「日月麗乎天，百穀草木麗乎土，重明以麗乎正，乃化成天下。」〔註136〕以上這些內容，其句式都相當一致，就是前面部分是講述天道，後面部分再引申出人道。〈象傳〉認爲，人民要接受教化，乃要依靠於聖人之教導，故從上引的資料看來，都是認爲教化是很重要。而教的來源是指天道。這裡的神並不是指鬼神，而是一種神妙莫測的變化意思。所謂的神道即是天道之變化。所以聖人依據天道而設說立教，就可以去改變教化人心，因此〈離☲☲・象傳〉才會指出最後化成天下的理想。以上是《易傳》關於「天道之命」的說法。

〈乾☰☰・象傳〉說：「乾道變化，各正性命，保合大和，乃利貞。首出庶物，萬國咸寧。」關於性與命的關係，朱熹《周易本義》認爲就事物所接受的來說是性，就天所賦予的來說是命，二者雖是接受者與賦予者的不同指稱，不過其實是同一者的兩面。又其在《朱子語類》說到：「『各正性命』，他那元亨時雖正了，然未成形質，到這裡方成，如百穀堅實了，方喚作正性命。」

局，1986年），卷5，頁134。

〔註134〕〔魏〕王弼、〔晉〕韓康伯注，〔唐〕孔穎達正義：《周易正義》，頁66。

〔註135〕黃忠天編著：《周易程傳註評》，卷3，頁220。

〔註136〕以上參見〔魏〕王弼、〔晉〕韓康伯注，〔唐〕孔穎達正義：《周易正義》，頁47；頁60；頁73。

〔註 137〕此外《周易折中》引胡炳文說：「言『各正性命』。物有此形，即有此性，皆天所命也。」〔註 138〕由上述各家的解說來看，性是指人的本質亦即是道德本性，而命指的是外部世界所存在著，且能夠去支配制約人的上天命令。由此可知所謂性命，是從一內一外的層面來構成與制約著人們。故而「各正性命」的「性」是指內在於人身之中的天之本性；而「命」即是指賦予在人的天之命令，不過若從接受命令的人之角度來說，亦可說是人應當實踐的使命。

乾道是指天道而言，亦即這個道是一種變化之道，所以才會說「乾道變化」。萬物處在變化之中，分別獲得了自己的本性，故而說是「各正性命」。所謂的正字應該可解釋爲貞字講。萬物若能各正其性命之後，就能夠處在和諧之中，而此所以可能是靠乾元來保證的，所以才又說「保合大和」。而最後的「首出庶物，萬國咸寧」，則是總結之辭。首字指的是元始，出字指的是亨通，庶物指的是萬物。而咸寧就是「各正性命，保合大和」之狀態意思。可說從〈乾☰・象傳〉的解釋中，是有突顯天乃是作爲萬物之始，而萬物都需仰賴著天，才能得到其形體與性命。

〈說卦傳・第二章〉說：「將以順性命之理。」〔註 139〕所說的順字，是指遵循的意思。性字，指的是人性。命字，指的是天命而言。對此《朱子語類》說到：「『昔者聖人之作易，將以順性命之理』，聖人作易只是要發揮性命之理。」〔註 140〕意思是說，從前聖人作出《易經》，是要運用它來順合人性、天命的道理。以上是《易傳》關於「性命」之說法。

其次，來對《易傳》屬於人的命內容，進行討論。

〈繫辭上傳・第四章〉說：「樂天知命，故不憂」。孔穎達《周易正義》解釋說：「順天施化是歡樂於天，識物始終是自知性命。順天道之常數，知性命之始終，依自然之理，故不憂也。」〔註 141〕朱熹《周易本義》也說：「此聖人盡性之事也。天地之道，知、仁而已。知周萬物者，天也；道濟天下者，

〔註 137〕〔宋〕朱熹著，〔宋〕黎靖德編，王星賢點校：《朱子語類》，卷 68，頁 1700。

〔註 138〕〔清〕李光地：《周易折中》，卷 9，頁 328。

〔註 139〕〔魏〕王弼、〔晉〕韓康伯注，〔唐〕孔穎達正義：《周易正義》，頁 183。

〔註 140〕〔宋〕朱熹著，〔宋〕黎靖德編，王星賢點校：《朱子語類》，卷 77，頁 1969。又《周易折中》引朱震說：「自萬物一源觀之謂之性，自稟賦觀之謂之命，自天地人觀之謂之理，三者一也。」以上參見〔清〕李光地：《周易折中》，卷 17，頁 651。

〔註 141〕〔魏〕王弼、〔晉〕韓康伯注，〔唐〕孔穎達正義：《周易正義》，頁 147。

地也。知且仁，則知而不過矣。旁行者，行權之知也。不流者，守正之仁也。既樂天理，而又知天命，故能無憂，而知其益深。隨處皆安，而無一息之不仁，故能不忘其濟物之心，而仁益篤。蓋仁者，愛之理；愛者，仁之用，故其相爲表裏如此。」〔註142〕人生可說是短暫而又珍貴的，所以人應該用熱情豁達之心，樂觀來看待大自然賦給自己的一切，並能依循自然規律來從事自強不息的進取活動，如此人生才可能譜出雄壯輝煌之樂章。且人們又擁有權利去作出選擇，因而與其消極以待，無所作爲；不如邁向積極進取之路，剛健奮發而有爲。就算是白手起家之人，也可以用自己的雙手去努力創造出光彩的人生。與其不斷怨天尤人，陷入悲觀絕望，對現實人生懷著憤憤不平，以致心灰而意冷；何不去選擇樂觀豁達，充滿熱情，來積極面對這一切現實的人生，並以歡喜的心境去努力充實自己的「才」與「德」，使自身綻放出光亮的生命價值。若能夠「樂天」才能說是「知命」，而能「知命」則會去促進「樂天」。「樂天知命」會使人有一種熱情曠達的無畏態度，去面對人生的各項挑戰，並且能克服與調適人生所遭逢的磨難，最後走向自己光輝理想之大道。以上是《易傳》關於「知命」之說法。

　　〈晉☲☷・初六・小象傳〉說：「晉如摧如，獨行正也；裕无咎，未受命也。」〔註143〕此所謂的「未受命」依據朱熹《周易本義》之解說：「初居下位，未有官守之命。」〔註144〕即表示「君命」之意思。〔註145〕因爲初六還沒有受命做官，所以沒有官位職守也就沒有言權責任，進退都能夠主動自如，而且綽綽然有餘裕。〈巽☴☴・彖傳〉說：「重巽以申命，剛巽乎中正而志行。」〈巽☴☴・大象傳〉說：「君子以申命行事。」〔註146〕所謂巽即是風，風能遍吹萬物，且無處不入。經由此自然界現象反觀看到人事，而能得知人君之發布教令，就像風之鼓吹萬物，無所不入。這就表示人君應當效法風行之象，申命於全國百姓，而施行政事於全天下。上下順從而能申諭命令。譬

〔註142〕〔宋〕朱熹：《周易本義》，卷3，頁238。

〔註143〕〔魏〕王弼、〔晉〕韓康伯注，〔唐〕孔穎達正義：《周易正義》，頁87。

〔註144〕〔宋〕朱熹：《周易本義》，卷2，頁144。

〔註145〕而《易易程傳》對此亦有解說，其說：「君子之於進退，或遲或速，唯義所當，未嘗不裕也。聖人恐後之人不達寬裕之義，居位者廢職失守以爲裕，故特云初六裕則無咎者，始進未受命當職任故也。若有官守，不信於上而失其職，一日不可居也，然事非一概，久速唯時，亦容有爲之兆者。」參見黃忠天編著：《周易程傳註評》，卷4，頁305。

〔註146〕〔魏〕王弼、〔晉〕韓康伯注，〔唐〕孔穎達正義：《周易正義》，頁129。

如上位者有著中正美德被人順從，因而其志就得以施行。所以申命，就是先行作出告誡與叮嚀，從而使國中百姓能相信人君之命令當行。所以行事，就是在申命之後而見於行動表現。君子要做到的先行說明，說明之後一定要做到，如此全國百姓順從之，就像風之迅速般。以上是《易傳》關於「君命」之說法。

〈繫辭上傳‧第十章〉說：「其受命也如響。」〔註147〕所謂「命」即是指「問」的意思，亦即是指：「命蓍、命龜之辭」。〔註148〕對此《周易本義》說到：「言人以蓍問《易》，求其卦爻之辭，而以之發言處事，則《易》受人之命而有以告之，如響之應聲，以決其未來之吉凶也。……命則將筮而告蓍之語。」〔註149〕君子在想要有所作為之時，用筮來占問行事之吉凶，《易》在承接占問者的蓍命，不論事情之遠近、幽隱、深淺，就能如響地來推知將來的事態而示現筮卦之中。以上是《易傳》關於「問命」之說法。

三、改變命的方法：融合孟、荀之模式

（一）積善／積不善

關於人的善與惡，自古以來就不斷被提起討論。善惡既是倫理的道德觀念，也可說是傳統社會價值評判的尺度。一個人剛出生呱呱墜地時，他不知道什麼是善、什麼是惡，而是在接受啟蒙發智之後，才逐漸得知何為善與何為惡。而關於善惡在〈繫辭下傳‧第五章〉說到：「善不積不足以成名，惡不積不足以滅身。」〔註150〕由此可以察看出量的積累過程，對於道德修養和踐履是非常重要的。天下之間的一切事，皆是由積小而成為大。欲有千里之行，則當始於足下。原本是涓涓細小流水，經過彙集而成為滔滔江河。綿延千里的堤岸，其崩潰卻在於蟻穴。反觀於道德修養亦是如此，小善不斷去實踐，可以成為大善；小惡不去檢束，終究成為大惡。

〈坤☷☷‧文言傳〉說：「積善之家，必有餘慶；積不善之家，必有餘殃。」〔註151〕這亦是在強調事物發展過程，量的積累之重要性，只不過其談論的是關於家庭。但其實，有關個人的成名或是滅身之情形，其道理也是與家庭禍

〔註147〕同上註，頁154。
〔註148〕〔清〕李道平：《周易集解纂疏》（北京：中華書局，2006年），卷8，頁590。
〔註149〕〔宋〕朱熹：《周易本義》，卷3，頁246。
〔註150〕〔魏〕王弼、〔晉〕韓康伯注，〔唐〕孔穎達正義：《周易正義》，頁170。
〔註151〕同上註，頁20。

福一樣的。「積」就是指量的發展過程，量達到一定的累積程度，突破了原先之狀態，就會發生質的變化。善與惡都有從積累到量變再到質變之發展過程。《帛書易傳‧繫辭》說：

> 善不責不足以成名，亞不責不足以減身，小人以小善爲无益而弗爲也，以小亞〔爲〕无傷〔也而弗去也，故亞責而不可〕蓋也，罪大而不可解也。《易》曰：「何校滅耳，凶。」君子見幾而作，不位冬日。〔註152〕

君子能夠「見幾而作」，以及「何校滅耳，凶。」都是從不同的角度，來積極總結經驗教訓。所謂「幾」，就是指事情變化的萌芽開端。如「履霜，堅冰至」、「一葉落而知秋」。小惡或小善從起初開始到最終結局，即由量變到質變的過程。〔註153〕若是見到小善而不去做，發現小惡而不去改正，不斷積累發展下去，就會如「履霜堅冰至」一樣，最後演變成「惡積」、「罪大」而不可解的不好結果。

而有關善與惡所描述的現象，有其次第積累之過程。例如「臣弒其君，子弒其父，非一朝一夕之故，其所由來者漸矣」，這就是因爲「積不善」的過程而才會形成「有災殃」的後果。假如主體沒有積善的自覺，而相反是在積惡的導向下愈陷愈深，則就猶如是「小人以小善爲无益而弗爲也，以小惡爲无傷而弗去。」因惡積到了罪大而不可解，那麼其無疑是凶的結果。

「積善之家，必有餘慶；積不善之家，必有餘殃。」這個論點，就更加明確地表達出《易傳》作者認爲，所謂的善惡報應、存亡禍福，皆是由自己所造的「命」觀念之主張。而此命觀念在《中庸》裡也有著同樣的印證，其載孔子之言而說到：「舜其大孝也與！德爲聖人，尊爲天子，富有四海之內，宗廟饗之，子孫保之。故大德必得其位，必得其祿，必得其名，必得其壽。故天之生物，必因其材而篤焉，故栽者培之，傾者覆之。……故大德者必受

〔註152〕 廖名春：〈帛書《繫辭》釋文〉，《帛書《周易》論集》，頁380。

〔註153〕 對此高懷民說：「『有餘慶』是順著『積善』的動向所起的變化，『有餘殃』是順著『積不善』的動向所起的變化，這便是因果關係。『早辨』變化的動向，加以推動或防止，便是『知幾』。……『知幾』的價值，在於費力少而收效巨，星星之火，投足可熄；勢成燎原之後，灌救或且無效。知順態因果變化之『幾』，則一言之鼓舞，可成後日之大德大業；知逆態因果變化之『幾』，則一言之勸誡，可免後日之大災大禍。」以上參見氏著：《大易哲學論》（台北：成文出版社，1978年），頁416。

命。」〔註154〕文中孔子舉出了舜作為例子，強調「大德必得其位，必得其祿，必得其名，必得其壽，……大德者必受命」的命觀念，這無疑是闡發關於善有善報的思想。在此孔子所提到的「天之生物，必因其材而篤焉，故栽者培之，傾者覆之」，都是一直不斷地強調，吉凶禍福情形都是自己造成的。所以在〈大象傳〉裡相當著重對於「德」的培養，例如〈蒙☷☵·大象傳〉說：「君子以果行育德。」〔註155〕〈小畜☴☰·大象傳〉說：「君子以懿文德。」〔註156〕〈大畜☶☰·大象傳〉說：「君子以多識前言往行，以畜其德」。〔註157〕〈升☷☴·大象傳〉說：「君子以順德，積小以高大」等等，〔註158〕以上也都是在講述修德、蓄德之重要性。

有些人不去注意細節，認為小惡無害，也就以為「小惡為无傷而弗去」，於是人們就因惡事是細微的事，故不在乎地去做終而成為罪惡之人。且人在遇到挫折時常是怨天尤人，都是指責他人的不是，而卻很少反省自身的問題，而這樣的人在《易傳》就稱之為小人。不過《易傳》所強調提倡是君子之行，認為應特別關注道德修養與踐履。如〈大有☲☰·大象傳〉說：「君子以遏惡揚善，順天休命。」〔註159〕又如〈漸☴☶·大象傳〉說：「君子以居賢德善俗。」〔註160〕君子要以天下為己任，故要能立定遠大志向，不可使邪惡乘隙侵入。因此，君子必須時時遏止邪惡，努力宣揚善行，順從天命並且依循規範。可說君子無論何時都是在作反求諸己，省察到錯誤之後並且能下決心改正。「居賢德善俗」，居字，指的是蓄積的意思，善字，指的是做好的意思。也就是君子應注重蓄積的修養，當達至崇高的德行之後，就不能僅在於獨善其身，而應當發揮自己的德行來影響周圍的人，從而能達到移風易俗與改善社會的重要人生使命目的。

總之，若不去逐漸積累善或惡，也就不會形成名譽或禍害。人們應該重視積善，而避免去積惡。要以小善有益而為之，就能發展為大善；以小惡有害而不為之，以免自身遭受毀害。因此，如果善積就足以成名，而惡積就足

〔註154〕〔宋〕朱熹：《四書章句集注》（北京：中華書局，2003 年），頁 25～26。
〔註155〕〔魏〕王弼、〔晉〕韓康伯注，〔唐〕孔穎達正義：《周易正義》，頁 23。
〔註156〕同上註，頁 39。
〔註157〕同上註，頁 68。
〔註158〕同上註，頁 107。
〔註159〕同上註，頁 46。
〔註160〕同上註，頁 117。

以滅身，榮辱之選擇操之在己。積小善而揚善對於完善主體起著重要作用。由上之討論可得知，人之所以得喜或遭殃，其中之發展規律即可表述為：積善→有喜慶；積不善→有災殃。

（二）由外窮理以改命之方法

孔穎達認為在《易傳》中的「窮理」指的是「能窮理，萬物深妙之理」，〔註161〕即是指在事物變化的過程中所表現之秩序、節奏和段落。那麼就《易傳》而言，其如何透過窮理進而達到改變命？以下進行討論分析。

〈乾▆・文言傳〉說：「亢之為言也，知進而不知退，知存而不知亡，知得而不知喪。」上九處在〈乾▆〉卦的最終位，所以爻辭示現亢龍作為比喻，以明動則有悔之義。此是將「亢」字，當作只知進而不知退，只知存而不知亡，只知得而不知失的意思。倘若對上不去尊敬天地，對下不去關懷萬物，這種情形在《易傳》裡是決無吉利可言說的。人如果不能尊敬天地，即是不去正視人道，也即是不尊重生存法則。這種人因為不依照天地法則，所以行動就有悔事發生，於此人之「命」，當然處在不好的狀態。

那此人之「命」要如何變好呢？天道的運行變化，有如陰陽的互為消長之情形，從而迭見盛衰，處於剝復循環不已的狀態。試看事物發展到隆盛之極，沒有不因盈滿失道而走向敗亡的，所以〈豐▆・象傳〉說：「日中則昃，月盈則食，天地盈虛，與時消息。」〔註162〕對此，孔穎達《周易正義》解釋說：「日中至盛，過中則昃；月滿則盈，過盈則食；天之寒暑往來，地之陵谷遷貿，盈則與時而息，虛則與時而消。天地日月尚不能久，況於人與鬼神而能長保其盈盛乎？勉令及時脩德，仍戒居存慮亡也。」〔註163〕由此可知，天地造化的理則，盈虛消長的數法，都是隨著時間轉變而有消亡與生息之情形，也就是由虛而息，再由息而盈，進而由盈而消，最後由消而虛，依此而循環往復不已。因此人生應當配合順從造化的常道，以求能合宜的居處於世。

所以，〈乾▆・文言傳〉說：「夫大人者，與天地合其德，與日月合其明，與四時合其序，與鬼神合其吉凶。先天而天弗違，後天而奉天時。」〔註164〕

〔註161〕〔魏〕王弼、〔晉〕韓康伯注，〔唐〕孔穎達正義：《周易正義》，頁183。
〔註162〕同上註，頁126。
〔註163〕同上註，頁126。
〔註164〕同上註，頁17。

以上內容，顯示出兩層面之意義：其一，指出人要能效法天之德，而表現出像日月之普照萬物那樣無私。其二，指出人要能依循自然法則，處世作為按法則行事，則就可無往不吉。而且從這種觀念出發，進一步向人們揭示「先天而天弗違，後天而奉天時」，亦即是說無論是走在天的前面或後面，都一樣能遵循天時而行，而不去違背天則。對此，唐君毅亦指出：

> 蓋在易傳之言諸自然物之具德，乃自其中有形而上之道，在於其物之形器之中，以言其具德。即以此「道眼」觀之，而實見其具德。在一般以「物眼」觀此諸自然物，誠可只說其有種種形象，存於時空中，而其形象，只有種種數量，即可不言其具德。……自所觀而言，則皆有所觀之實境。唯以「物眼」觀，可稱為低一層次之觀法；而以「道眼」觀，則可稱為高一層次之觀法。〔註165〕

《易傳》重視客觀規律，依循自然法則，以此來與人的主體能動性相互聯繫在一起。這是因為天具有剛健之德，而人若遵循天道行事，則也就能夠自強不息。〈乾䷀·大象傳〉說：「天行健，君子以自強不息。」〔註166〕當遵循自然法則行事的同時，也亦即是發揮著人的主體性之活動過程，因而金谷治說到：「如果說《易》是取法於自然而創作的，因而是寶貴的，這無疑是要人們順從於自然，聖人都順從於自然，凡人怎能不順從呢？在《易》的十翼裡反映的道義性，可以從自然中尋求其依據。〈大象〉中的詞句，明確而又具體地揭示了這一點。」〔註167〕由此可知，只有將人的主體性予以發揮，方能順天而行事，並得天之所助，達到趨吉避凶。

在《易傳》之前，儒家學者中除了荀子以外，很少對天地問題予以關注，而在《易傳》裡則將天地問題放到重要的位置。《易傳》主張要能順天而行，並強調發揮人的主體作為，這可說是有承續荀子，所主張的積極有為之精神。荀子強調「天行有常」，認為人要順著天之常則，天之常則乃是不會任意改變的，所以要去遵循它。不過荀子也不是主張消極受制於天，而是在順天則之下從事人為的積極努力，因為荀子認為治亂關鍵在於人之作為。所以《易傳》可說是以自己獨特的方式，而來發展荀子這種積極有為之精神，並且較之於

〔註165〕唐君毅：《中國哲學原論（原道篇）》（台北：台灣學生書局，1986年），卷2，頁161。

〔註166〕〔魏〕王弼、〔晉〕韓康伯注，〔唐〕孔穎達正義：《周易正義》，頁11。

〔註167〕〔日〕金谷治著，于時化譯：《易的占筮與義理》（濟南：齊魯書社，1990年），頁159。

荀子產生更爲廣遠的影響。

　　〈繫辭上傳・第十二章〉說：「祐者，助也。天之所助者，順也。……是以『自天祐之，吉无不利』也。」〔註168〕這是表達了天的保佑只可視爲外在之助。認爲人要能自覺去遵循自然法則，這樣才能得到天的幫助。人如果能夠獲得天的幫助，那麼可說就是吉無不利了。又如〈豫䷏・象傳〉所說：「天地以順動，故日月不過而四時不忒；聖人以順動，則刑罰清而民服。豫之時義大矣哉。」〔註169〕人生所追求的理想境界，乃是安逸和樂的生活，而〈豫䷏・象傳〉所揭示的時義，乃是一種「安逸和樂」之境。對此，金谷治即指出：「《易》認爲人是由自然生出的一物，從這種基本思想出發，人與自然的關係必然是協調的。由此也能發現對待觀的因素。在《易》裡沒有人與自然鬥爭的觀念，也沒有人力征服自然的觀念。」〔註170〕又如賴貴三也說：「成德有位的君子，師法天健自強之道，自能秉彝物則，而與天同化。」〔註171〕依照天道規律而活動，配合順天而行，就可以與天同化育而存。人道與天地合於德，盡己盡物而能成己成物。人與人彼此相益成長，即能體現出安居樂業，乃至天下太平和諧的生命之美，就在此狀態裡人的「命」也跟著變好了。

　　所謂爻位是指爻在卦中所處的位置。在〈象傳〉、〈小象傳〉論析六爻相互關係中，倘若剛爻居於柔位，或是柔爻居於剛位，就是「不當位」、「失位」、「非其位」或是「未得位」，例如〈小過䷽・象傳〉說：「剛失位而不中，是以不可大事也。」〔註172〕此即是說九四剛爻卻居處於柔位，此乃是爲失位。又如〈恆䷟・九四・小象傳〉：「久非其位，安得禽也？」〔註173〕此是說九四剛爻卻居於柔位，乃是不當位，所以才說是「非其位」。當位或不當位，若就人事來講，即是象徵稱職或不稱職。不論點在人事的作爲，或是事業的選擇，或是職務的安排等等，都要能合乎適才適所之原則。因爲若能如此才可安於其位，容易發揮出各自的才華。所以爻的當位與否，就直接影響到該爻之吉或凶。倘若人處在於位不當之狀態，就可說是凶，那麼在此時人之「命」

〔註168〕〔魏〕王弼、〔晉〕韓康伯注，〔唐〕孔穎達正義：《周易正義》，頁157。

〔註169〕同上註，頁48。

〔註170〕〔日〕金谷治，于時化譯：《易的占筮與義理》，頁167。

〔註171〕賴貴三：〈《周易・大象傳》的文化體系及其現代義涵〉，《易學思想與時代易學論文集》（台北：文津出版社，2007年），頁76。

〔註172〕〔魏〕王弼、〔晉〕韓康伯注，〔唐〕孔穎達正義：《周易正義》，頁134。

〔註173〕同上註，頁84。

就是處在不好的狀態中。

與此相反，〈中孚䷼·九五·小象傳〉說：「有孚攣如，位正當也。」
〔註174〕是指居位中正且適當，所以說是「位正當也」。因而，王夫之在《周
易內傳發例》指出：「當位之吉，不當位之凶，其恆也。」〔註175〕此外，關
於「中位」之說法，屈萬里在歸結出〈彖傳〉、〈小象傳〉的「中位」之《易》
例後，指出：「其於爻也，凡二五稱中。蓋二居下體之中，五居上體之中。
反對後則以爲五，五爲二，仍不失爲中也。」〔註176〕〈彖傳〉、〈小象傳〉
稱下卦之二爻、上卦之五爻爲中位，這是因爲它們各自居於上卦與下卦的中
間位置。而「中位」通常也決定著卦或爻之吉凶，例如〈睽䷥·彖傳〉說：
「柔進而上行，得中而應乎剛，是以小事吉」。〔註177〕所謂小事吉是指六五
爻而言。又如〈既濟䷾·彖傳〉：「初吉，柔得中也。」〔註178〕所謂的吉乃
是指六二爻而言。又如〈節䷻·九五·小象傳〉說：「甘節之吉，居位中也。」
〔註179〕所以會有甘節之吉，乃是因六五爻居中位。由上述之例可得知，〈繫
辭下傳·第九章〉所說的：「二多譽，四多懼」〔註180〕、「三多凶，五多功」
〔註181〕，可謂是中肯之言論，二、五之所以會有吉，乃是因爲居中的緣故。
〔註182〕而關於「中」的觀念，越南儒者黎文敔《周易究原》說：

> 《易》以六爻動而當位合時，即謂之元吉；人以六情發而無不中節，

〔註174〕同上註，頁 134。
〔註175〕〔清〕王夫之：《周易內傳發例》，《船山易學集成》（北京：九州出版社，2004
年），下冊，頁 370。
〔註176〕屈萬里：《先秦漢魏易例述評》（台北：聯經出版公司，1984 年），頁 12。
〔註177〕〔魏〕王弼、〔晉〕韓康伯注，〔唐〕孔穎達正義：《周易正義》，頁 90。
〔註178〕同上註，頁 136。
〔註179〕同上註，頁 188。
〔註180〕同上註，頁 175。
〔註181〕同上註，頁 175。
〔註182〕根據黃沛榮研究統計，他指出：「在六十四卦三百八十四爻裡，所有的吉類爻
辭中，二、五爻的吉辭獨多，合計佔吉類爻辭中的百分之 46.60，幾達吉類爻
辭，總數之半；而二、五爻的凶辭則最少，合計僅佔凶類爻辭中的百分之
14.05，所以《易》爻作者有「尚中」之觀念，而五位尤貴。〈需·彖傳〉：『位
乎天位。』謂九五也；〈履·彖傳〉：『履帝位而不疚。』謂九五也；〈大有·
彖傳〉：『柔得尊位。』謂六五也。故〈繫辭傳〉謂：『二多譽』、『五多功』，
頗得其實，而〈彖傳〉、〈小象傳〉以『中』發揮爻義，亦深中肯綮也。」以
上黃沛榮之說，參見氏著：《周易彖象傳義理探微》，增訂版（台北：萬卷樓
圖書公司，2001 年），頁 205。

始可謂之時中。非中不和，非和不吉，事然也，亦理然也。既和且
吉，何往而又非中。〔註183〕

又如韓國儒者李滉對於「中」的觀念亦說到：

《易》之道明消長、盈虛之理，進退、語默之機不失乎時中也。

精察《易》象，頗得消長之理。〔註184〕

所謂消長、盈虛、進退、語默，乃是處在對立的雙方進行相互轉化，從而使
得事物可以變易發展。而在變易發展之時，要能時時處於中。所謂中就是正、
當之意思，也就是指中正適當，又恰到好處的合理狀態。所以《易》之道即
是時中。所謂「中」者，指的是二爻或是五爻，這是因五爻二爻各居於上下
卦之中間，並據此來解釋吉凶之原因所在。二、五爻分別居於內、外卦之中，
〈象傳〉於是以「中」為吉，故而論其吉凶也落在此「中爻」之判斷上。如
此也呈現出《易傳》亦重視「中位」之思想。

對於位，《荀子・王制》有說到：「分均則不偏，勢齊則不壹，眾齊則不
使。有天有地，而上下有差。明王始立，而處國有制。」〔註185〕即是指上下
差等能夠分明，則是體現出各自安於其位，這也就是禮所以會興盛，國家可
以長治之道。故而荀子才會說「處國有道」。此段的「分均則不偏」以下三句
話，是在表示若無尊卑上下，就不能產生相互制衡力量，也無法收到統馭之
效果。由此說來《易傳》對天尊地卑之位的重視，即是有吸收荀子所說「有
天有地」之看法，而〈繫辭上傳・第一章〉所說：「卑高以陳，貴賤位矣。」
〔註186〕卑高即是上下之分別，此即是有吸收荀子所說的「上下有差」之看法。
故由此可知《易傳》有關於天尊地卑，以及貴賤之位的「當位」之意義說明，
即有對荀子上述說法之承續吸收。

若以卦爻所處之位置，來表示事物所在之情境，則卦爻的剛柔屬性，就
是代表著人事物所表現出的能力。那麼關於《易傳》對當位或不當位之詮解
現象，其所呈現的是一種情境與能力之間，有著彼此影響或制約之思想成分。
若將「當位」觀念進一步帶入現實人事來看，所指的是當地位與能力在相稱

〔註183〕〔越〕黎文敔：《周易究原》（台北：台灣大學出版中心，2011 年影印漢喃研
　　　　究所藏抄本），頁 32。

〔註184〕〔韓〕李滉：《陶山及門諸賢錄》，《增補退溪全書》（漢城：成均館大學大東
　　　　文化研究院，1978 年影印本），第 4 冊，頁 358。

〔註185〕〔戰國〕荀況撰，〔清〕王先謙：《荀子集解》（北京：中華書局，1954 年），
　　　　頁 96。

〔註186〕〔魏〕王弼、〔晉〕韓康伯注，〔唐〕孔穎達正義：《周易正義》，頁 143。

之時，即麼即可獲得吉利，因為此時人處在當位狀態，故而人的「命」由原先不當位的凶事，在此轉變成當位的吉事，所以「命」因而改變了。

所謂凶，即是有凶險之意思，而若是遭遇凶險乃是最為糟糕的情形，對此〈繫辭上傳・第二章〉中說：「吉凶者，失得之象也。」〔註187〕此處用「失」字來解釋凶，這樣的說法頗耐人尋味。李光地《周易折中》引趙玉泉的話說到：「吉即順理而得之象也；凶即逆理而失之象也。」〔註188〕可見，失字的涵義也是廣泛的，並不只在於一事一物之失。若依據趙玉泉的看法，所謂失指的是逆理而言，逆理就是違背事物客觀規律，所以是失道之現象。因此「失道寡助」，那麼其最後結果亦是凶險的，則此人之「命」亦是不好的。

那要如何扭轉凶險之情境？對此《易傳》則強調要能遷善改過，亦即是〈益☰☳・大象傳〉所說的「君子以見善則遷，有過則改。」〔註189〕在人世間有著各種複雜環境，因而就有表現出千姿百態之吉凶形式。但是《易傳》講述趨吉避凶，其重點在於揭示出遷善改過之道理。若用孔子說的話來表示，即是「可以無大過」的道理。所以，《易傳》所顯示出來的並非具體的某吉或某凶，而是人們在遷善改過的歷程中，所會遇到輕重不同之各種可能形式。而透過這些形式的省察，人們便可依此來自警自勉，以修正自己的道路。

一旦發生錯誤之後，要能盡早回頭，此不僅可以避禍，還可帶來好處。所以，〈復☷☳・大象傳〉說：「不遠之復，以脩身也。」〔註190〕人所以能夠及早察覺到過錯，並能馬上悔改之，這是由於他本人善於修身養性之緣故。因而若是變革使之光明正大，就可使人心悅誠服。事情的策略正確，又時機得當，自然會進行很順利，則其悔吝、憂患必無。譬如商之湯王廢除夏天命，周之武王廢除商天命，他們的行事既是順從了天命，又得到廣大民眾的擁護，當然就各自開闢了一個新朝代，其意義是相當重要的。

關於遷善改過，荀子也提出過議論，在《荀子・修身》說：「見善，修然必以自存也；見不善，愀然必以自省也。善在身，介然必以自好也；不善在身，菑然必以自惡也。」〔註191〕此即是說一個人看見善的行為，必需要端正

〔註187〕同上註，頁145。
〔註188〕〔清〕李光地：《周易折中》，卷13，頁541。
〔註189〕〔魏〕王弼、〔晉〕韓康伯注，〔唐〕孔穎達正義：《周易正義》，頁196。
〔註190〕同上註，頁65。
〔註191〕〔戰國〕荀況撰，〔清〕王先謙：《荀子集解》，頁12。

地來反問自己是否有做到;看見不善的行為,必需認真地檢討自己是否也犯了。善的行為如果已存在身上,那就牢固地愛惜存養;不善的行為如果在身上,就好像受到災禍那樣而痛恨自己。荀子的論說,表現出強調遷善改過與德性修養之間的相互關係。故而上述《易傳》所談論的遷善改過之看法,可說是有汲取於荀子的思想。

〈繫辭上傳·第三章〉說:「无咎者,善補過也」、「震无咎者存乎悔」,〔註192〕這些都強調所謂的「咎」,其目的主要在於去提醒人們能因咎而有悔,進而可以善補其過,以至於可得無咎。王弼《周易略例·略例下》則說:「凡言『无咎』者,本皆有咎也。防得其道,放得无咎也。」〔註193〕」朱震也說:「无咎者,本實有咎,善補過而至於无咎。」由此看來,人如果有咎的發生並不可怕,最為可怕的是已經有咎的情形而卻還不自知,更而甚者得咎而不去思考改過。相反的,如果能夠保持終日乾乾,惕以終始的態度,那麼就可以無咎。在此「以史證易」,三國吳人周處(子隱,236~297),他原先是一個力大無比,而為害地方的惡霸之人,當地民眾始終將他與山中猛虎、水中蛟獸並稱為三害。但他在受到一位老者的激將與教育之後,他就痛悔之前的過錯,於是射殺猛虎,搏除水中蛟怪,棄惡而從善。〔註194〕他經過篤志礪行而後位居御史中丞,又功在家國被封為「平西將軍」,死後百姓感念其功遂立「周王廟」來紀念奉祀周處。可見補過與無咎二者之間,是何等之密切與共。在此之際,原本因為逆理而導致凶險不好的「命」,在經歷「改過修身」之後,人之過錯已經除去,因而人之「命」也跟著改變轉好。

由上所論,在人類所以認知天地之道,其用意乃在於能確立三才之道,並以此當作是人事行動之指導原則,以期求得在社會上之通達,從而也在天地之間能夠安身立命。《易傳》認為從事道德修養,應該要以天地自然作為取法之對象,並以外在的倫理規範作為判斷準繩,也要以後天的學習積累等,

---

〔註192〕〔魏〕王弼、〔晉〕韓康伯注,〔唐〕孔穎達正義:《周易正義》,頁146。

〔註193〕〔魏〕王弼:《周易略例》,《周易王韓注》(台北:大安出版社,1999年),頁267。

〔註194〕此事司馬光《資治通鑒·晉武帝泰始十年》有載:「初,周魴之子處,膂力絕人,不修細行,鄉里患之。處嘗問父老曰:『今時和歲豐而人不樂,何邪?』父老歎曰:『三害不除,何樂之有!』處曰:『何謂也?』父老曰:『南山白額虎,長橋蛟,並子為三矣。』處曰:『若所患止此,吾能除之。』乃入山求虎,射殺之,因投水,搏殺蛟。遂從機、雲受學,篤志讀書,砥節礪行,比及期年,州府交辟。」

來作為自己修養的工夫。亦即是說，人們應以客觀外在的規範，來衡量與約束自己的行為。而《易傳》這些思想是較為重視「他律」，可說是對荀子的主張有所汲取的。

（三）由內盡性以改命之方法

在《易傳》中有關「窮理」和「盡性」之工夫，可說是不可分割的關係，當在做到「窮理」之後，則必然要轉向對「盡性」之完成。亦即是在踐履的過程上，將天地人之道原先表現在經驗生活中，由體現向著內在盡性含蘊之跨越。對此金景芳說：「蓋所貴於知命者，乃在明了宇宙變化之法則，以求得人生行為之法則，而此行為法則，非以順應自然為已足，乃在『裁成輔相』，以增進人類之幸福。」〔註195〕從工夫的立場來說，雖然窮理是很重要，但是盡性更是另一個不缺少之工夫。至於《易傳》如何透過「盡性」層面之工夫以改變命，以下討論之。

《易傳》認為善惡皆由積累而形成，昔日商紂王暴虐無道，不得民心，因此四方諸侯，紛紛起而反抗。而周文王則是禮賢下士，勤政而且愛民，提倡文治與武功，故而追從者日益眾多，不過卻也因此引起商紂王的懷疑顧忌。商紂王因而受到崇侯虎的搬弄教唆，於是就將周文王囚禁在羑里，限制了他的政治活動。周文王在被羈禁的七年裡，因著虛寂苦悶之心，而對殷商之盈虛得失進行深切反思。作為商朝的一位屬臣，當想起昔年商王彪炳輝煌的政權，而眼前所見卻是紂王腐敗墮落、荒淫殘暴，在先王基業逐步崩潰之際，周文王感到憂從中來。由此《易傳》認為，演《易》之作者正是藉由殷商王朝衰敗的現實情況，試圖來總結出其為何走向衰敗之緣由。所謂「彰往而察來，而微顯闡幽」，以「明失得之報」，〔註196〕危辭之作是要使人懷懼，以作為警告來者之用。因而演《易》之作者觀察後認為，商朝之所以會衰敗，在於紂王本身喪失了德行。對此，《帛書易傳・衷》也說到：

> 《易》之用也，殷之无道，周之盛德也。恐以守功，敬以承事，知以辟患，□□□□□□□文王之危，知史記之數書，孰能辯焉？
> 〔註197〕

所以《易傳》是相當著重德。品德教育也是古代教育之核心項目，也是在《易

〔註195〕金景芳：《周易通解》，頁52。
〔註196〕〔魏〕王弼、〔晉〕韓康伯注，〔唐〕孔穎達正義：《周易正義》，頁172。
〔註197〕廖名春：〈帛書《衷》釋文〉，《帛書《周易》論集》，頁383～384。

傳》中談論得較多，而其主要論點則如〈乾☰・文言傳〉所說的「閑邪存其誠」，〔註198〕所謂「閑邪」即是指無邪的意思，其在於要人摒除邪念而心存誠信之念，當廣博積德之時，則誠信自然而內化於中，要之則是能以忠信進德修業。

又在〈繫辭下傳・第七章〉提出修德方法：

> 《易》之興也，其於中古乎？作《易》者，其有憂患乎？是故履，德之基也；謙，德之柄也；復，德之本也；恒，德之固也；損，德之修也；益，德之裕也；困，德之辨也；井，德之地也；巽，德之制也。履，和而至；謙，尊而光；復，小而辨於物；恒，雜而不厭；損，先難而後易；益，長裕而不設；困，窮而通；井，居其所而遷；巽，稱而隱。履以和行，謙以制禮，復以自知，恒以一德，損以遠害，益以興利，困以寡怨，井以辯義，巽以行權。〔註199〕

上述這段話，將〈履〉、〈謙〉、〈復〉、〈恒〉、〈損〉、〈益〉、〈困〉、〈井〉、〈巽〉等九個卦，總共反復加以講述過三遍，〔註200〕這就是《易》學史上所說的「三陳九德」。三陳九德，可說是《易傳》揭櫫有關防範患害的方法。而這些方法內容，其中的核心指標乃是一個「德」字。〔註201〕三陳九德，分別從各種面向來不斷論述「德」的價值，以及從事「為德」之方針。《易傳》所說的崇德修己，乃是君子立身於世的重要基礎。〈繫辭下傳・第五章〉說：「君子安其身而後動，易其心而後語，定其交而後求，君子修此三者，故全也。」〔註202〕又如《帛書周易・二三子》也說：「德與天道始」，〔註203〕《帛書周易・要》也說：「無德則不能知《易》。」〔註204〕從中可了解到德，是被提高與天道同等重要之位置，亦是人所以為人之根本。

〈蹇☵・大象傳〉所說的：「君子以反身修德。」〔註205〕可說是有承續

〔註198〕〔魏〕王弼、〔晉〕韓康伯注，〔唐〕孔穎達正義：《周易正義》，頁13。
〔註199〕同上註，頁173。
〔註200〕關於三陳九德，趙建偉指出：「帛書《易之義》在『是故履，德之基也』一句之上，有『上卦九者，贊以德而占以義者也』兩句文字，而無『是故』二字。」以上參見氏著：《出土簡帛《周易》疏證》（台北：萬卷樓圖書公司，2000年），頁186。
〔註201〕王博：《易傳通論》（北京：中國書店，2003年），頁184。
〔註202〕〔魏〕王弼、〔晉〕韓康伯注，〔唐〕孔穎達正義：《周易正義》，頁172。
〔註203〕廖名春：〈帛書《二三子》釋文〉，《帛書《周易》論集》，頁372。
〔註204〕廖名春：〈帛書《要》釋文〉，《帛書《周易》論集》，頁388。
〔註205〕〔魏〕王弼、〔晉〕韓康伯注，〔唐〕孔穎達正義：《周易正義》，頁92。

吸收孟子所說的「反身而誠」,「君子必自反也」。又如〈震☳☳·大象傳〉說:
「洊雷,震。君子以恐懼修省。」〔註206〕所謂的恐懼,是指對自我的某種警
惕,亦是關於人性可能會喪失人格的一種憂患。因有此種恐懼之感覺,所以
才會激發出對道德修養的之自覺。又如〈損☶☱·大象傳〉說:「山下有澤,損。
君子以懲忿窒欲。」〔註207〕所謂懲忿窒欲,是指克制忿欲以損不善。而孟子
有說:「養心莫善於寡欲」,寡欲即是減損欲望,所以是一種對德性之修養的
意思。就以上《易傳》所強調修德內容而言,其實可說與孟子強調擴充善端、
求其放心的過程,是相當接近的看法,亦即可說是對孟子思想有所吸收承續。

　　需要注意的是,這類品德教育方式,從倫理方面來看,是強調人的自我
修養,而不是去評判別人的修養,即是主張反身而修己,遇到難事則自我省
察。從教育的方面來看,它是強調透過自我修養而獲得的,是一種自我教育
的行為,而不是經由強制力量灌輸所能養成的。《易傳》強調創造文明,提倡
發揚有德行的君子人格,然後又以此人格風範,作為人們反身修己,恐懼自
省之效法對象,而來達成理想的人生目標。就在培養與實踐正德正道的同時,
隨之人之「命」由此趨向更加美好。

　　在現實生活裡人都會隨時去發出「意」,不過「意」的發出有好或有不好,
故而要隨時來省察之。而其實際落實就在於「意之動」的掌握,亦即是在這
個地方去做道德工夫,這是很紮實的。〔註208〕如〈豫☳☷·初六·小象傳〉所
說:「初六鳴豫,志窮凶也。」〔註209〕初六自鳴得意而歡樂過頭,這也就是說
歡樂之志到了窮極,因而導致凶險之狀況。此不僅是指處在低位者,不可過
度自鳴得意,其實就連居上者也是如此,如〈豫☳☷·上六·小象傳〉就說到:
「冥豫在上,何可長也?」〔註210〕居上位者過於昏冥縱樂,而這樣放縱歡樂
下去,則國家豈能保持久安。可見《易傳》作者最為關心的是行為之意念初
發處,意發動是好或不好,關係著其吉凶結果,因而像歡樂窮極就會導致凶
險,當此時其人的「命」即為不好。

　　如何能轉變此不好之命?《易經》是一部形成於殷周之際的書,其作用
是在引導人們防患於未然,進而能化險為夷,與趨吉避凶。因而,在卦爻辭

〔註206〕同上註,頁114。
〔註207〕同上註,頁95。
〔註208〕牟宗三:《周易哲學演講錄》,頁85。
〔註209〕〔魏〕王弼、〔晉〕韓康伯注,〔唐〕孔穎達正義:《周易正義》,頁49。
〔註210〕同上註,頁50。

中，理所當然也就包含有憂患意識。在《帛書易傳・二三子》中說道：

> 爲上而驕下，驕下而不伬者，未之有也。聖人之立正也，若循木，
> 俞高俞畏下。〔註211〕

所謂的伬字，是假爲殆字，即是指危亡、失敗的意思。所謂循字，即是指順
歸的意思。這即是在告誡統治者，居於上位而能不驕，否則驕縱自滿終究會
亢龍有悔，而落得貴而無位，高而無民之孤立無援狀態，甚至是到了賢人無
輔，動則有悔的絕望地步。《易傳》把這種情形意識，稱作爲「明於憂患與故」。
例如〈繫辭下傳・第五章〉說：「危者，安其位者也；亡者，保其存者也；亂
者，有其治者也。是故君子安而不忘危，存而不忘亡，治而不忘亂。是以身
安而國家可保也。」〔註212〕《周易集解》引崔憬解釋說：「有危之慮則能安其
位不失也，有亡之慮則能保其存者也，有防亂之慮則能有其治者也。」〔註213〕
這裡是強調「安而不忘危，存而不忘亡，治而不忘亂」，亦即要能防患於事情
之未然處。而如何才能有效的防患呢？《易傳》提出知「幾」的方法。

〈繫辭上傳・第十章〉說：「夫《易》，聖人之所以極深而研幾也。唯深
也，故能通天下之志；唯幾也，故能成天下之務。」〔註214〕所謂的「幾」是
在隱藏裡面的，當它剛開始發動的時候，還沒有完全表現出來，而當我們已
經看見的行動，就是已經表現出來的幾，此行動表現就可稱爲「勢」。表面上
眼所能見的是勢，而不是幾，故說大勢已成。幾也是一種深微的觀念，所以
才說極深而研幾。誠如賴貴三所說：「憂患意識的產生，在於敬德、明德的怵
惕洞察，故君子必須時時充實廣博的知識，以期能保持高度的自知之明，然
後終始都有條理，防微杜漸，也就固基培元，本立而道生了。」〔註215〕因此，
《易傳》揭示出要能「見機而動」，也就是所謂「幾者，動之微，吉之先見者
也。君子見幾而作，不俟終日」，「幾」是事物發展之最初的隱微狀態，事情
吉凶發生的前兆。能見幾而作，是說要在得知幾兆之時，就隨即採取預防措
施，以能夠去防微杜漸。

對此《孟子・告子下》也曾說：「入則無法家拂士，出則無敵國外患者，

〔註211〕廖名春：〈帛書《二三子》釋文〉，《帛書《周易》論集》，頁370。

〔註212〕〔魏〕王弼、〔晉〕韓康伯注，〔唐〕孔穎達正義：《周易正義》，頁170。

〔註213〕〔唐〕李鼎祚：《周易集解》，頁376。

〔註214〕同上註，頁155。

〔註215〕賴貴三：〈《周易・文言傳》儒家思想析論〉，《易學思想與時代易學論文集》
　　　　（台北：文津出版社，2007年），頁78。

國恆亡。然後知生於憂患而死於安樂。」〔註216〕在孟子看來有時憂患不是壞事，因爲有外在敵患的不斷威脅，就會提高國人的警覺性，從而激勵軍隊的志氣，國家就可長保平安。因此生活在憂患之中，才會保持兢兢業業，也才能安樂地度過人生。孟子所說的憂樂觀，無疑明確表示了憂患意識的價值取向。

要能防微杜漸其根本之處，在於對「謀始」之關注，故而〈訟☰☷·大象傳〉說：「君子以作事謀始。」〔註217〕所以，當處在事情之初端，就要深謀遠慮的思考，去瞭解考察事物的端倪，以避免在「幾」動之後，而得咎生凶之情形產生。要把握住禍患所以產生的根源，就是要能做到防患於未然。能在一念未生之時，持守正念而不放失，當下能明鑒察照，是善念則保持，是惡念則除去，這即是所謂的「謀始」。人們若要遷善而去惡，則當在事物動靜發生之間，加以考察探微，並以善惡標準作出明辨之抉擇。人若能夠用力於此工夫，則迷失者當能及早回復，而復歸於明覺之處境。而於此時，人由原先歡樂之志過於窮極，而導致凶險的「不好命」，於此轉變成復歸明覺的「較好」之「命」狀態。

〈困☵☷·象傳〉：「困，剛揜也。」剛被柔所掩蔽住，即是指陽剛君子被陰柔小人所遮蔽。此時處在困境，且是窮厄委頓。此時人之「命」，因困而處在不好之情況。

然而面對困頓〈困☵☷·大象傳〉說：「困；君子以致命遂志。」〔註218〕人們爲能夠超越有限，雖有其理由來珍視自身生命，但是不意味著就可以貪生怕死，甚至苟且偷生。對此，來知德《周易集注》援史證易，說到：「患難之來，論是非不論利害，論輕重不論死生。殺身成仁，舍生取義，幸而此身存，則名固在；不幸而此身死，則名亦不朽：豈不身困有志亨乎？身存者，張良之椎，蘇式之節是也；身死者，比干、文天祥、陸秀夫，張世傑是也。」〔註219〕所以，人們要以文天祥（宋瑞，1236～1283）所說的「人生自古誰無死，留取丹心照汗青」之剛健毅力與無畏豪情，去戰勝一切邪惡之勢力。人們有理由相信，自己的「這個命途不是限於今生的條件和限制上的，而是達

〔註216〕〔東漢〕趙岐注，〔唐〕孫奭疏：《孟子注疏》（台北：藝文印書館，1997 年《十三經注疏》本），卷 12，頁 224。

〔註217〕〔魏〕王弼、〔晉〕韓康伯注，〔唐〕孔穎達正義：《周易正義》，頁 34。

〔註218〕同上註，頁 108。

〔註219〕〔明〕來知德：《周易集注》，卷 9，頁 485。

到無限的」。〔註220〕人們不應白白地浪費其有限、短暫的人生，而要努力實現超越有限的存在，以達到無限的境地，從而真正實現超越自我，而不枉走過人世間這趟旅程。

〈乾☰·大象傳〉說：「天行健，君子以自強不息。」這即是一般常說的剛健之氣象。而孟子本人最注重視修養剛健之氣質，也最看重自身保有這種氣質，「我知言，我善養吾浩然之氣。」〔註221〕至於何為浩然之氣？對此《孟子·滕文公下》在討論大丈夫問題時說到：「居天下之廣居，立天下之正位，行天下之大道，得志，與民由之；不得志，獨行其道。富貴不能淫，貧賤不能移，威武不能屈，此之謂大丈夫。」〔註222〕要成為大丈夫的標準，就是能夠居仁、立禮、行義。倘若能得行其志，那麼就率領天下百姓一起行道；但若是不能得其志時，自己也要堅持去行道。人在富貴和威武面前，不可使自己受惑亂與屈服；處在貧賤之地位時，也不能改變自己的志向節操。作為大丈夫者，胸中有著浩然正氣，而不會被屈撓侵奪。而〈困☲·大象傳〉的「致命遂志」所表現出的剛健不屈，亦可說是吸收與融義孟子所強調的「浩然之氣」於其中。

一個人要能夠超越有限以至於無限，其關鍵在於他是採取何種的人生態度和生活型態。是樂觀自強不息，還是消極渾渾噩噩？對此，《易傳》以其「樂天知命，故不憂」；「天行健，君子以自強不息」；「剛健篤實，輝光日新」等光輝命題，示現人們有益的人生啟迪。強調人們在這短暫的一生裡，都應該要不斷奮發圖強，永遠保持樂觀，並以自己的創造力去鑄成風彩的人生。在任何居處環境中，都能保有獨立的人格尊嚴，而只有隨時保持獨立的自由意志，在面對艱難險阻、荊棘叢生的困境生活中，才能依然談笑自若，懷有堅貞無畏之態度。於是在此之中人由原先困頓中超離出來，變成隨時都能保持意志自由與人格獨立，因而不再感到困頓，於此人之「命」狀態也隨之改變了。

由上述的討論，有關窮理與盡性兩種層面之改變命的方法，可得知《易傳》的改命方法，既是強調人應該取法天地，依循自然律則來規範自身行為，又強調人應該發揮自強不息的精神，不斷地努力奮發精進，以體現所稟賦的

〔註220〕〔德〕康德著，關文運譯：《實踐理性批判》（北京：商務印書館，1960年），頁164。
〔註221〕〔東漢〕趙岐注，〔唐〕孫奭疏：《孟子注疏》，卷3，頁54。
〔註222〕同上註，卷6，頁108。

善性，故而這種思想既可說是「他律」的，又可說是「自律」的。《易傳》的改命方法，溝通天人、調合內外，將主體的自律道德和客觀的他律道德相互融爲一體，也可以說是汲取與綜合孟荀之所長。

四、《易傳》的對《易經》卦爻辭「命」觀念思想的承續與發展

《易經》本爲卜筮之書，而卜筮本身就有其實用性與操作性。人們基於實踐上的需要，迫切想要得知行動所帶來的後果，於是尊奉著草作爲神靈，透過一套程序之操作，著草依序顯示出象數，人們就根據此象數來預測吉凶，並進行決策。因此，《易經》筮法的實際作用乃是在示人以休咎，而且著眼在「實用性」的功利效益。而《易傳》認爲一陰一陽之道，是含蘊著天地萬物之理，因此認識掌握此理，人們就能啓發其智慧之光。而運用於處理人間事務，就可以通權達變，獲得有效的決策思考，依循正確的行事方針，去成就出一番偉大事業。〈繫辭上傳・第十章〉進一步闡述說：「夫《易》，聖人之所以極深而研幾也。唯深也，故能通天下之志；唯幾也，故能成天下之務；唯神也，故不疾而速，不行而至。」〔註223〕所謂的神，就是指陰陽不測之神妙的意思，也可說是指陰陽變化的客觀規律。所謂的幾，即陰陽變化的初發，吉凶禍福的初端。《易傳》教導人們明確掌握陰陽變化的規律，以作爲指引主體的活動依據，使其可以成爲隨機應變的神化境界。從發生學之立場而言，《易傳》所說易道之生活實用層面，乃是有承接《易經》的筮法實用功益而發展過來的。所以《易傳》作爲一部解經之作，它沒有排除筮法預測吉凶的實用意義，而是將實用精神意義保留下來，此可說是《易傳》「命」觀念對《易經》承續之處。

《易經》取象於天地萬物而作成八卦，分別代表自然界中八個重要特質，八卦互相錯綜重疊，於是演生出六十四卦。卦畫乃是取象於萬物，效仿於天地，並以卦象符號的變化，來體現出宇宙生命活動發展之規律。而《易傳》亦有對宇宙生成作出生動的闡述，在〈繫辭上傳・第十一章〉說：「故易有太極，是生兩儀，兩儀生四象，四象生八卦，八卦定吉凶，吉凶生大業。是故法象莫大於天地，變通莫大於四時，縣象著明莫大於日月。」〔註224〕太極所表明的是生命的一種最初基質，既具有萬物生命本體之義，又具有生命的發

〔註223〕〔魏〕王弼、〔晉〕韓康伯注，〔唐〕孔穎達正義：《周易正義》，頁155。
〔註224〕同上註，頁156～157。

展趨向。千變萬化的世界，其實有著貫通之理，那就是「生生」。也唯有從生生之理，才能明瞭與掌握世界的內在聯繫，故說「天地之大德曰生」，在天地宇宙之間最偉大之德，就是生生不息。〈繫辭上傳·第六章〉說：「夫乾，其靜也專，其動也直，是以大生焉；夫坤，其靜也翕，其動也闢，是以廣生焉」，乾坤的或動或靜，都是偉大而寬廣的生命存在狀態。《易傳》是在生命意義立場上，將變化與不變化的情形，看作是生命的象徵。把整個宇宙當作是相互交融、發展的運動洪流，認為人類的生命乃是宇宙的一部分。《易傳》以生生之理，將宇宙洪流與人類生命互相貫通和諧，而此即是《易傳》「命」觀念對《易經》另一承續之處。

《易經》把卜筮的象數視為體現上天之啓示。而《易傳》則把象數解釋為陰陽規律的符號系統，並且是象徵著天道人事的變化。認為變的乃是現象，不變的則是規律。將象數結構賦予了天道人事的變化規律，使之給人以一種哲理性的啓發。由於規律是不變的，且是一種事物本質的常道，所以藏往必然有蘊含著知來之傾向。《易傳》認為，知來是著占所特有的作用功能。「著之德圓而神」、「神以知來」，〔註225〕圓者，就是能唯變所適，運行而不滯礙。神者，就是指感而遂通，遂能妙用不測。所謂神，在《易經》那裡當然是指具有宗教性的神，不過到了《易傳》則是只就陰陽之變化與事物之法則而言神。可見《易傳》是將神與變化相連並談。所以說「窮神知化」，化即是指變化來說，這實是《易傳》作者對《易經》所發展出來的新說。

《易傳》是以「當位」與否，來論斷吉凶。若是陰居於偶位，陽居於奇位，這就是「當位」，相反的就是「不得位」、「失位」。要是當位則為吉，要是不當位則為凶。如〈蹇☶·象傳〉說：「當位貞吉，以正也。」〔註226〕此處所謂的當位，就是指九五爻，是陽爻居於奇位，又是整卦之主。又如〈歸妹☶·象傳〉說：「征凶，位不當也。」〔註227〕因為九二爻，是以陽爻居於陰爻位置，因而失位所以是凶。就此看來，得中又當位的九五、六二，就可稱作吉。而「當位」之說，此並非《易經》卦爻辭本有。此是〈象傳〉作者藉助於孔孟思想來發揮解釋《易》理。所以，〈象傳〉故謂位正者多吉，其所述義理雖佳，然不是《易經》卦爻辭本有的說法。

〔註225〕同上註，頁156。
〔註226〕同上註，頁92。
〔註227〕同上註，頁118。

可說〈象傳〉是有兼受儒、道思想的影響。但其受到儒家思想影響是較爲明顯的。在《論語・顏淵》說：「齊景公問政於孔子。孔子對曰：『君君、臣臣、父父、子子。』」〔註228〕又《孟子・滕文公上》說：「父子有親，君臣有義，夫婦有別，長幼有序，朋友有信。」〔註229〕所謂父子、夫婦、昆弟、朋友、君臣、上下等，就是指在社會中地位或職位而言，此作爲規範和制定各種角色。所以在每個地位或職位上，都有其應遵守的行爲準則。〔註230〕可說這些，都是反映著春秋戰國時期，以家庭作爲生產單位，的一種封建經濟發展的型態。也是爲了維護封建上下等級的關係，而來提出尊卑有序，君臣父子夫婦各正其位的觀念。〔註231〕而《易傳》上述的思想可說與儒家完全相通，所以〈象傳〉的正位哲學，實有受於儒家倫理思想所影響。

《易傳》乃是儒者予以德義化的成果。《周易》在經由《易經》到《易傳》的解釋發展過程中，宗教的神秘因素逐漸消減，而以德義爲核心的實踐理性因素不斷加強，《易經》亦由卜筮之書轉變成爲提倡德義之書。而《易傳》的這種德義化現象與軸心期時代風潮是有所關連的。春秋之時在《左傳・昭公十八年》中提出：「天道遠，人道邇」的論點，在《左傳・襄公二十三年》有談到：「禍福無門，惟人所召」的觀點，又在《左傳・僖公五年》也說：「皇天無親，惟德是輔」、「鬼神非人實親，惟德是依」，可得知春秋之時是注重人事與關心德性修養，這顯示出人們已擺脫依賴於鬼神及天命，而更多是重視於自身的努力，尤其是在是修養工夫上。春秋這種時代社會風氣，對於《易傳》的德義化發展有起到了催化作用。

以德義作爲中心之實踐精神，在《帛書易傳》亦有所體現，如《帛書易傳・衷》、《帛書易傳・要》等，其中就有一種明顯的傾向，即是對於卜筮之事，放在強調觀其德義上，如《帛書易傳・衷》即說到：

　　無德而占，則《易》亦不當。〔註232〕

又說：

　　□□□□占，危哉！□□不當，疑德占之，則《易》可用矣。〔註233〕

〔註228〕〔魏〕何晏等集解，〔宋〕邢昺疏：《論語注疏》（台北：藝文印書館，1997年《十三經注疏》本），頁108。

〔註229〕同上註，頁98。

〔註230〕參見張承漢：《中國社會思想史》（台北：三民書局，年1986），頁43～44。

〔註231〕參見朱伯崑：《易學哲學史》，第1卷，頁69。

〔註232〕廖名春：〈帛書《衷》釋文〉，《帛書《周易》論集》，頁386。

而至於《帛書易傳・要》更說到：

> 若夫祝巫卜筮龜□□□□□□□□□□□□□□□□□□□□□□□□□□□□□□□□
> □□□□□巫之師□□□□□□〔無〕德，則不能知《易》。〔註234〕

以上內容即是重德義而輕筮占的觀點，而其表現在《易》的作用中，就是強調不可背德而占。就對於卦爻辭的解釋上來說，其所表現出只談義理，亦即是以德義爲首要。

《易經》的「命」觀念表現在於「事」，認爲吉凶悔吝的狀況都是因事而生，如〈乾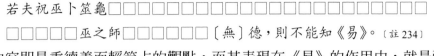・初九爻辭〉說：「潛龍，勿用。」〔註235〕所謂勿用是就事來說，意謂不宜有所行動作爲，〈乾・九二爻辭〉說：「見龍在田，利見大人。」〔註236〕之中的利見大人亦是就事而言，即謂適宜發展有所施爲。這些說明都是指著宜或不宜來行事而言。而爻辭中所說的「往」、「勿攸往」、「利涉大川」、「不利涉大川」、「用」、「勿用」等，也都是對於行事的可否而說。然而《易傳》有關「命」觀念思想則不然，它把善惡標準放到人心之中，其重要指向不全卻在於事，而是更重視於「人格道德」。不過所謂人格道德不是只有行事一方，而是從待人接物的「動機之始」就已經包括在內。關於《易傳》所強調人要心存憂患，如在〈震・大象傳〉即說：「洊雷，震；君子以恐懼修省。」〔註237〕震卦乃是二震重疊之象，故而說是「洊雷」。即是上雷剛過，隨後下雷又臨至，指出震盪連續不停，而令人心生敬畏。當君子觀察到此象，則應要存有謹慎恐懼之心，來自我反省過失，以修德彌補前過。所以，君子是朝乾且夕惕，時時都能恐懼修省，故能如〈咸・六二・小象傳〉所說：「雖凶居吉，順不害也。」〔註238〕此即是表明能愼則無害。又如推之於兵戎之事亦然，〈需・九三・小象傳〉說：「自我致寇，敬愼不敗也。」〔註239〕雖然是自我致寇之情形，不過若是能保有敬愼態度以應

〔註233〕同上註，頁386。
〔註234〕廖名春：〈帛書《要》釋文〉，《帛書《周易》論集》，頁388。
〔註235〕〔魏〕王弼、〔晉〕韓康伯注，〔唐〕孔穎達正義：《周易正義》，頁8。
〔註236〕同上註，頁8。
〔註237〕同上註，頁114。
〔註238〕對此，《周易譯註》說：「六二柔和中正，感腓致動，本无可咎，旦爻辭卻以『凶』深誡之。可《（周易）》作者於〈咸〉卦雖言『交感』，卻以守正不動爲美。」參見黃壽祺、張善文：《周易譯註》（台北：頂淵文化事業有限公司，2004年）。頁260。
〔註239〕〔魏〕王弼、〔晉〕韓康伯注，〔唐〕孔穎達正義：《周易正義》，頁32。

之，則可以不敗，此乃是因爲「敬」是從事修爲之基本態度。如此可知《易傳》之意，強調人們要能在憂患之中，去提高自身道德修養境界，以此作爲化凶爲吉進而來改變命之方法，此爲《易傳》「命」觀念對《易經》的創新發展之處。

第五節　小　結

　　一方面，春秋戰國時代社會文化發生劇烈的變革，因而產生全面轉型；可是另一方面，中華文化雖然具有鮮明的維新特徵，不過卻又仍然對古往傳統一往情深。所以，一方面，人們處在新時代發展下，企圖突破西周學術的整體架構；可是另一方面，所採取的突破方式又是那麼溫和，變化程序又是那麼漸進。這樣來講，春秋戰國時代的「哲學突破」，就可說是適應新的社會需要出發，而加以重新整理解釋西周學術典籍，從中納入新的理性思維成果，確立出新的思想風貌。可說春秋戰國時代哲學突破與百家爭鳴，是含有著當時代特有的變革風尚，也因此有力於促進中華文化典籍的發展。

　　軸心期人文理性精神之出現，與西周天命神學的解體是相關係的。隨著戰亂動盪導致西周政權的消亡，原先巫政系統一脈而來的天命神學，也跟著產生危機，春秋的開明政治者，根據時代的變化和統治的實踐，從而提出一些新的思想意識，來重新解說天命的內容。但是在春秋時代，雖有提出一套天道思想，不過西周的天命神學還是在時代中些許遺續著。

　　《易傳》裡的天，只有少數將天作爲主宰之義，而其主要還是將天作爲自然之義與義理之義來表述。即是從自然與義理的角度，來對《易經》卦爻辭作出解釋，而逐漸發展成爲以哲學去詮解宇宙現象。於此同時，《易傳》在解釋《易經》的「天」觀念時，也汲取儒道家之說，融入到《易傳》本身之中，故而可說是融合儒道學說，進而推展出更具自然、義理之義的「天」。

　　《易經》關於人們的吉凶、利害，經由卦爻之象予以顯現出來，以供人之行事決斷。人們可以依據卦象的顯示，順隨其指示而行，並配合發揮自身能動性，去選擇避開或趨近的行動。這是通過個人主觀的努力，來使得生活更加美好。《易傳》便是承續《易經》中這種「積極」有爲因素，而加以提至哲學高度。即是《易傳》將存在於《易經》的天人合一思想，進而明確表達出天人合於德。大人居於九五尊位，其品德與天地之德相合爲一致，而其言

行也合於天道,其思想光輝可比日月普照。而天的這些品質,都是要經由人不斷修養而體現出來的。

《易傳》的天人關係,一方面吸收道家的自然觀,而強調從天道來推衍出人道的規則;另一方面又企圖化解道家天人思想中,在人事上較爲無爲的消極性,從而結合運用儒家的道德有爲與人道本質,來充分的完善自身,完成人生的理想目標。在此發揮綜合創新,而形成新型態的天人學說,此即是《易傳》天人關係對《易經》所作出之創新發展。

所謂一陰一陽之道,乃是存在於自然界中的變化之道,而自然的各種發展變化,即是人與物之性命的起點。「繼之者,善也」,其中之關鍵就是「繼」的動作過程。所謂繼也就是指繼承、繼續之義。這當然是就人來講說,因爲人是可以自覺地去做繼,若是能夠繼才可說是善,否則不能繼則不是善。王夫之《周易外傳》就說:「人物有性,天地非有性。陰陽之相繼也善,其未相繼也不可謂之善。故成之而後性存焉,繼之而後善著焉。……相繼者善,善而後習知其善。」就天道來說,其本來就沒有所謂的善與不善之狀況,物也不是開始就有所謂善與不善。只在於人自覺去承繼天道,而使之綿延相承不止,這樣才稱其爲善;否則,人不發揮其主體性而有所不繼,這樣才稱其爲不善。由此可見,《易傳》的人性理論與先秦儒家重視的性善論,某種程度是相通的。但是《易傳》所採取的方式,是以對自然之論述作爲出發點,以此來規範人事,並且提出自然變化法則之陰陽原理。《易傳》人性理論的基本內容,即是一陰一陽的自然運動規律,依此規律來行爲處事就是善。將這種自然規律秩序予以內在化,就形成了性,而由這樣的性就可推導出道德當爲之規範。

易學家對於「生生之謂易」之解說,可得知大都認爲是以陰陽兩氣交互不停,而化生萬物之意思。一般而言,前一個「生」字指的是化生之義,而後一個「生」字指的是生命物之義,「生生」即是化生出生命萬物。將「命」視爲生生不已的自然過程,乃是一種理性的態度。它揭開在「命」範疇的神祕面紗,並且走出神祕,讓命成爲可被理解的對象。

有關善惡在〈繫辭下傳·第五章〉說到:「善不積不足以成名,惡不積不足以滅身。」可以察看出量的積累過程,對於道德修養和踐履是非常重要的。小善不斷去實踐,可以成爲大善;小惡不去檢束,終究成爲大惡。〈坤䷁·文言傳〉說:「積善之家,必有餘慶;積不善之家,必有餘殃。」個人的成

名或是滅身之情形，其道理也是與家庭禍福一樣的。「積」就是指量的發展過程，量達到一定的累積程度，突破了原先之狀態，就會發生質的變化。善與惡都有從積累到量變再到質變之發展過程。榮辱之選擇操之在己，若不去逐漸積累善或惡，也就不會形成名譽或禍害。人們應該重視積善，而避免去積惡。要以小善有益而爲之，就能發展爲大善；以小惡有害而不爲之，以免自身遭受毀害。人之所以得喜或遭殃，其中之發展規律即可表述爲：積善→有喜慶；積不善→有災殃。

　　《易經》筮法的實際作用乃是在示人以休咎，而且著眼在「實用性」的功利效益。《易傳》教導人們明確掌握陰陽變化的規律，以作爲指引主體的活動依據，使其可以成爲隨機應變的神化境界。從發生學之立場而言，《易傳》所說易道之生活實用層面，乃是有承接《易經》的筮法實用功益而發展過來的。所以《易傳》作爲一部解經之作，它沒有排除筮法預測吉凶的實用意義，而是將實用精神意義保留下來，此可說是《易傳》「命」觀念對《易經》承續之處。另外，《易經》取象於天地萬物而作成八卦，分別代表自然界中八個重要特質，八卦互相錯綜重疊，於是演生出六十四卦。卦畫乃是取象於萬物，效仿於天地，並以卦象符號的變化，來體現出宇宙生命活動發展之規律。《易傳》是在生命意義立場上，將變化與不變化的情形，看作是生命的象徵。把整個宇宙當作是相互交融、發展的運動洪流，認爲人類的生命乃是宇宙的一部分。《易傳》以生生之理，將宇宙洪流與人類生命互相貫通和諧，而此即是《易傳》「命」觀念對《易經》另一承續之處。

　　《易經》把卜筮的象數視爲體現上天之啓示。而《易傳》則把象數解釋爲陰陽規律的符號系統，並且是象徵著天道人事的變化。《易傳》可說是只就陰陽之變化與事物之法則而言神。可見《易傳》是將神與變化相連並談。所以說「窮神知化」，化即是指變化來說，這實是《易傳》作者對《易經》所發展出來的新說。

　　有關於當位之說，此並非《易經》卦爻辭本有。此是〈彖傳〉作者藉助於孔孟思想來發揮解釋《易》理。所以，〈彖傳〉故謂位正者多吉，其所述義理雖佳，然不是《易經》卦爻辭本有的說法。可說〈彖傳〉是有兼受儒、道思想的影響。但其受到儒家思想影響是較爲明顯的。在《論語・顏淵》說：「齊景公問政於孔子。孔子對曰：『君君、臣臣、父父、子子。』」〔註240〕

────────────

〔註240〕〔魏〕何晏等集解，〔宋〕邢昺疏：《論語注疏》（台北：藝文印書館，1997

又《孟子・滕文公上》說：「父子有親，君臣有義，夫婦有別，長幼有序，朋友有信。」〔註241〕所謂父子、夫婦、昆弟、朋友、君臣、上下等，就是指在社會中地位或職位而言，此作爲規範和制定各種角色。這些，都是反映著春秋戰國時期，以家庭作爲生產單位，的一種封建經濟發展的型態。所以〈象傳〉的正位哲學，實有受於儒家倫理思想所影響。除此之外，《易傳》乃是儒者予以德義化的成果。《周易》在經由《易經》到《易傳》的解釋發展過程中，宗教的神秘因素逐漸消減，而以德義爲核心的實踐理性因素不斷加強，《易經》亦由卜筮之書轉變成爲提倡德義之書。而《易傳》的這種德義化現象與軸心期時代風潮是有所關連的。春秋之時是注重人事與關心德性修養，這顯示出人們已擺脫依賴於鬼神及天命，而更多是重視於自身的努力，尤其是在是修養工夫上。春秋這種時代社會風氣，對於《易傳》的德義化發展有起到了催化作用。以上所論皆表明《易傳》「命」觀念對《易經》的創新發展之處。

　　《易經》的「命」觀念表現在於「事」，認爲吉凶悔吝的狀況都是因事而生，如〈乾☰・初九爻辭〉說：「潛龍，勿用。」〔註242〕所謂勿用是就事來說，意謂不宜有所行動作爲，〈乾☰・九二爻辭〉說：「見龍在田，利見大人。」〔註243〕之中的利見大人亦是就事而言，即謂適宜發展有所施爲。這些說明都是指著宜或不宜來行事而言。然而《易傳》有關「命」觀念思想則不然，它把善惡標準放到人心之中，其重要指向不全卻在於事，而是更重視於「人格道德」。不過所謂人格道德不是只有行事一方，而是從待人接物的「動機之始」就已經包括在內。可知《易傳》之意，強調人們要能在憂患之中，去提高自身道德修養境界，以此作爲化凶爲吉進而來改變命之方法，此爲《易傳》「命」觀念對《易經》的創新發展之處。

　　有關窮理與盡性兩種層面之改變命的方法，可得知《易傳》的改命方法，既是強調人應該取法天地，依循自然律則來規範自身行爲，又強調人應該發揮自強不息的精神，不斷地努力奮發精進，以體現所稟賦的善性，故而這種思想既可說是「他律」的，又可說是「自律」的。《易傳》的改命方法，溝通天人、調合內外，將主體的自律道德和客觀的他律道德相互融爲一體，也可

　　　年《十三經注疏》本），頁108。
〔註241〕同上註，頁98。
〔註242〕〔魏〕王弼、〔晉〕韓康伯注，〔唐〕孔穎達正義：《周易正義》，頁8。
〔註243〕同上註，頁8。

以說是汲取與綜合孟荀之所長。

　　總體來講，《周易》在經由《易經》發展到《易傳》之過程，其實也就構成一種「接受」之現象。此種接受現象顯示出，《易經》在成書時已成為一個具有意向性的文本對象。接受文本的存在，不是封閉、靜態的存在，而是具有開放、動態之文本形式，有如生命般而活生生存在著。「故君子居則觀其象而玩其辭，動則觀其變而玩其占」，此正表明《易經》與《易傳》早已被當作是被接受的文本與接受行為者之間，相互緊密的活動現象。

第七章　結　論

　　人生歷程總是會遇到順境與逆境。就社會現實生活中來說，極少數人因諸多原因與巧合在順境中度過其一生；然而多數的人在一生中有順境亦有逆境；甚至一部分的人處在逆境比在順境的時間還更久。因而如何看待處理順和逆的關係，也就成爲人生中的一個重大意義之課題。逆境可說是人生的試金石，所謂的人生必能經得起逆境的考驗。自古雄才多磨難，從來紈絝少偉男。孔子在「知天命」之年以後，因爲政治理想抱負受阻遂離開魯國，隨後面臨顛沛流離的生活，雖也不斷遇到挫折，然而依舊不改其志向節操，如其在《孔子家語・在厄》所說：「芝蘭生於幽林，不以無人而不芳；君子修道立德，不謂窮困而改節。」[註1] 孔子認爲處在逆境生活中，可由此提升自身德性，因爲他將現實中遭受到的困厄，轉化爲對自身意志與毅力之有效磨煉。

　　無論是《易》的占筮作用，還是其中所含蘊的哲學，其關注的中心都是人要如何生活之議題。本文認爲人們在生命大旅程中，總會發生不如意的事情，當下總會想要知道如何能渡過難關。因此，本文藉由分析甲骨卜辭、《易經》卦爻辭、《論語》、《孟子》、《荀子》、《易傳》中，哲人們對於「命」觀念的看法，以觀其之間有作出何種創造性的詮釋，並且希冀從中分析得出哲人們的改變命之方法，以爲當今人類，在遇到生命困境時，能提供有效突破困難之參考依據。且企圖釐清甲骨卜辭、《易經》卦爻辭、《論語》、《孟子》、《荀子》、《易傳》之中「命」觀念的演變，與來對照「前軸心期」與「軸心期」中的兩個「哲學突破」階段，以探究各位哲人們「命」觀念演變與時代環境之間的相互關係。由此以下分項闡述本文所得出之研究成果。

〔註1〕〔魏〕王肅注：《孔子家語》（台北：世界書局，1978 年），卷 5，頁 50。

一、有孚與正理：《易經》卦爻辭「命」觀念思想及改命方法

從商朝到禮周朝的文化似乎有所變動，對於這樣的變動學者亦有指出，如王國維指出殷周之際的文化變革，就外表看來不過是朝代的轉移，但若就其裡面看上去，這場大變革是舊文化、舊制度廢壞，而新文化、新制度興起。而於此之際《易經》也出現在此時，《易經》原本是用作占筮，以作為行事前吉凶之參考，其占筮內容表現出對周人生命的處世指導。而關於《易經》「命」觀念為何。《易經》作者們在歷經殷周之際的思想文化變革中，其「命」觀念是否有受時代影響，而表現在《易經》文本上。這問題本身就需要配合從外部研究加以探討。此外，《易經》的「命」觀念較之甲骨卜辭有何變化。而這樣的變化與殷周之際的變革又有何關係，這些都是值得掘發之處。因此，本文從三方面來對上述問題進行分析討論。

（一）大傳統文化與地域文化：「前軸心期」思想文化的雙重觀察。周人「不敢閉于天降威用」還保有其崇信上天的心態，也就是說周人也承續著殷商時所崇拜的帝命、天神等觀念。商紂的無德致使天命轉移到有德周人身上，朝代交替，權位易主。就這一層面來看，周人的天命轉移說的權力性，是承續著殷商上帝至高權力而來的思想文化。雖說周人天命觀對殷商有所承續，不過在對於天命的完整理解上，還是有所區別。周人不是像殷人那樣一味地崇拜至上神，而是開始自覺地從中把握歷史發展脈絡，得出某種因果關係，來建立其天命轉移之理論，並認真地看待自身人事上的努力。此外，可說周人的天命說，其神性意義稍減，而人的地位稍加提升。周人的天命觀是對殷商思想文化的承續中帶有發展。

君權理論到了西周時期，在論證其權力合法性過程，也曾運用天神的權威。另一方面也透過天神權威力量，來約制君王的行為與施政。這樣使君王不至權力泛濫，而這種君王權力源於上天所賜予，並且透過上天來約束指導君王，都有承續殷商思想文化。不過當西周君王在治理國家時，更加自覺履行應盡責任，盡到「敬德保民」的責任。故而西周這種君王自覺承擔應盡責任的思想，是周人首次提出的。西周禮樂制度不僅是簡單將禮俗制度化，「禮」的體系雖保有一些殷商時宗教性質，但就整體上看來，亦包含有道德規範的功能，已不再完全是殷商祭祀文化，那種濃厚的宗教性質，此為西周禮樂文化的發展之處。此外，周人的祭祀之禮，也不全同於殷商。西周已漸脫離商朝宗教性的祭禮，而在禮之中增加「人倫秩序」的意識，而這樣的禮樂文化

開始重視理性因素，其整體上是較注視「人間性」的秩序維持，而不是只在宗教上的求福佑，此又是西周思想文化發展之處。因此，西周思想文化對於殷商思想文化，是在承續中，又帶有發展的衍進關係。

　　然而殷商之際的思想文化轉變，周人會有敬德保民以及禮樂制度的新思維新制度出現，是與「先周文化」有著密切關係。就保民思維方面來說，公劉時代，遷都到「豳」之過程中，充分顯示公劉「愛護人民」。季歷征服程地，收復邠國，讓國民有安心生存空間；征服鬼方，讓中原有保障的居住環境。文王討伐蠻橫的密須國，收服霸道的崇國，表現出保民之心。由此可知西周時期認為君王應有「保民責任」之新思維，實則導源於「先周文化」傳統。就敬德態度方面來說，古公亶父仁者風範。太伯、仲雍的敬讓之美德。文王武王敬德勤政。這些「先周文化」傳統，無疑對西周時期君王「敬德」的行事，起了直接影響。就禮樂制度方面來說，公劉時代的宴會禮；古公亶父時代的獻祭禮，道有司空和司徒等官制禮；文王時代舉祭祀鬼神典禮。可知西周時期的制禮作樂，實是源於「先周文化」傳統。

　　（二）《易經》卦辭、爻辭中「命」的天論根據。《易經》卦爻辭中有「帝」的出現，是具有主宰性的，顯是承續保有著殷商時的至上神上帝之意味。此外，爻辭中的天為主宰天，具有意志性的表現，也是承續保有著同殷商甲骨卜辭中上帝之權威力量。卦爻辭的主宰天雖有其神力，不過天是以「佑助」的方式，來呈現出其神祕力量。而不像殷商卜辭中的上帝，大都是以「命令」的方式來作出指揮。此即是《易》卦爻辭天論對殷商甲骨卜辭的發展。

　　在殷商甲骨卜辭中，人們的生存發展還是有依賴大自然眾神靈的降福。殷人的生存好與壞，就控制在上帝手中。而在《易經》卦爻辭中，周人也仍有認為天是天地宇宙間最高力量權威，所以周人敬尊主宰天，如此即可得其保佑，這種天人關係是對殷商甲骨卜辭的續承。不過在卦爻辭的天變得較為慈愛些，祂關注著人們的事務，天之所願與人之所願連繫在協調一起，天人關係呈現為互動合一狀態，此即是對的殷商甲骨卜辭的發展。此外，卦爻辭透過占筮所得之結果，示現然各種人事物的「所然與所以然」之道理，因而人們可運用發揮自身才能，來對所接觸外界事物，作出較妥當的回應，這是其天人關係對殷商甲骨卜辭的發展。

　　（三）從甲骨卜辭到《易經》卦辭、爻辭「命」觀念的發展。《易經》在占筮後所得的卦爻辭，亦有類似於殷商卜辭。卦爻辭中各卦的稱號，以及

各爻的初六、初九之類，類似於卜辭「前辭」的日期，至於占筮之官則略而不著。而像是〈師☷☵·九二爻辭〉中的「師·九二」類似卜辭「前辭」的日期；「在師中」類似卜辭的「問辭」；「吉，无咎」類似卜辭的「占辭」；「王三錫命」是說後來主帥，真的受到君王再三賞賜之命，此類似於卜辭的「驗辭」。不過在卦爻辭是具有類似卜辭的前辭、問辭、占辭較為普遍。就殷商甲骨卜辭的卜問與《易經》卦爻辭的占筮兩相對看，可發現卜辭兆紋呈現左右相對，卜辭刻辭則是左右對貞。而翻開《易經》卦爻辭，也可發現到在六十四卦，其中就有五十六卦的排列，是採用「反對」為序的兩相排列，可見《易經》占筮辭編排有承於殷商卜辭之左右對貞。

本文將《易經》卦辭、爻辭中的「命」觀念，放在「前軸心期」思想文化背景中予以考察，可看出《易經》所呈現的進展，是和當時思想文化脈動「相回應」。在西周時期「思想文化」中，有著崇敬天命的思想，西周人們認為天命決定歷史的走向，亦即神的意識左右著朝代的方面，在位者因而對其敬畏不已。西周人們敬畏上天的心態，可說是有「承續」著殷商思想文化裡，對於上帝的崇拜而聽於帝命之遺續。而《易經》是用著草來占筮，《易經》作者占筮於神靈的方式，有承於卜辭作者卜問於上帝神靈之方式。而《易經》作者的這種命觀念思想的承續性，可說是與當時西周天命思想，承續殷商上帝崇拜之思想文化，的時代發展進程，是「相符合」的。

殷商甲骨文辭中，上帝是最高權威力量，殷人的命多數掌握在上帝手中。不過到了《易經》卦爻中，對於命中吉凶的解釋，更多取決人為因素。此則不同於卜辭中，人們一味聽令於上帝。故《易經》認為「有孚」是改變命的一種方法，因為有孚則吉隨之。〈革☱☲〉卦從九三爻到九四爻，是從凶命之情境轉變成吉命之情境的轉折，這個轉變過程可表述成：征凶 → 悔 → 有孚 → 悔亡 → 改命 → 吉。而這裡的「改命」關鍵，則是「有孚」。這種對誠信的重視，亦即是某種對有德之人的贊揚。在西周初的思想文化中，統治者認為要能久治安，則需「世德作求」，亦即要能以德自我約束，而《易經》重視「有孚」的改變命之方法，可說是與當時殷周之際思想文化轉變下，於西周初提出的「德禮」思想是「相呼應」。另外卦爻講述如何改變命時，強調「回復就於正理」的重要。〈訟☰☵·九四爻辭〉即揭示從不好的命，經過改變，成為好的命之過程方法，此過程即可表述成：不克訟 → 復即命 → 渝命 → 安貞吉。而這其中指出改變命的關鍵，應該是「復即命」，也就是說遇

到命不好時，其改變方法，即是「回復就於正理」，則可渝變不好的命，而成為好的命。由此卦爻辭依循正理的傾向，是對於殷商卜辭有所發展。

二、人道天道並修：孔子「命」觀念思想及改命方法

在春秋戰國時期舊制度文化，已不太能適應時代發展，於是產生突破舊制度的新力量，也就形成如前文雅斯培所說的「軸心期」之盛況場景。而其中的「軸心期前期」可以西周春秋時期為代表，而這之中的分水嶺，則是西周末期到春秋初期之「轉變點」。孔子處在此時代背景，而在此其所表述的「命」觀念與軸心期前期之轉變有何關聯。又與地域性魯思想文化有何連繫。而在回應時代，孔子的「命」觀念較之《易經》卦爻辭有何詮釋上的變化。對此，本文從三個面向來進行探究。

（一）大傳統與小傳統：孔子「命」觀念思想的雙重歷史性。春秋時期，中國思想文化上理性思潮的局面，是有一個長期的積累過程之後才形成的，它並沒有把西周天命神學完全棄之不顧，而是批判地承續，與創造性地轉化。春秋時的天道思想體系，取代轉化西周傳統天命神學，成為思想文化的核心和主流，但傳統宗教還在許多領域內，有著深厚的基礎，發揮著相當大的影響，並沒有完全退出歷史舞台，因而，對於新的思想家們來說，一方面固然是以新的形態，去改造轉化天命神學，創立適應時代要求的思想文化形態，另一方面保留傳統宗教的某些方面內容，運用傳統宗教所取得的成果，為自己的理論服務，來維繫春秋時期的思想文化形態。

魯國思想文化在周文化的主導下，又融入當地的殷文化與東夷文化。而匯注以上成素，也就形成魯國特有的思想文化。在先秦時代因各諸侯國的地理環境不同，又施行的治國方針有所區別，也就造就各自不一樣的思想文化，而魯國思想文化就是一種融合型的文化。

（二）孔子「命」的天論和人性論之理論根據。孔子所說的天還有遺留著西周時期天命神學中的主宰天。不過他已有開始將天轉為形上普遍含義，又從自身的思想體系之考量上，賦予天有了新的時代人文理性意義內涵。因此孔子也肯定自然之天，主張法天之自然運行。又以天為道德的形上根源，肯定義理之天，人因有此道德信念故能仗義而行，無所畏懼。

因為人們之天賦本性相近，故彼此間有可以溝通交流之可能性，由此以達理解彼此。人類的生活世界，並非簡單是由性相近之同質化所組成的，社

會上各種人物乃是某種「性近／習遠」之存在。故而形成社會人們的不同性格，更造成社會人事的錯綜複雜之情形。

（三）孔子的「命」觀念思想及其對《易經》卦爻辭的承續和創造。孔子則在人事的無可奈何中，體會到命的生死不定，如「亡之，命矣夫！斯人也，而有斯疾也！」也能體會到人事努力過程中，有一些無法掌握之事，如「道之將行也與？命也。道之將廢也與？命也。公伯寮其如命何！」故而孔子對於「命」觀念，可說是在於人事有所限制之感觸後，而體知有「命運」的存在。

孔子對主宰性之天命是持著相信與敬畏態度，而孔子上述的天命內容，是承認有某種超越且能決定人命之力量存在，顯然是與《易經》的天命有某種觀念上的聯繫，而亦或可說是對《易經》卦爻辭天命內容之承續。另外孔子能順時作出變通，但其「變通」之行爲，基本上是不去違反「立身之本」。以上皆可證明，他對於生命處在窮通之境中，都能有「時變」之心態來作出適時之調整，而這亦是對《易經》卦「時」義之承續。

上天將斯文雖然交付於孔子身上，至於要如何完成此項使命，則需仰賴孔子本人去努力執行。由此可以知道孔子「賦予義之天命」的提出，是其天命觀念中的新因素，是孔子對《易經》天命說的創新發展之處。孔子身處周王室衰微而禮樂廢傾之時。禮樂崩壞，即是舊有的社會倫理秩序發生解體，在當時士大夫階層都是可以強烈地感受到的。春秋時期的士大夫們認爲，若是道德修養遺失，其後果便是禮制被違逆，終而導致王室卑微且社會倫理秩序大亂。因此力圖從新復禮與立德，遂成爲當時士大夫階層內心強烈的呼喚。孔子「命」觀念思想可說是處在這時代背景而產生。

其實，孔子學說與魯思想文化關係，既有著魯國思想文化對孔子學說的熏習，也有著孔子學說對魯思想文化的吸收與再創發。魯國對於典籍之收藏相當重視，魯國人對傳統文物典藉很珍惜、愛護。孔子也曾說過「三人行，必有我師焉。」又說：「十室之邑，必有忠信如丘者焉，不如丘之好學也。」可以說，孔子的好學態度是有繼承了小傳統魯國的文化傳統。學習就像培植草木一樣，要時常去學習，並且要花心思了解學習的內容，在魯國人看來，如此才能通曉禮樂之實質內涵，而成爲「文之以禮樂」的博雅文人。此外，孔子主張「爲仁由己」，是說「仁」從本身內在而來，可自己去決定行爲，同時又可以約束自己的行爲。此時人之道德，不是來自於外在教條法則，而是

來自於內在「仁心」的朗現，人呈現出一種「爲仁由己」的「自由」狀態。人若能仁心自覺地隨時依禮而行，則一切皆是爲仁，一切也皆是處在「爲仁由己」的自由狀態，而此時仁心便從人的形氣物欲的限制中超脫出來，因而超脫原本的「命限」，而變成自由而「命不受限」之狀態，因此改變了「命」。

在孔子看來，人的先天命運軌跡已經由天所注定，但是藉由天人相合之過程中，亦可從中找尋出一套安身立命方法。孔子力圖將在天命和人事之間作出聯繫，而強調在人事中體認到天命。因此，他主張人事要有爲，在人事上不要消極以待。孔子又說他能「七十而從心所欲」而「不踰矩」，這境界是很不容易達到的。因其能夠，「心」與「道」合一。從內在存心動念到外在視聽言動，皆能合於禮義規矩。因爲經過「知天命」、順天命之「耳修」的「天道層次」的工夫階段後，他的循規蹈矩是出於心的「自然」表現，而不是勉強造作之爲。換言之，就在從事「仁德修養」和「行道履義」之過程本身，已足以使孔子心中有著「自我人生價值」得以實現的「滿足」，乃至於散發出樂觀的「自由」人格魅力，這種自由境界即是「從心所欲不踰矩」的最高境界。在此之際則由原先受「限制」的命，轉變爲自由而「不受限制」的命，人的「命」因此而改變了。

三、內修歸善而行正：孟子「命」觀念思想及改命方法

春秋時，各國間尚能稱禮樂征伐，以維持各國之間的平衡。時至戰國七雄興起，七雄之間併吞戰爭四起，諸侯互侵，大夫互鬥，民不聊生，此時的戰爭多考慮各個國家自身利益，只有征伐而禮樂已失落。而在此，孟子所說的「命」觀念與上述軸心期後期思想文化轉變有何關聯。又與其所處的地域性鄒魯思想文化有何關係。而孟子的「命」觀念在回應時代課題下，較之孔子有何詮釋上的轉化。由此，本文從三個方向來進行探述。

（一）大傳統與小傳統：孟子「命」觀念思想的雙重歷史性。春秋之時禮樂制度尚存在，到了戰國時期各國爲達富國強兵，於是統治者莫不調整行政策略推行變法，這促使各君主想要選拔賢士，於是使得士人地位日漸提升。而各家學者雖處在戰亂時代，不過也因此，可提出各自理論來改善社會，若獲君主採用則可實現理想。且社會的自由開放空間，促使彼此論辯交峰，各家的爭鳴是當相自由相對於春秋人文理性來說，戰國時期的學術爭鳴盛況，可說是理性思想向前又邁進一大步。春秋之時，人們對周王的失德情況，將

不滿之情緒發洩於天。進入戰國後，天的形象已被淡去，而人民地位抬升。爭戰國時代對人民重視更勝於君，可以說是從重天道轉向於重人道人治之思想。

　　地域性鄒國和魯國，因為地理位置相近，故文化有相似性，人們時常將鄒魯連稱。孟母是鄒魯文化的承續者，故其教養的過程中，即是對鄒魯文化所作的展現。由孟母教子反映出在鄒魯思想文化，關於環境、勤學、修德、誠信、敬禮等皆相當重視。子思學說也是反映出鄒魯思想文化，而子思學說所反映出的鄒魯思想文化，即是仁、義、禮、智、聖等五種德行的重視；還有對於性命的關注；以及中庸之道與誠哲學的提倡。

　　（二）孟子「命」觀念思想的天論和心性論之理論根據。孟子對於某些事情「莫之為而為者」，認為這就是天，此天是具有興廢人君之權力的「主宰天」。不過孟子也認為，人要了解事物本身的各種自然特性，不去刻意違反它，就是在提示人們要能順應「自然天」。此外，在孟子看來天有其義理，人民對於道德義禮之追求就是對於「義理天」的了解。孟子作為其性善論之基礎乃是四心，而孟子又將此四心稱為良心本心，在孟子看來良心本心是人人皆有的。由於性是潛藏著，需由心的覺發顯露而藉以呈現，也就是即心言性，以心善而證說性善。

　　（三）孟子的「命」觀念思想及其對孔子的承續和創造。孔子對天命是持著敬畏心態，孔子所說的天命是具有權威力量，即是「天命的主宰義」之樣式。而孟子也表示不敢輕忽天命，如像舜、禹這樣的高品德水準之人，其兒子可能賢也可能不賢，點出此為「非人之所能」，而是受天命所主控決定著。故孟子的「天命」論，是對孔子的「天命的主宰義」之承續。又孔子意識到自己興復文武之道的歷史重任，而這樣的重任是上天所賦予的，為能完成興復文武之道，則必有「知其不可而為之」的道德勇氣。而孟子承擔使命之態度，是對孔子「知其不可而為之」的使命責任之承續。此外，孔子不斷強調「士志於道」，而孟子也認為士人當「尚志」，以志節來不斷提高生命本身價值，也是對孔子思想的承續。

　　孟子有「正命」與「非正命」之看法。正命，即是盡力行道而死，因其完成道義，也成就正確的人生價值。非正命，即是因犯罪而死，此不是正命，孟子提出「正命」和「非正命」之分別，是對孔子命觀念之新發展。又孔子所說天命的主宰義，對人事具主宰力量，它可決定人的機遇，使人有種命限

之感。對於這種外在境遇，孟子區分出「求在我」與「求在外」，「求在外」而無益於得之事，歸之於命，此同於孔子的命限之看法。不過孟子提出生命「求在我」之物可得的看法，是對孔子命觀念的創新發展。

　　孟子觀察到與體會到，想要去追求外在的事物，因所求之事物是外在於人的，以致於「得／不得」是無法由人自身所決定，因而認為是「得之有命」。也可說是體知到了「命」有其限制性之存。人去追求不一定會得到，於是產生得失心，因而感到命不好。而這歸咎耳目感官不斷受外在環境事物牽引，致使人心被過多望欲所遮蔽而陷溺不顯，因此人在求不到的情形下，而產生不順的命。而孟子認為環境會對人的品格有所影響，可說是與其「小傳統」地域性鄒魯思想文化有關。「孟母三遷」的教育思想，影響後來孟子的成長，也因此孟子對環境是很重視，因此孟子對環境之強調，顯然是受到孟母苦心擇鄰的教育思想薰陶。因此孟子要人，去透過「求放心」工夫尋回良知本心，接著培養「寡欲」而來養心。而原先人們「過多」的「欲望」在「本心」的主導下，則事事皆依良心本心以對，良心是善是正，則所遇的事依本心以對，則隨事皆善皆正。此時從原本求之有道，卻「得之有命」的限制中「超脫」出來，此時的本心不受外在事物之限制。於是原本的「命限」，就改變成無所愧的坦然「不受限制」之生命狀態，就這樣命在此改變了。

　　而孟子如此重視仁義與戰國「大傳統」思想文化中的士人文化是相呼應。戰國諸侯積極招募人才為其出謀劃，不過是為了在戰爭中獲得更大利益。孟子遂對當時各國為奪取利益而發動戰爭，所產生的上下交征利的局面加以針砭。故而高舉仁義旗幟，以仁義精神來取代物質功利，重新建立人文精神價值。此外當時戰國時代潮流呈現自由的爭鳴學術盛況，由此孟子也受此爭鳴議論風潮影響，而在與時代文化融合中，將浩然之氣表現於言談舉止的行動上，用雄滔論辯來與諸子相互爭鳴。

　　因此孟子在面對人生諸事，行其所當為，合仁義道德則行，因行其所正，故而事事無一不正。這種由內在仁義之心到仁義之行的踐形，是操之在己，故而「沒有限制感」，也就是不受限於外在環境限制。因此個人推行仁義道德所發生之「限制」，已不復存在，故而就我願行仁義之事而言，即是沒有限制感，因而隨處隨事皆可去「立正命」之「自由」狀態。於是原本推行仁義會有限制的命，改變成「不受限制」的我願行義而即可立正命之「自由」，「命」於是改變了。

四、外修順禮而心明：荀子「命」觀念思想及改命方法

　　春秋之時，周天子的共主地位形勢已不再，而變成政治經濟之需求，大都仰賴於強盛諸侯國，因而有諸侯凌駕於周天子或有成為時代社會之調控主力者，時代社會的調控模式，從原先周天子出命令征伐，轉變成為諸侯霸權政體之會盟形式。主導禮樂征伐權力遂自諸侯出，再轉到「自大夫出」，尤有甚者竟變成「陪臣執國命」之現象。整個傳統社會體制發生劇烈的失調情形。時序推進到戰國時代，七雄為爭奪天下大權，以期能主控整個天下政局，於是各國之間征伐兼併之戰爭，持續不絕地攻打著，其大規模的破壞程度，遠更勝於春秋時代。戰國諸多國君先後進行變法改革，如何保障新型國家秩序相互間的和諧，遂也成為理論家們的重點施政策略。而要完成這一重大任務，就不能不借助於諸子百家思想。於此之際，荀子的「命」觀念，與上述軸心期後期思想文化轉變之間關聯為何。又與其所處的地域性齊思想文化、楚思想文化有何關係。荀子在回應時代課題下，其命觀念對孔子有何詮釋上的發展變化。因此本文從三個方面進行論述。

　　（一）荀子「命」觀念思想形成的小傳統思想文化成素。齊國就是不以親疏、出身、地位與國別，只考量其是否具備能力，而能為國家盡忠職守，或能為國出策和立功，則此種賢才就能受到任用與獎賞。齊人亦了解意識到，讓人民富足之重要性，不過若是因此失去禮義廉恥，亦是十分危險之事。故齊人採取義利並重態度。在學術上則是兼容並包之樣態，在稷下學宮的不斷壯大下，影響所至乃是造就齊國學風，形成兼容、獨立和自由之學術。

　　周王室視楚人為楚蠻，故而楚國不但受封爵位較低，而且封地不大且又荒僻。但就是周王室這樣一直對楚國的歧視下，反而激發出楚人創業的積極奮發精神。而在楚國一帶，因為在崑崙山神話的影響，於是所描述的仙界大都是在山上，而就不是在海中。直到戰國時期，神仙思想更在楚國大為流行，像是《莊子·大宗師》所說：「古之真人，不知說生，不知惡死。」這是說明古代真人是可以超脫生死的，而這種有超脫生死能力之真人，當然就如同仙人般。神仙思想於是成就楚國特殊的神仙文化，在楚國的文學、繪畫、雕塑等領域，都有烙上某些神仙思想的成分。

　　（二）荀子「命」觀念思想形成的天論與心性論之理論根據。荀子所說的天，僅有少數主宰天成份，不過這不是其學說重點，他的重點在於論證天是自然的。他認為自然天是一種自然規律與常則的天。在荀子看來，天是無

知且不具意志，所以人不是受制於天，因此，人更應重視自身之努力。人之性因為「有」好利、疾惡、好聲色，於是順從這些發展，而演變成爭奪，荀子「觀看」人性「有不好」的方面，且順從這些不好的方面發展才產生惡。亦即是：人之性→「有」好利、疾惡、好聲色→順是→爭奪、殘賊、淫亂→「觀」之→性惡，這樣的發展模式。而這樣就表示人的性，有「惡的因素（狀況）」，於是才提出要用師法教化的後天人為力量，來加以導正，使人性歸於善的，故才有「善者偽也」之說。

（三）荀子的「命」觀念思想及其對孔子的承續和創造。孔子對於人之生死安排，有歸之於天的傾向，而只能感嘆說生死貧賤都是命，此即是「知命」的意思，就是知道命中這些事是無可奈何之事，也就不去妄求它。荀子認為君子本身能自我反觀，明瞭人之窮通，而能盡一己所當為之事務。能夠曉知憂通有其則，而順時居處之，守恆以待之，一切都能盡其在我，即為「知命」之君子。可說荀子知命、順命的看法，是對孔子知命說之承續。又孔子重視禮的外在規範作用，並認為能夠學習與體知禮的內蘊，才能將禮真正內化於精神之中。荀子也強調禮義對於改變人性之效用，而其所說的「偽」，是一種能有效改變人性之修養方式。因而他提出運用禮義的內容，來對人性流於「惡」之現象進行轉變，以期人性能由惡而歸向於善。由此可見荀子改命方法中之隆禮、重學，正是承續了孔子改命方法中的重視禮之外在規範作用。

荀子在〈天論〉中強調，天與人各有其職分，人在面對天並非消極無為，而要以德性修養去對天命作出回應。荀子將人事福禍治亂，歸因於人為因素所致。這些論述，明白顯示出荀子修改變化孔子的天命，此即為荀子對孔子命觀念所作的創新發展之處。而荀子的自然觀與楚思想文化是有所關聯。楚思想文化中的積極精神與自然思想，這些可說都影響著荀子自然觀。

荀子提倡人的修身，亦是以聖人當作榜樣，以他作為改變人之性惡的驅動力，而塑造出人之性善的樣態。而當時齊國稷下學宮學者們的學說，也可說深深地影響著荀子，尤其是宋鈃和淳于髡。如宋鈃「以聏合驩，以調海內」的治學理念，實是反映他相互融合了百家之學的趨勢。又如淳于髡則能「博聞彊強記，學無所主」，這種學說特點正是博學多師的表現。荀子和「淳于髡久與處」，受到他諄諄的教誨，且「時有得善言」的學習收獲。可說荀子學說重視學，實有受稷下學風所熏習。

而學習教育之內容，必須有所依據，至於這種內容的具體項目，在荀子

指的即是「禮」。人性若無師法禮治才會導致悖亂，故而透過師法之教導、禮義之規範，才有可能使之達到規正效果。如果任由人之本性欲望，無節制一直發展下去，則可能導致社會爭奪混亂的後果。因爲「無禮何以正身」，於是生命有待依禮，進行重新塑造與滲透，即是「身」必需透過「禮」來調「正」。而此時人的身體依循禮的指導下，隨處皆「依禮」而「得正」。那麼原先人性流於惡之狀態，在此由「流於惡」轉爲「趨向正」，人由流於惡之不好的命，轉變成依禮而身正之好的「命」狀態，所以人之「命」獲得改變了。在春秋戰國時期，社會發生極度強烈的變革。之所以如此與諸侯們對天下和霸業的貪欲，有著極度密切關係。與此同時，社會結構出現嚴重危機，社會調控力量由禮向法換替，法的作用力被空前的放大。因此荀子隆禮重法的思想，可說是順應了這一股時代思潮下之影響。

此外，心靈的解蔽過程，就是心能知「道」之過程，而這種過程不僅是知識的積累，也是道德修養工夫進程。換言之，心對道的有所認知，故能對應做及不應該的事有所判斷抉擇。而這種自覺自由的心之境界，排除了一切外在對人心的蒙蔽，原先人性流於惡的不好之「命」狀態，轉而變成通達的自覺自由之心，由此呈現出一種清明無遮蔽的心境，因而，人的外在行爲表現與內心情感之間，獲得和諧而美好之「命」狀態。於此人的「命」獲得改變了。

五、窮理盡性內外兼修：積善之家必有餘慶

周代施行的宗法制度與世官世祿制、等級制之間，有著緊密的聯繫關係。換言之，西周時代各種制度的實施，都有體現著宗法制度之色彩。春秋戰國之際，隨著社會生產力的大幅增強，以及政治行政不斷出現變革，相對的血緣關係則是逐步被削減，而西周所制定的宗法在春秋戰國時代日趨走向瓦解。如果說重禮信、宗周王、嚴祭祀在春秋時期可能還尚存，即在一定程度上保留著對禮樂文化的某種認同，但是到了戰國時期，這種禮樂文化連基本象徵意義也消失。而這可說是西周「禮樂文化」在發展到東周，因著「禮崩樂壞」情形下的產物。於此之際《易傳》所表述之「命」觀念，與上述軸心期思想文化轉變之間關聯爲何。《易傳》在回應時代課題下，其命觀念對《易經》卦爻辭有何詮釋上的發展變化。因此本文從三個方向進行討論。

（一）《易傳》「命」觀念思想形成的天論根據。在《易傳》裡的天，只

有少數將天作爲主宰之義，而其主要還是將天作爲自然之義與義理之義來表述。於此同時，《易傳》在解釋《易經》的「天」觀念時，也汲取儒道家之說，融入到《易傳》本身之中，故而可說是融合儒道學說，進而推展出更具自然、義理之義的「天」。

《易經》關於人們的吉凶、利害，經由卦爻之象予以顯現出來，以供人之行事決斷。人們可以依據卦象的顯示，順隨其指示而行，並配合發揮自身能動性，去選擇避開或趨近的行動。這是通過個人主觀的努力，來使得生活更加美好。《易傳》便是承續《易經》中這種「積極」有爲因素，而加以提至哲學高度。即是《易傳》將存在於《易經》的天人合一思想，進而明確表達出天人合於德。此外，《易傳》的天人關係，一方面吸收道家的自然觀，而強調從天道來推衍出人道的規則；另一方面又企圖化解道家天人思想中，在人事上較爲無爲的消極性，從而結合運用儒家的道德有爲與人道本質，來充分的完善自身，完成人生的理想目標。在此發揮綜合創新，而形成新型態的天人學說，此即是《易傳》天人關係對《易經》所作出之創新發展。

（二）《易傳》「命」觀念思想形成的人性論根據。一陰一陽之道，乃是存在於自然界中的變化之道，而自然的各種發展變化，即是人與物之性命的起點。「繼之者，善也」，其中之關鍵就是「繼」的動作過程。所謂繼也就是指繼承、繼續之義。這當然是就人來講說，因爲人是可以自覺地去做繼，若是能夠繼才可說是善，否則不能繼則不是善。就天道來說，其本來就沒有所謂的善與不善之狀況，只在於人自覺去承繼天道，而使之綿延相承不止，這樣才稱其爲善。《易傳》所採取的方式，是以對自然之論述作爲出發點，以此來規範人事，並且提出自然變化法則之陰陽原理。《易傳》人性理論的基本內容，即是一陰一陽的自然運動規律，依此規律來行爲處事就是善。將這種自然規律秩序予以內在化，就形成了性，而由這樣的性就可推導出道德當爲之規範。

（三）《易傳》的「命」觀念思想及其對《易經》卦爻辭的承續和創造。有關善惡在〈繫辭下傳·第五章〉說到：「善不積不足以成名，惡不積不足以滅身。」小善不斷去實踐，可以成爲大善；小惡不去檢束，終究成爲大惡。〈坤☷☷·文言傳〉說：「積善之家，必有餘慶；積不善之家，必有餘殃。」積就是指量的發展過程，量達到一定的累積程度，突破了原先之狀態，就會發生質的變化。榮辱之選擇操之在己，若不去逐漸積累善或惡，也就不會形

成名譽或禍害。人們應該重視積善，而避免去積惡。要以小善有益而爲之，就能發展爲大善；以小惡有害而不爲之，以免自身遭受毀害。人之所以得喜或遭殃，其中之發展規律即可表述爲：積善→有喜慶；積不善→有災殃。

　　《易傳》作爲一部解經之作，它沒有排除筮法預測吉凶的實用意義，而是將實用精神意義保留下來，此可說是《易傳》「命」觀念對《易經》承續之處。另外，《易經》取象於天地萬物而作成八卦，分別代表自然界中八個重要特質，八卦互相錯綜重疊，於是演生出六十四卦。卦畫乃是取象於萬物，效仿於天地，並以卦象符號的變化，來體現出宇宙生命活動發展之規律。而《易傳》以生生之理，將宇宙洪流與人類生命互相貫通和諧，而此即是《易傳》「命」觀念對《易經》另一承續之處。

　　《易經》把卜筮的象數視爲體現上天之啓示。而《易傳》則把象數解釋爲陰陽規律的符號系統，並且是象徵著天道人事的變化。《易傳》可說是只就陰陽之變化與事物之法則而言神。可見《易傳》是將神與變化相連並談。所以說「窮神知化」，化即是指變化來說，這實是《易傳》作者對《易經》所發展出來的新說。有關於當位之說，此並非《易經》卦爻辭本有。此是〈象傳〉作者藉助於孔孟思想來發揮解釋《易》理。〈象傳〉的正位哲學，實有受於儒家倫理思想所影響。

　　除此之外，《易傳》乃是儒者予以德義化的成果。《周易》在經由《易經》到《易傳》的解釋發展過程中，宗教的神秘因素逐漸消滅，而以德義爲核心的實踐理性因素不斷加強，《易經》亦由卜筮之書轉變成爲提倡德義之書。而《易傳》的這種德義化現象與軸心期時代風潮是有所關連的。春秋之時是注重人事與關心德性修養。春秋這種時代社會風氣，對於《易傳》的德義化發展有起到了催化作用。以上所論皆表明《易傳》「命」觀念對《易經》的創新發展之處。又《易經》的「命」觀念表現在於「事」，認爲吉凶悔吝的狀況都是因事而生。如〈乾☰‧初九爻辭〉說：「潛龍，勿用。」所謂勿用是就事來說，意謂不宜有所行動作爲。這些說明都是指著宜或不宜來行事而言。然而《易傳》有關「命」觀念思想則不然，它把善惡標準放到人心之中，其重要指向不全卻在於事，而是更重視於「人格道德」。不過所謂人格道德不是只有行事一方，而是從待人接物的「動機之始」就已經包括在內。可知《易傳》之意，強調人們要能在憂患之中，去提高自身道德修養境界，以此作爲化凶爲吉進而來改變命之方法，此爲《易傳》「命」觀念對《易經》的

創新發展之處。

　　今天人們思考人類社會的相關問題，主要還是想解決生存發展的問題。而對人們對於生存發展，不應只是追求物質條件的滿足，還應包括自身的不斷完善。也就是說，人類發展物質文明之過程，不能背離人道原則以作為發展代價。中國傳統《易》學所強調人文精神，是以人的道德美善為其理想，這亦即是一種永恆價值之所在。而人們若能以合宜又新鮮的態度看待《周易》，那麼《周易》所含蘊的完整思想，就成為神奇的新大陸，有如《哈利‧波特》中所描述的「九又四分之三」站台瞬間被撞開一樣，就可以穿越過去。前方似乎沒路的地方，走過去卻又柳暗花明，於是便開啟既朝氣而又真實的美妙世界。

六、結束：貞下起元

　　〈既濟䷾〉卦與〈未濟䷿〉卦，是《易經》六十四卦之總結，亦是壓軸的兩個卦，對此陳夢雷在其《周易淺述》說到：「〈既濟〉物之窮，窮無不變易者，變易不窮；〈未濟〉則未窮也，未窮則生生不絕矣。」〈既濟䷾〉卦的既字，主要是指已經、既然的念意思；而濟字主要是指渡、救、成的意思。所以〈既濟䷾〉是說事情已經完成的意思。然而如果認為在〈既濟〉之時已經大功告成，於是就變的怠惰苟安，或是有患無備，那麼可能往後會有陷入困窮危亂。於是〈既濟䷾〉認為雖然為事已成，但是要如何對待事成之後續作為，則應是更為重要。故而在〈既濟䷾〉卦之後就是〈未濟䷿〉卦，對此〈序卦傳‧下篇〉說：「物不可窮也，故受之以〈未濟〉終焉。」《易經》六十四卦以〈乾䷀〉卦拉開首幕，中途經過多幕的演示，最後步入落幕。然而要如何作出收場呢？《易經》認為應給人無窮的回味與啟迪，由此來看《易經》作者可謂用心良苦。〈既濟䷾〉卦中所顯示的事情成功，只不過是整體發展告一段落的結點，但它同時也昭示著新過程的開展，也就是其中有著〈未濟䷿〉的因子。故而〈未濟䷿〉卦象表示人生尚未完全成功，預示出新的征途之開創。

　　而本文走筆至此，亦覺尚有未完成之問題，而有待進一步釐清。此即是關於《周易》經傳「命」觀念與儒、道之互動的課題。本文之研究可說是較為著重《周易》經傳「命」觀念與儒家思想之相互演變關係之討論，然而其實本文尚且可以再連結道家文獻以及郭店楚簡中的道家簡，來作更進一步的

深研。然此課題非筆者於現階段能力，所可以達成的，而此未竟之功，或許即是筆者日後再次踏上長征旅途的原動力吧。

參考文獻

說明：爲便於檢索，古籍著述，以朝代排序；今人專著，則依作者姓氏筆畫爲序。

一、古　籍

1. 〔春秋〕管仲著，李勉註譯：《管子今註今譯》（台北：台灣商務印書館，1990 年）。
2. 〔春秋〕老聃撰，朱謙之校釋：《老子校釋》（北京：中華書局，1984 年）。
3. 〔春秋〕左丘明著，〔三國〕韋昭注，上海師範大學古籍整理組點校：《國語》（上海：上海古籍出版社，1978 年）。
4. 〔春秋〕列禦寇撰，楊伯峻撰集釋：《列子集釋》（北京：中華書局，1979 年）。
5. 〔戰國〕莊周撰，〔清〕郭慶藩輯，王孝魚整理：《莊子集釋》（北京：中華書局，1995 年）。
6. 〔戰國〕屈原撰，〔宋〕洪興祖補注，白化文等點校：《楚辭補注》（北京：中華書局，2000 年）。
7. 〔戰國〕荀況撰，〔清〕王先謙：《荀子集解》（北京：中華書局，1954 年）。
8. 〔戰國〕韓非子撰，〔清〕吳鼐校：《韓非子》（台北：成文出版社，1980 年）。
9. 〔戰國〕呂不韋著，陳奇猷校注：《呂氏春秋新校釋》（上海：上海古籍出版社，2002 年）。
10. 〔西漢〕毛公傳、〔東漢〕鄭玄箋，〔唐〕孔穎達正義：《毛詩正義》（台北：藝文印書館，1997 年《十三經注疏》本）。
11. 〔西漢〕劉安撰，劉文典集解，馮逸、喬華點校：《淮南鴻烈集解》（北京：

中華書局，1989 年）。

12. 〔西漢〕孔安國傳，〔唐〕孔穎達正義：《尚書正義》（台北：藝文印書館，1997 年《十三經注疏》本）。

13. 〔西漢〕司馬遷撰，劉〔宋〕裴駰集解，〔唐〕司馬貞索隱，〔唐〕張守節正義：《新校本史記三家注并附編二種》（台北：鼎文書局，1981 年）。

14. 〔西漢〕劉向集錄：《戰國策》（上海：上海古籍出版社，1978 年）。

15. 〔西漢〕劉向撰，劉曉東校點：《列女傳》（瀋陽：遼寧教育出版社，1998 年）。

16. 〔東漢〕班固撰，〔唐〕顏師古注：《新校本漢書》（北京：中華書局，1981 年）。

17. 〔東漢〕許慎《說文解字》（北京：中華書局，1978 年）。

18. 〔東漢〕許慎著，〔清〕段玉裁注：《說文解字注》（台北：書銘出版事業有限公司，1997 年）。

19. 〔東漢〕趙岐注，〔唐〕孫奭疏：《孟子注疏》（台北：藝文印書館，1997 年《十三經注疏》本）。

20. 〔東漢〕鄭玄注，〔唐〕孔穎達疏：《禮記注疏》（台北：藝文印書館，1997 年《十三經注疏》本）。

21. 〔東漢〕鄭玄注，〔唐〕賈公彥疏：《周禮注疏》（台北：藝文印書館，1997 年《十三經注疏》本）。

22. 〔東漢〕鄭玄注，〔唐〕賈公彥疏：《儀禮注疏》（台北：藝文印書館，1997 年《十三經注疏》本）。

23. 〔魏〕王肅注：《孔子家語》（台北：世界書局，1978 年）。

24. 〔魏〕何晏等集解，〔宋〕邢昺疏：《論語注疏》（台北：藝文印書館，1997 年《十三經注疏》本）。

25. 〔魏〕王弼、〔晉〕韓康伯注，〔唐〕孔穎達正義：《周易正義》（台北：藝文印書館，1997 年《十三經注疏》本）。

26. 〔晉〕杜預注，〔唐〕孔穎達等正義：《春秋左傳正義》（台北：藝文印書館，1997 年《十三經注疏》本）。

27. 〔晉〕郭璞注，〔宋〕邢昺疏：《爾雅注疏》（台北：藝文印書館，1997 年《十三經注疏》本）。

28. 〔晉〕郭璞注，袁珂校注：《山海經校注》（上海：上海古籍出版社，1983 年）。

29. 〔晉〕葛洪撰，王明校釋：《抱朴子內篇校釋》（北京：中華書局，1985 年）。

30. 〔南朝宋〕范曄撰，〔唐〕李賢等注，《新校本後漢書》（北京：中華書局，

1981 年）。

31. 〔唐〕惠能：《六祖壇經》，收入劉堅，蔣紹愚主編：《近代漢語語法資料彙編‧唐五代卷》（北京：商務印書館，1990 年）。

32. 〔唐〕李鼎祚：《周易集解》（台北：台灣商務印書館，2004 年）。

33. 〔唐〕陸德明撰，黃焯彙校，黃延祖重輯：《經典釋文》（北京：中華書局，2006 年）。

34. 〔宋〕張載著，章錫琛點校：《張載集》（北京：中華書局，1985 年）。

35. 〔宋〕程頤：《易程傳》（台北：文津出版社，1987 年）。

36. 〔宋〕蘇軾：《東坡易傳》（台北：成文出版社，1976 年無求備齋《易經集成》本），第 20～21 冊。

37. 〔宋〕楊萬里：《誠齋易傳》（台北：成文出版社，1976 年無求備齋《易經集成》本），第 26～27 冊。

38. 〔宋〕朱熹：《周易本義》（台北：大安出版社，1999 年）。

39. 〔宋〕朱熹：《四書章句集注》（北京：中華書局，2003 年）。

40. 〔宋〕朱熹著，〔宋〕黎靖德編，王星賢點校：《朱子語類》（北京：中華書局，1986 年）。

41. 〔宋〕朱熹、〔宋〕呂祖謙編著，古清美註譯：《近思錄今註今譯》（北京：台灣商務印書館，2000 年）。

42. 〔宋〕李昉等編：《太平御覽》（台北：台灣商務印書館，1975 年）。

43. 〔宋〕朱震：《漢上易傳》（台北：台灣商務印書館，1983 年景印文淵閣《四庫全書》本），第 11 冊。

44. 〔元〕吳澄：《易纂言》（台北：成文出版社，1976 年無求備齋《易經集成》本），第 35 冊。

45. 〔元〕梁寅：《易參義》（台北：廣文書局，1974 年）。

46. 〔明〕來知德：《周易集注》（北京：九州出版社，2004 年）。

47. 〔明〕焦竑：《焦氏筆乘》（上海：上海古籍出版社，1986 年）。

48. 〔明〕智旭：《周易禪解》（北京：九州出版社，2004 年）。

49. 〔明〕顧炎武：《日知錄》（台北：文史哲出版社，1979 年）。

50. 〔清〕王夫之：《周易內傳》（北京：九州出版社，2004 年）。

51. 〔清〕王夫之：《周易外傳》（北京：九州出版社，2004 年）。

52. 〔清〕李光地：《周易折中》（成都：巴蜀書社，2006 年）。

53. 〔清〕彭定求等校編：《全唐詩》（北京：中華書局，1960 年）。

54. 〔清〕惠棟：《周易述》（台北：台灣商務印書館，1986 年景印文淵閣《四庫全書》本），第 52 冊。

55. 〔清〕紀昀總纂:《四庫全書總目提要》(石家莊:河北人民出版社,2000年)。

56. 〔清〕崔述:《豐鎬考信錄》(北京:北京商務印書館,1937 年《叢書集成》初編)。

57. 〔清〕嚴可均校輯:《全上古三代漢三國六朝文》(北京:中華書局,1958年)。

58. 〔清〕焦循:《孟子正義》(台北:文津出版社,1988 年)。

59. 〔清〕焦循:《易學三書》(北京:九州出版社,2004 年)。

60. 〔清〕王引之:《經義述聞》(南京:江蘇古籍出版社,2000 年)。

61. 〔清〕李道平:《周易集解纂疏》(北京:中華書局,2006 年)。

62. 〔清〕湯球輯:《九家舊晉書輯本》(北京:中華書局,1985 年)。

63. 〔清〕俞樾:《周易平議》(台北:新文豐出版公司,1983 年《大易類聚初集》本),第 18 輯。

64. 〔清〕孫詒讓著,孫以楷點校:《墨子閒詁》(台北:華正書局,1987 年)。

65. 〔清〕皮錫瑞:《經學歷史》(北京:中華書局,1954 年)。

66. 〔韓〕李退溪:《增補退溪全書》(漢城:成均館大學大東文化研究院,1978年影印本)。

67. 〔韓〕成均館大學校大東文化研究院匯編:《韓國經學資料集成》第七、八輯《易經》(漢城:成均館大學校大東文化研究院,1996 年複印原典出版)。

二、近人專著

1. 丁山:《古代神話與民族》(北京:商務印書館,2005 年)。

2. 丁山:《商周史料考證》(北京:中華書局,1988 年)。

3. 丁四新:《郭店楚墓竹簡思想研究》(北京,東方出版社,2000 年)。

4. 丁原植:《郭店楚簡儒家佚籍四種釋析》(台北:台灣古籍出版有限公司,2000 年)。

5. 丁福保編纂:《說文解字詁林》(北京:中華書局,1988 年)。

6. 上海大學古代文明研究中心、清華大學思想文化研究所編:《上博館藏戰國楚竹書研究》(上海:上海書店出版社,2002 年)。

7. 于省吾:《甲骨文字釋林》(北京:中華書局,1979 年)。

8. 于省吾:《歷史論叢》(濟南:齊魯書社,1980 年)。

9. 于省吾主編:《甲骨文字詁林》(北京:中華書局,1996 年)。

10. 中國孔子基金會編:《孔孟荀之比較:中、日、韓、越學者論儒學》(北

京：社會科學文獻出版社，1994 年）。

11. 中國社會科學院考古研究所：《小屯南地甲骨》（北京：中華書局，1980
    年）。

12. 中國社會科學院考古研究所：《殷周金文集成》（北京：中華書局，1984
    ～1994 年）。

13. 元永浩：《天人合一的生存境界：從西方形而上學到中國形上境界》（長
    春：吉林人民出版社，2005 年）。

14. 孔繁：《荀子評傳》（北京：南京大學出版社，1997 年）。

15. 尹盛平：《周原文化與西周文明》（南京：鳳凰出版社，2004 年）。

16. 方東美：《中國哲學之精神及其發展》（上冊）（台北：成均出版社，1984
    年）。

17. 方東美：《生生之德》（台北：黎明文化事業公司，1987 年）。

18. 方詩銘、王修齡：《古本竹書紀年輯證》（上海：上海古籍出版社，1981
    年）。

19. 王博：《易傳通論》（北京：中國書店，2003 年）。

20. 王暉：《古文字與商周史新證》（北京：中華書局，2003 年）。

21. 王暉：《商周文化比較研究》（北京：人民出版社，2000 年）。

22. 王宇信：《甲骨學通論》（北京：中國社會科學出版社，1989 年）。

23. 王志楣：《莊子生命情調的哲學詮釋》（台北：里仁書局，2008 年）。

24. 王邦雄、岑溢成、楊祖漢、高柏園編著：《中國哲學史》（台北縣：國立
    空中大學，2001 年）。

25. 王邦雄：《老子的道》（台北：東大圖書公司，1990 年）。

26. 王邦雄：《修真：莊子的生命本質》（海口：海南出版社，2008 年）。

27. 王治心：《中國宗教思想史大綱》（台北：東方出版社，1996 年）。

28. 王國維：《古史新證——王國維最後的講義》（北京：清華大學出版社，
    1996 年）。

29. 王國維：《觀堂集林》（北京：中華書局，1984 年）。

30. 王鈞林：《中國儒學史（先秦卷）》（廣州：廣東教育出版社，1998 年）。

31. 王新春：《神妙的周易智慧》（北京：中國書店，2004 年）。

32. 王新華：《周易繫辭傳研究》（台北：文津出版社有限公司，1998 年）。

33. 北京大學荀子注釋組：《荀子新注》（台北：里仁書局，1983 年）。

34. 古文字詁林編輯委員會：《古文字詁林》（上海：上海教育出版社，1999
    年）。

35. 台灣大學哲學系等主辦：《「新出土文獻與先秦思想重構」國際學術研討

會會議論文》（台北：2005 年 3 月 25、26 日）。

36. 甘懷真：《皇權、禮儀與經典詮釋：中國古代政治史研究》（上海：華東師範大學出版社，2008 年）。

37. 任繼愈：《中國哲學發展史（先秦卷)》（北京：人民出版社，1990 年）。

38. 匡亞明：《孔子評傳》（南京：南京大學出版社，1990 年）。

39. 成中英：《易學本體論》（北京：北京大學出版社，2006 年）。

40. 成中英主編：《本體與詮釋——從眞理與方法到本體與詮釋》（北京：三聯書店，2002 年）。

41. 朱伯崑：《朱伯崑論著》（瀋陽：瀋陽出版社，1998 年）。

42. 朱伯崑：《易學哲學史》（台北：藍燈文化事業有限公司，1991 年）。

43. 朱東潤：《詩三百篇探故》（上海：上海古籍出版社，1981 年）。

44. 朱鳳瀚：《古代中國青銅器》（天津：南開大學出版社，1995 年）。

45. 江林昌：《中國上古文明考論》（上海：上海教育出版社，2005 年）。

46. 牟宗三：《才性與玄理》（台北：聯經出版事業公司，2003 年）。

47. 牟宗三：《中國哲學十九講》（上海：上海古籍出版社，2006 年）。

48. 牟宗三：《中國哲學的特質》（台北：台灣學生書局，1998 年）。

49. 牟宗三：《周易哲學演講錄》（上海：華東師範大學出版社，2004 年）。

50. 考古學研究編委會編：《考古學研究》（西安：三秦出版社，1993 年）。

51. 何天行著，周膺、何寶等編校：《良渚文化與中國早期文化研究（何天行學術文集)》（天津：天津社科院出版社，2008 年）。

52. 何淑靜：《孟荀道德實踐理論之研究》（台北：文津出版社，1988 年）。

53. 何曉明：《亞聖思辨錄》（開封：河南大學出版社，1997 年）。

54. 何澤恆：《先秦儒道舊義新知錄》（台北：大安出版社，2004 年）。

55. 余英時：《士與中國文化》（上海：上海人民出版社，1988 年）

56. 余英時：《中國思想傳統的現代詮釋》（台北：聯經出版社，1989）。

57. 余英時：《現代儒學的回顧與展望》（北京：生活・讀書・新知三聯書店，2004 年）。

58. 余敦康：《中國宗教與中國文化：宗教、哲學與倫理》（北京：中國社會科學出版社，2005 年）。

59. 余敦康：《易學今昔》（桂林：廣西師範大學出版社，2005 年）。

60. 吳大澂：《說文古籀補》（台北：台灣商務印書館，1968 年）。

61. 吳則虞編著：《晏子春秋集釋》（北京：中華書局，1962 年）。

62. 吳前衡：《《傳》前易學》（武漢：湖北人民出版社，2008 年）。

63. 吳浩坤、潘悠：《中國甲骨學史》（上海：上海人民出版社，2006 年）。

64. 吳茹寒：《荀子學說淺論》（台北：文津出版社，1989 年）。

65. 吳越史地研究會編：《吳越文化論叢》（上海：江蘇研究社，1937 年）。

66. 吳龍輝：《原始儒家考述》（北京：中國社會科學出版社，1995 年）。

67. 呂凱師：《鄭玄之讖緯學》（台北：台灣商務印書館，1982 年）。

68. 呂大吉、牟鍾鑒：《中國宗教與中國文化：概說中國宗教與傳統文化》（北京：中國社會科學出版社，2006 年）。

69. 呂思勉：《先秦史》（上海：上海古籍出版社，2005 年）。

70. 呂思勉：《先秦學術概論》（上海：東方出版中心，2008 年）。

71. 呂紹綱：《周易闡微》（上海：上海古籍出版社，2005 年）。

72. 宋公文、張君：《楚國風俗志》（武漢：湖北教育出版社，1995 年）。

73. 宋兆麟：《中國風俗通史》（上海：上海文藝出版社，2001 年），原始社會卷。

74. 宋兆麟：《巫與民間信仰》（北京：中國華僑出版公司，1990 年）。

75. 宋鎮豪：《夏商社會生活史》（北京：中國社會科學出版社，1994 年）。

76. 李民：《夏商史探索》（鄭州：河南人民出版社，1985 年）。

77. 李申：《上帝——儒教的至上神》（台北：東大圖書股份有限公司，2004 年）。

78. 李申：《儒學與儒教》（成都：四川大學出版社，2005 年）。

79. 李杜：《中國古代天道思想論》（台北：藍燈文化事業有限公司，1992 年）。

80. 李零：《中國方術考》（北京：東方出版社，2001 年）。

81. 李玉潔：《齊國史》（北京：新華出版社，2007 年）。

82. 李孝定：《甲骨文字集釋》（台北：中央研究院歷史語言研究所，1970 年）。

83. 李孝定：《漢字的起源與演變論叢》（台北：聯經出版事業公司，1992 年）。

84. 李亞農：《欣然齋史論集》（上海：上海人民出版社，1962 年）。

85. 李明輝：《孟子重探》（台北：聯經出版事業公司，2001 年）。

86. 李明輝：《康德倫理學與孟子道德思考之重建》（台北：中央研究院中國文哲研究所，1994 年）。

87. 李雪山：《商代分封制度研究》（北京：中國社會科學出版社，2004 年）。

88. 李甦平：《韓國儒學史》（北京：人民出版社，2009 年）。

89. 李焕明：《易經的生命哲學》（台北：文津出版社，1992 年）。

90. 李漢三：《周易卦爻辭釋義》（台北：中華叢書編審委員會，1969 年）。

91. 李學勤、林慶彰等著：《新出土文獻與先秦思想重構》（台北：台灣書房

出版有限公司，2007 年）。

92. 李學勤：《失落的文明》（上海：上海文藝出版社，1997 年）。

93. 李學勤：《周易溯源》（成都：巴蜀書社，2006 年）。

94. 李學勤：《殷墟甲骨分期研究》（上海：上海古籍出版社，1996 年）。

95. 李學勤主編：《中國古代文明與國家形成研究》（昆明：雲南人民出版社，1997 年）。

96. 李學勤主編：《清華大學藏戰國竹簡（壹）》（上海：中西書局，2010 年）。

97. 李澤厚：《中國古代思想史論》（台北：風雲時代出版公司，1990 年）。

98. 李澤厚：《論語今讀》（合肥：安徽文藝出版社，1998 年）。

99. 李澤厚：《歷史本體論：己卯五說》，增訂本（北京：生活・讀書・新知三聯書店，2006 年）。

100. 李鏡池：《周易探源》（北京：中華書局，1991 年）。

101. 杜維明：《道・學・政：論儒家知識分子》（上海：上海人民出版社，2000 年）。

102. 杜維明：《論儒學的宗教性──對《中庸》的現代詮釋》（武漢：武漢大學出版社，1999 年）。

103. 杜維明：《儒學第三期發展的前景問題》（台化：聯經出版事業公司，1989 年）。

104. 杜維明著、陳靜譯：《儒教》（台北：麥田出版公司，2002 年）。

105. 汪中文：《西周冊命金文所見官制研究》（台北：國立編譯館，1999 年）。

106. 沈青松：《哲學概論》（貴陽：貴州人民出版社，2004 年）。

107. 邢文：《帛書周易研究》（北京：人民出版社，1997 年）。

108. 周山：《解讀周易》（上海：上海書店出版社，2002 年）。

109. 周甘逢：《周易人生論哲學》（高雄：復文圖書出版社，2001 年）。

110. 周光慶：《中國古典解釋學導論》（北京：中華書局，2002 年）。

111. 周法高主編：《金文詁林》（香港：香港中文大學出版，1975 年）。

112. 周群振：《荀子思想研究》（台北：文津出版社，1987 年）。

113. 周裕鍇：《中國古代闡釋學研究》（上海：上海人民出版社，2003 年）。

114. 孟世凱：《殷墟甲骨文簡述》（北京：文物出版社，1980 年）。

115. 李旭昇：《甲骨文字根研究》（台北：文史哲出版社，2003 年）。

116. 尚秉和：《周易尚氏學》（北京：九州出版社，2005 年）。

117. 屈萬里：《古籍導讀》（台北：台灣開明書店，1984 年）。

118. 屈萬里：《先秦漢魏易例述評》（台北：聯經出版公司，1984 年）。

119. 屈萬里：《書傭論學集》（台北：聯經出版事業公司，1984 年）。

120. 屈萬里：《詩經釋義》（台北：中國文化大學出版部，1988 年）。

121. 林尹等著：《易經研究論集》（台北：黎明文化事業公司，1981 年）。

122. 林文欽師：《周易時義研究》（台北：鼎文書局，2002 年）。

123. 林存光、郭沂：《曠世大儒——孔子》（石家莊：河北人民出版社，2000 年）。

124. 林安梧：《「道」的錯置——中國政治思想的根本困結》（台北：台灣學生書局，2003 年）。

125. 林安梧：《儒學與中國傳統社會之哲學省察：以「血緣性縱貫軸」爲核心的理解與詮釋》（台北：幼獅文化公司，1996 年）。

126. 林忠軍：《象數易學發展史》（桂林：廣西教育出版社，1996 年）。

127. 林益勝編：《論孟》（台北縣：國立空中大學，2002 年）。

128. 林素英：《從郭店簡探究其倫常觀念》（台北：萬卷樓圖書股份公司，2003 年）。

129. 林啓屏師：《從古典到正典：中國古代儒學意識之形成》（台北：國立臺灣大學出版中心，2007 年）。

130. 林啓屏師：《儒家思想中的具體性思維》（台北：台灣學生書局，2004 年）。

131. 林惠祥：《文化人類學》（台北：台灣商務印書館，1966 年）。

132. 林登順：《魏晉南北朝儒學流變之省察》（台北：文津出版社，1996 年）。

133. 林義正：《孔子學說探微》（台北：東大圖書股份有限公司，1987 年）。

134. 河北省文物研究所定州漢墓竹簡整理小組編：《定州漢墓竹簡《論語》》（北京：文物出版社，1997 年）。

135. 祁潤興：《周易義理學》（上海：上海古籍出版社，2007 年）。

136. 邱鎭京：《論語思想體系》（台北：文津出版社，1988 年）。

137. 邵漢明、劉輝、王永平：《儒家哲學智慧》（長春：吉林人民出版社，2005 年）。

138. 金春峰：《周易經傳梳理與郭店楚簡思想新釋》（台北：台灣古籍出版有限公司，2003 年）。

139. 金景芳、呂紹綱：《周易全解》，增訂本（上海：上海古籍出版社，2006 年）。

140. 金景芳：《周易通解》（長春：長春出版社，2007 年）。

141. 金觀濤、劉青峰：《興盛與危機：論中國社會超穩定結構》（台北：風雲時代出版公司，1994 年）。

142. 侯外廬：《中國古代社會史論》（石家莊：河北教育出版社，2003 年）。

143. 侯外廬主編:《中國思想通史》(北京:人民出版社,2004 年),第 1 卷。

144. 南懷瑾、徐芹庭註譯:《周易今註今譯》(台北:台灣商務印書館,1997 年)。

145. 姚孝遂主編:《殷墟甲骨刻辭類纂》(北京:中華書局,1989 年)。

146. 姚秀彥:《先秦史》(台北:里仁書局,1970 年)。

147. 姜昆武:《詩書成詞考釋》(濟南:齊魯書社,1989 年)。

148. 姜國柱:《中國歷代思想史(先秦卷)》(台北:文津出版社,1994 年)。

149. 姜廣輝主編:《中國經學思想史》(北京:中國社會科學出版社,2003 年),第 1 卷。

150. 姜廣輝主編:《郭店楚簡研究》(《中國哲學》第 20 輯)(瀋陽:遼寧教育出版社,1999 年)。

151. 姜廣輝主編:《郭店簡與儒學研究》(《中國哲學》第 21 輯)(瀋陽:遼寧教育出版社,1999 年)。

152. 洪業:《洪業論學集》(北京:中華書局,1981 年)。

153. 洪漢鼎:《詮釋學——它的歷史與發展》(北京:人民出版社,2005 年)。

154. 胡自逢:《先秦諸子易說通考》(台北:文史哲出版社,1989 年)。

155. 胡厚宣、胡振宇著:《殷商史》(上海:上海人民出版社,2003 年)。

156. 胡厚宣:《甲骨學商史論叢初集》(台北:大通出版社,1972 年)。

157. 胡厚宣主編:《甲骨文與殷商史》(上海:上海古籍出版社,1983 年)。

158. 胡厚宣輯,王宏、胡振宇整理:《甲骨續存補編》(上)(天津:天津古籍出版社,1996 年)。

159. 胡謙盈:《胡謙盈周文化考古研究選集》(成都:四川大學出版社,2000 年)。

160. 范良光:《易傳道德的形上學》(台北:台灣商務印書館,1990 年)。

161. 韋政通:《中國思想史》(台北:水牛圖書出版事業有限公司,1999 年),上冊。

162. 韋政通:《荀子與古代哲學》(台北:台灣商務印書館,1992 年)。

163. 韋政通編:《中國思想史方法論文選集》(台北:水牛圖書出版事業有限公司,2006 年)。

164. 倪梁康選編:《胡塞爾選集》(上海:上海三聯書店,1997 年)。

165. 唐蘭:《殷墟文字記》(北京:中華書局,1981 年)。

166. 唐君毅:《中國哲學原論(原性篇)》(北京:中國社會科學出版社,2005 年)。

167. 唐君毅:《中國哲學原論(原道篇)》(台北:台灣學生書局,1986 年)。

168. 唐君毅：《中國哲學原論（導論篇）》（北京：中國社會科學出版社，2005年）。

169. 唐君毅：《中華人文與當今世界》（台北：台灣學生書局，1975年）。

170. 唐明邦等編：《周易縱橫錄》（武漢：湖北人民出版社，1986年）。

171. 唐明貴：《論語學史》（北京：中國社會科學出版社，2009年）。

172. 夏建中：《文化人類學理論學派》（北京：中國人民大學出版社，1997年）。

173. 孫開泰：《孟子思想研究》（濟南：山東大學出版社，1986年）。

174. 孫劍秋：《《易》《春秋》與儒學思想研究論集》（台北：中華文化教育學會，2007年）。

175. 孫劍秋：《易理新研》（台北：台灣學生書局，1997年）。

176. 孫劍秋：《易學新論》（台北：中華文化教育學會，2007年）。

177. 孫廣德：《中國政治思想專題研究集》（台北：桂冠出版社，1999年）。

178. 徐中舒：《甲骨文字典》（成都：四川辭書出版社，1998年）。

179. 徐旭生：《中國古史的傳說時代》（桂林：廣西師範大學出版社，2003年）。

180. 徐志銳：《周易大傳新注》（台北：里仁書局，1996年）。

181. 徐芹庭：《易學源流》（台北：國立編譯館，1987年）。

182. 徐芹庭：《細說易經六十四卦》（北京：中國書店，2006年）。

183. 徐炳昶、常惠：《陝西調查古跡報告》（北京：國立北平研究院，1933年）。

184. 徐復觀：《中國人性論史（先秦篇）》（上海：上海三聯書店，2001年）。

185. 徐復觀：《中國思想史論集》（台北：台灣學生書局，1974年）。

186. 徐復觀：《中國學術精神》（上海：華東師範大學出版社，2004年）。

187. 徐錫臺：《周原甲骨文綜述》（西安：三秦出版社，1987年）。

188. 晁福林：《天命與彝倫：先秦社會思想探研》（北京：北京師範大學出版社，2012年）。

189. 涂又光：《楚國哲學史》（武漢：湖北教育出版社，1995年）。

190. 涂宗流、劉祖信：《郭店楚簡先秦儒家佚書校釋》（台北：萬卷樓圖書有限公司，2001年）。

191. 烏丙安：《中國民間信仰》（上海：上海人民出版社，1995年）。

192. 祝平次、楊儒賓合編：《天體、身體與國體：迴向世界的漢學》（台北：台灣大學出版中心，2005年）。

193. 秦照芬：《商周時期的祖先崇拜》（台北：蘭臺出版社，2003年）。

194. 荊門市博物館：《郭店楚墓竹簡》（北京：文物出版社，1998年）。

195. 袁保新：《孟子三辯之學的歷史省察與現代詮釋》（台北：文津出版社，

1992 年）。

196. 袁保新：《從海德格、老子、孟子到當代新儒學》（台北：台灣灣學生書局，2008 年）。

197. 馬承源主編：《上海博物館藏戰國楚竹書（一）》（上海：上海古籍出版社，2001 年）。

198. 馬承源主編：《上海博物館藏戰國楚竹書（二）》（上海：上海古籍出版社，2002 年）。

199. 馬承源主編：《上海博物館藏戰國楚竹書（三）》（上海：上海古籍出版社，2003 年）。

200. 馬承源主編：《中國青銅器》（上海：上海古籍出版社，1991 年）。

201. 高亨：《周易大傳今注》（濟南：齊魯書社，2006 年）。

202. 高亨：《周易古經今注》（北京：中華書局，1984 年）。

203. 高亨：《高亨著作集林》（北京：清華大學出版社，2004 年）。

204. 高亨著，王大慶整理：《高亨《周易》九講》（北京：中華書局，2011 年）。

205. 高明等：《憂患意識的體認》（台北：文津出版社，1987 年）。

206. 高明士編：《東亞文化圈的形成與發展：儒家思想篇》（台北：台灣大學出版中心，2005 年）。

207. 高柏園：《孟子哲學與先秦思想》（台北：文津出版社，1996 年）。

208. 高懷民：《大易哲學論》（台北：成文出版社，1978 年）。

209. 高懷民：《先秦易學史》（桂林：廣西師範大學出版社，2007 年）。

210. 崔根德：《韓國儒學思想研究》（北京：學苑出版社，1998 年）。

211. 常玉芝：《商代周祭制度》（北京：中國社會科學出版社，1987 年）。

212. 常金倉：《周代禮俗研究》（台北：文津出版社，1993 年）。

213. 張覺：《荀子譯注》（上海：上海古籍出版社，1995 年）。

214. 張覺：《荀子譯注》（上海：上海古籍出版社，1995 年。

215. 張天恩：《關中商文化研究》（北京：文物出版社，2004 年）。

216. 張世英：《天人之際——中西哲學的困惑與選擇》（北京：人民出版社，1997 年）。

217. 張世超、孫凌安、金國泰、馬如森撰著：《金文形義通解》（京都：中文出版社，1996 年）。

218. 張立文：《周易思想研究》（武漢：湖北人民出版社，1983 年）。

219. 張立文：《周易與儒道墨》（台北：東大圖書股份有限公司，1991 年）。

220. 張立文：《中國哲學範疇發展史（人道篇）》（台北：五南圖書出版有限公司，1997 年）。

221. 張立文：《帛書周易注譯（修訂版）》（鄭州：中州古籍出版社，2008 年）。

222. 張光直：《考古學專題六講》（北京：文物出版社，1986 年）。

223. 張光直：《中國考古學論文集》（北京：生活‧讀書‧新知三聯書店，1999 年）。

224. 張光直：《中國青銅時代（第二集）》（台北：聯經出版事業公司，2001 年）。

225. 張光直：《中國青銅時代》（台北：聯經出版事業公司，2002 年）。

226. 張光直：《商文明》（瀋陽：遼寧教育出版社，2002 年）。

227. 張其成：《易道主幹》（北京：中國書店，2001 年）。

228. 張岱年：《中國哲學史綱》（北京：中國社會科學出版社，1982 年）。

229. 張岱年：《中國古典哲學概念範疇要論》（北京：中國社會科學出版社，1989 年）。

230. 張岱年：《中國倫理思想研究》（上海：上海出版社，1985 年）。

231. 張承漢：《中國社會思想史》（台北：三民書局，年 1986）。

232. 張秉楠：《孔子傳》（長春：吉林文史出版社，1989 年）。

233. 張豈之：《先秦史》（台北：五南圖書出版股份有限公司，2002 年）。

234. 張善文：《易經邏輯新解》（台北：星光出版社，1990 年）

235. 張善文：《象數與義理》（台北：洪葉文化事業有限公司，1997 年）。

236. 張惠貞：《王鳴盛《十七史商榷》研究》（台北縣：花木蘭文化出版社，2005 年）。

237. 張舜徽：《周秦道論發微》（台北：木鐸出版社，1988 年）。

238. 張榮明：《殷周政治與宗教》（台北：五南圖書出版有限公司，1997 年）。

239. 張德勝：《儒家倫理與社會秩序——社會學的詮釋》（上海：上海人民出版社，2008 年）。

240. 張蔭麟：《中國史綱》（北京：三聯書店，1962 年）。

241. 張錫坤等著：《周易經傳美學通論》（北京：生活‧讀書‧新知三聯書店，2011 年）。

242. 張曙光：《外王之學：《荀子》與中國文化》（開封：河南大學出版社，1995 年）。

243. 曹瑋編著：《周原甲骨文》（北京：世界圖書出版公司北京公司，2002 年）。

244. 曹勝高、安娜譯注：《六韜‧鬼谷子》（北京：中華書局，2007 年）。

245. 梁濤：《郭店竹簡與思孟學派》（北京：中國人民出版社，2008）。

246. 梁啟超：《諸子考釋》（台北：台灣中華書局，1957 年）。

247. 梁啟超：《先秦政治思想史》（北京：東方出版社，1996 年）。

248. 梁啓雄：《荀子簡釋》（台北：木鐸出版社，1988 年）。

249. 梁漱溟：《中國文化要義》（上海：學林出版社，1997 年）。

250. 許倬雲：《中國文化與世界文化》（貴陽：貴州人民出版社，1991 年）。

251. 許倬雲：《中國古代文化的特質》（台北：聯經出版社，1988 年）。

252. 許倬雲：《中國古代會史論》（桂林：廣西師範大學出版社，2006 年）。

253. 許倬雲：《西周史》（北京：生活・讀書・新知三聯書店，2001 年）

254. 許倬雲：《萬古江河》（上海：上海文藝出版社，2006 年）。

255. 許進雄：《中國古代社會》（台北：台灣商務印書館，1995 年）。

256. 郭沂：《郭店竹簡與先秦學術思想》（上海：上海教育出版社，2001 年）。

257. 郭克煜等：《魯國史》（北京：人民出版社，1994 年）。

258. 郭沫若：《中國古代社會研究（外二種）》（石家莊：河北教育出版社，2004 年）。

259. 郭沫若主編，胡厚宣總編輯：《甲骨文合集》（北京：中華書局，1979～1982 年）。

260. 郭昭弟：《中國生命智慧——《易經》《道德經》《壇經》心證》（北京：人民出版社，2011 年）。

261. 郭齊勇：《儒學與儒學史新論》（台北：台灣學生書局，2002 年）。

262. 陳來：《古代宗教與倫理：儒家思想的根源》（台北：允晨文化實業股份有限公司，2005 年）。

263. 陳偉：《楚地出土戰國簡冊〔十四種〕》（北京：經濟科學出版社，2009 年）。

264. 陳寧：《中國古代命運觀的現代詮釋》（瀋陽：遼寧教育出版社，2000 年）。

265. 陳大齊：《孔子學說論集》（台北：正中書局，1979 年）。

266. 陳文洁：《荀子的辯說》（北京：華夏出版社，2008 年）。

267. 陳全方：《周原與周文化》（上海：上海人民出版社，1988 年）。

268. 陳啓雲：《中國古代思想文化的歷史分析》（北京：北京大學出版社，2001 年）。

269. 陳紹棣：《中國風俗通史（兩周卷）》（上海：上海文藝出版社，2006 年）。

270. 陳逢源：《朱熹與四書章句集注》（台北：里仁書局，2006 年）。

271. 陳鼓應、趙建偉：《周易今注今譯》（北京：商務印書館，2005 年）。

272. 陳鼓應：《易傳與道家思想》，修訂版（北京：商務印書館，2007 年）。

273. 陳鼓應：《黃帝四經今注今譯——馬王堆漢墓出土帛書》（北京：商務印書館，2007 年）。

274. 陳夢家：《殷墟卜辭綜述》（北京：中華書局，2004 年）。

275. 陳衛平：《孔子與中國文化》（貴陽：貴州人民出版社，2000 年）。

276. 傅佩榮：《儒家哲學新論》（台北：聯經出版事業有限公司，2010 年）。

277. 傅佩榮：《儒道天論發微》（台北：台灣學生書局，1985 年）。

278. 傅偉勳：《西洋哲學史》（台北：三民書局，1998 年）。

279. 傅偉勳：《從創造的詮釋學到大乘佛學》（台北：東大圖書公司，1999 年）。

280. 傅斯年著，歐陽哲生主編：《傅斯年全集》（長沙：湖南教育出版社，2003 年），第 2 卷。

281. 勞思光：《新編中國哲學史（一）》（台北：三民書局，2005 年）。

282. 惠吉星：《荀子與中國文化》（貴陽：貴州人民出版發行，1996 年）。

283. 曾春海：《易經的宇宙與人生》（台北：文津出版社，1997 年）。

284. 曾春海：《易經的哲學原理》（台北：文津出版社，2003 年）。

285. 曾昭旭：《論語的人格世界》（台北：漢光文化事業公司，1987 年）。

286. 湖南省博物館編：《馬王堆漢墓研究》（長沙：湖南人民出版社，1981 年）。

287. 程石泉：《易學新探》（上海：上海古籍出版社，2003 年）。

288. 程樹德：《論語集釋》（北京：中華書局，1997 年）。

289. 賀凌虛註譯：《商君書今註今譯》（台北：台灣商務印書館，1988 年）。

290. 童書業：《春秋史》（濟南：山東大學出版社，1987 年）。

291. 馮友蘭：《中國哲學史新編》（北京：人民出版社，2007 年），上卷。

292. 馮天瑜、何曉明、周積明：《中華文化史》（台北：桂冠圖書股份有限公司，1993 年）。

293. 馮達文、郭齊勇主編：《新編中國哲學史》（北京：人民出版社，2004 年）。

294. 黃松：《齊魯文化》（瀋陽：遼寧教育出版社，1995 年）。

295. 黃永堂：《國語全譯》（貴陽：貴州人民出版社，1995 年）。

296. 黃沛榮：《周易象象傳義理探微》，增訂版（台北：萬卷樓圖書公司，2001 年）。

297. 黃沛榮：《易學乾坤》（台北：大安出版社，1998 年）。

298. 黃沛榮編：《易學論著選集》（台北：長安出版社，1985 年）。

299. 黃忠天編著：《周易程傳註評》（高雄：高雄復文圖書出版社，2006 年）。

300. 黃俊傑：《中國孟學詮釋史論》（北京：社會科學文獻出版社，2004 年）。

301. 黃俊傑：《史學方法論叢》（台北：台灣學生書局，1984 年）。

302. 黃俊傑：《孟學思想史論（卷一）》（台北：東大圖書公司，1991 年）。

303. 黃俊傑編：《中國經典詮釋傳統（一）：通論篇》（台北：財團法人喜瑪拉雅研究發展基金會，2002 年）。

304. 黃俊傑編：《東亞儒者的四書詮釋》（台北：國立台灣大學出版中心，2005年）。

305. 黃俊傑編：《歷史知識與歷史思考》（台北：國立台灣大學出版中心，2003年）。

306. 黃振民：《古籍導讀》（台北：天工書局，1997年）。

307. 黃壽祺、張善文：《周易譯註》（台北：頂淵文化事業有限公司，2004年）。

308. 黃慶萱：《周易縱橫談（增訂二版）》（台北：東大圖書公司，2009年）。

309. 黃慶萱：《周易讀本》（台北：三民書局，1984年）。

310. 黃慶萱：《新釋乾坤經傳通釋》（台北：三民書局，2009年）。

311. 黃懷信：《古文獻與古史考論》（濟南：齊魯書社，2003年）。

312. 黃懷信：《逸周書校補注譯》（西安：西北大學出版社，1996年）。

313. 楊寬：《西周史》（上海：上海人民出版社，2004年）。

314. 楊寬：《戰國史》（上海：上海人民出版社，1998年）。

315. 楊向奎：《宗周社會與禮樂文明》（北京：人民出版社，1997年）。

316. 楊伯峻：《春秋左傳注》（北京：中華書局，1981年）。

317. 楊伯峻：《論語譯注》（北京：中華書局，2002年）。

318. 楊祖漢：《中庸義理疏解》（台北：鵝湖出版社，1990年）。

319. 楊祖漢：《從當代儒學觀點看韓國儒學的重要論爭》（台北：台灣大學出版中心，2005年）。

320. 楊國榮：《孟子評傳》（南寧：廣西教育出版社，1994年）。

321. 楊朝明：《出土文獻與儒家學術研究》（台北：台灣古籍出版有限公司，2007年）。

322. 楊朝明：《周公事跡研究》（鄭州：中州古籍出版社，2002年）。

323. 楊朝明：《齊魯文化通史——春秋戰國卷》（北京：中華出版社，2004年）。

324. 楊筠如：《荀子研究》（台北：台灣商務印書館，1965年）。

325. 楊慧傑：《天人關係論》（台北：水牛圖書公司，1986年）。

326. 楊慶中：《二十世紀中國易學史》（北京：人民出版社，2000年）。

327. 楊慶中：《周易經傳研究》（北京：商務印書館，2005年）。

328. 楊儒賓、祝平次合編：《儒學的氣論與工夫論》（台北：台灣大學出版中心，2005年）。

329. 楊儒賓：《儒家身體觀》（台北：中央研究院中國文哲研究所，2002年）。

330. 楊樹達：《論語疏證》（上海：上海古籍出版社，2006年）

331. 楊澤波：《孟子評傳》（南京：南京大學出版社，1998年）。

332. 楊澤波:《孟子與中國文化》(貴陽:貴州人民出版社,2000 年)。

333. 葉國良、夏長樸、李隆獻合著:《經學通論》(台北:大安出版社,2005 年)。

334. 葉國良等編:《出土文獻研究方法論文集初編》(台北:台灣大學出版中心,2005 年)。

335. 葉繼業:《孟子思想研究》(台北:黎明文化事業股份有限公司,1993 年)。

336. 葛兆光:《中國思想史》(上海:復旦大學出版社,2000 年)。

337. 葛榮晉:《中國哲學範疇導論》(台北:萬卷樓圖書有限公司,1993 年)。

338. 董作賓:《甲骨學五十年》(台北:大陸雜誌社,1955 年)。

339. 董作賓:《董作賓全集》(台北:藝文印書館,1977 年),甲編,第 3 冊。

340. 董治安、鄭傑文:《荀子匯校匯注》(濟南:齊魯書社,1997 年)。

341. 董洪利:《孟子研究》(南京:江蘇古籍出版社,1997 年)。

342. 鄒衡:《夏商周考古學論文集》(北京:文物出版社,1980 年)。

343. 鄒衡:《夏商周考古學論文集續集》(北京:科學出版社,1998)。

344. 鄔國義等譯:《國語譯注》(上海:上海古籍出版社,1994 年)。

345. 雷興山:《先周文化探索》(北京:科學出版社,2010 年)。

346. 廖名春:《中國學術史新證》(成都:四川大學出版社,2005 年)。

347. 廖名春:《周易經傳十五講》(北京:北京大學出版社,2006 年)。

348. 廖名春:《周易經傳與易學史新論》(濟南:齊魯書社,2004 年)。

349. 廖名春:《帛書《周易》論集》(上海:上海古籍出版社,2008 年)。

350. 廖名春:《荀子新探》(台北:文津出版社,1994 年)。

351. 熊十力:《原儒》(台北:明文書局,1988 年)。

352. 睡虎地秦墓竹簡整理小組編:《睡虎地秦墓竹簡》(北京:文物出版社,2001 年)。

353. 翟廷晉:《孟子思想評析與探源》(上海:上海社會科學院出版社,1992 年)。

354. 蒙培元:《人與自然——中國哲學生態觀》(北京:人民出版社,2004 年)。

355. 蒲慕州:《追尋一己之福——中國古代的信仰世界》(台北:麥田出版社,2004 年)。

356. 趙誠:《甲骨文與商代文化》(沈陽:遼寧人民出版社,2000 年)。

357. 趙士林:《荀子》(台北:東大圖書股份有限公司,1999 年)。

358. 趙中偉:《易經圖書大觀》(台北:洪業文化事業有限公司,1999 年)。

359. 趙吉惠等著:《中國儒學史》(鄭州:中州古籍出版社,1993 年)。

360. 趙建功：《中國哲學天人觀及其易學關係之研究》（上海：上海科技術文獻出版社，2013 年）。

361. 趙建偉：《出土簡帛《周易》疏證》（台北：萬卷樓圖書公司，2000 年）。

362. 劉釗：《郭店楚簡校釋》（福州：福建人民出版社，2005 年）。

363. 劉源：《商周祭祖禮研究》（北京：商務印書館，2004 年）。

364. 劉大鈞、林忠軍：《周易經傳白話解》（上海：上海古籍出版社，2006 年）。

365. 劉大鈞：《今、帛、竹書《周易》綜考》（上海：上海古籍出版社，2005 年）。

366. 劉大鈞：《周易概論》（濟南：齊魯書社，1986 年）。

367. 劉大鈞：《簡帛考論》（上海：上海古籍出版社，2007 年）。

368. 劉文英：《精神系統與新夢說》（天津：南開大學出版社，1998 年）。

369. 劉玉建：《中國古代龜卜文化》（桂林：廣西師範大學出版社，1993 年）。

370. 劉俊文主編，黃金山、孔繁敏等譯：《日本學者研究中國史論著選譯》（北京：中華書局，1993 年）。

371. 劉述先：《理想與現實的糾結》（台北：台灣學生書局，1993 年）。

372. 劉家和：《史學、經學與思想》（北京：北京大學出版社，2006 年）。

373. 劉振佳：《魯國文化與孔子》（濟南：山東友誼出版社，1993 年）。

374. 劉澤華主編：《中國政治思想史》（杭州：浙江人民出版社，1996 年）。

375. 劉瀚平：《周易思想探微》（台北：商鼎文化出版社，1997 年）。

376. 劉瀚平：《儒家心性與天道》（台北：商鼎文化出版社，1996 年）。

377. 歐陽禎人：《郭店儒簡論略》（台北：台灣古籍出版有限公司，2003 年）。

378. 翦伯贊：《先秦史》（台北：知書房出版社，2003 年）。

379. 蔡仁厚：《孔孟荀哲學》（台北：台灣學生書局，1984 年）。

380. 蔡哲茂：《甲骨綴合集》（台北：樂學書局，1999 年）。

381. 鄧球柏：《帛書周易校釋》（長沙：湖南出版社，1996 年）。

382. 鄭卜五：《孟子著述考》（台北：國立編譯館，2003 年）。

383. 鄭吉雄：《易詮釋中的儒道互動》（台北：國立台灣大學出版中心，2012 年）。

384. 鄭吉雄：《易圖象與易詮釋》（台北：國立台灣大學出版中心，2004 年）。

385. 鄭吉雄編：《周易經傳文獻新詮》（台北：國立台灣大學出版中心，2010 年）。

386. 鄭萬耕：《易學源流》（瀋陽：瀋陽出版社，1997 年）。

387. 鄭慧生：《甲骨卜辭研究》（開封：河南大學出版社，1998 年）。

388. 蕭公權：《中國政治思想史（一）》（瀋陽：遼寧教育出版社，2001 年）。

389. 賴貴三：《易學思想與時代易學論文集》（台北：文津出版社，2007 年）。

390. 賴貴三：《臺灣易學人物志》（台北：里仁書局，2013 年）。

391. 錢遜：《先秦儒學》（台北：洪葉文化事業有限公司，1994 年）。

392. 錢穆：《中國史學名著》（北京：生活・讀書・新知三聯書店，2000 年）。

393. 錢穆：《論語新解》（北京：三聯書店，2005 年）。

394. 錢鍾書：《管錐編》（北京：中華書局，1979 年），第 1 冊。

395. 鮑國順：《荀子學說析論》（台北：華正書局，1982 年）。

396. 戴君仁：《談易》（台北：台灣開明書店，1982 年）。

397. 戴璉璋：《易傳之形成及其思想》（台北：文津出版社，1997 年）。

398. 濮茅左：《楚竹書《周易》研究——兼述先秦兩漢出土與傳世易學文獻資料》（上海：上海古籍出版社，2006 年）。

399. 謝維揚主編：《新出土文獻與古代文明研究》（上海：上海大學出版社，2004 年）。

400. 韓自強：《阜陽漢簡《周易》研究》（上海：上海古籍出版社，2004 年）。

401. 韓德民：《荀子與儒家的社會理想》（濟南市：齊魯書社，2001 年）。

402. 顏國明：《易傳與儒道關係論衡》（台北：里仁書局，2006 年）。

403. 魏元珪：《孟荀道德哲學》（台北：谷風出版社，1987 年）。

404. 魏昌：《楚國史》（武漢：武漢出版社，2002 年）。

405. 魏常海編：《韓國哲學思想資料選輯》（北京：國際文化出版社公司，2000）。

406. 羅光：《中國哲學大綱（上冊）》（台灣：台灣商務印書館，1970 年）。

407. 羅光：《儒家哲學的體系續編》（台北：台灣學生書局，1989 年）。

408. 羅熾、蕭漢明：《易學與人文》（北京：中國書店，2004 年）。

409. 龐樸主編：《中國儒學（一）》（上海：東方出版中心，1997 年）。

410. 龐樸等著：《郭店楚簡與早期儒學》（台北：台灣古籍出版社，2002 年）。

411. 嚴靈峰：《易學新論》（台北：正中書局，1971 年）。

412. 嚴靈峰：《馬王堆帛書易經斠理》（台北：文史哲出版社，1994 年）。

413. 蘇秉琦：《鬥雞台溝東區墓葬》（北京：北平史學研究所，1949 年）。

414. 蘇淵雷：《易學會通》（鄭州：中州古籍出版社，1985 年）。

415. 蘇新鋈：《先秦儒學論集》（台北：文津出版社，1992 年）。

416. 顧頡剛：《古史辨》（台北：藍燈文化事業公司，1993 年）。

417. 冀書鐸主編：《中國社會通史（先秦卷)》（太原：山西教育出版社，1996 年）。

三、日韓越文及西洋研究論著

1. 〔日〕小林信明：《中國上代陰陽五行思想の研究》（京都：大日本雄弁會講談社，1951 年）。

2. 〔日〕山下靜雄：《周易十翼の成立と展開)（東京：風間書房，1995 年）。

3. 〔日〕白川靜著，溫天河、蔡哲茂合譯：《金文的世界：殷周社會史》（台北：聯經出版社，1989 年）。

4. 〔日〕白川靜著，溫天河譯：《甲骨文的世界——古殷王朝的締構》（台北：巨流圖書公司，1977 年）。

5. 〔日〕伊藤道治著，江藍生譯：《中國古代王朝的形成》（北京：中華書局，2002 年）。

6. 〔日〕宇野哲人著，陳彬龢譯：《孔子》（上海：商務印書館，1933 年）。

7. 〔日〕宇野精一著，洪順隆譯：《中國思想》（台北：幼獅文化事業公司，1977 年）。

8. 〔日〕池田知久著，曹峰譯：《池田知久簡帛研究論集》（北京：中華書局，2006 年）。

9. 〔日〕赤塚忠、金谷治、福永光司，山井湧等著，張昭譯：《中國思想史》（台北：儒林圖書公司，1981 年）。

10. 〔日〕岡田武彥：《山崎闇齋》（台北：東大圖書公司，1987 年）。

11. 〔日〕武內義雄：《中國哲學思想史》（長沙：商務出版社，1939 年）。

12. 〔日〕武內義雄：《儒教之精神》（上海：太平書局，1942 年）。

13. 〔日〕金谷治著，于時化譯：《易的占筮與義理》（濟南：齊魯書社，1990 年）。

14. 〔日〕島邦男著，溫天河、李壽林譯：《殷墟卜辭研究》（台北：鼎文書局，1975 年）。

15. 〔日〕溝口雄三著，趙士林譯：《中國的思想》（北京：中國社會科學出版社，1995 年）。

16. 〔日〕關儀一郎編：《日本名家四書註釋全書》（東京：鳳出版，1973 年）。

17. 〔法〕于連著，宋剛譯：《道德奠基：孟子與啓蒙哲人的對話》（北京：北京大學出版社，2002 年）。

18. 〔法〕列維・布留爾著，丁由譯：《原始思維》（北京：商務印書館，1995 年）。

19. 〔法〕馬克・夸克撰，佟心平、王遠飛合譯：《合法性與政治》（北京：中央編譯出版社，2002 年）。

20. 〔法〕謝和耐著，耿昇譯：《中國社會史》（南京：江蘇人民出版社，1995 年）。

21. 〔美〕史華茲著，許紀霖、宋宏編：《史華慈論中國》（北京：新星出版社，2006 年）。

22. 〔美〕史華茲著，程鋼譯：《古代中國的思想世界》（南京：江蘇人民出版社，2004 年）。

23. 〔美〕安樂哲、羅思文著，余瑾譯：《《論語》的哲學詮釋：比較哲學的視域》（北京：中國社會科學出版社，2003 年）。

24. 〔美〕艾蘭等主編：《中國古代思維模式與陰陽五行說探源》（南京：江蘇古籍出版社，1998 年）。

25. 〔美〕艾蘭著，汪濤譯：《龜之謎——商代神話、祭祀、藝術和宇宙觀研究》（成都：四川人民出版社，1992 年）。

26. 〔美〕艾蘭著，張海晏譯：《水之道與德之端：中國早期哲學思想的本喻》（上海：上海人民出版社，2002 年）。

27. 〔美〕拉爾夫等著，趙豐等譯：《世界文明史》（北京：商務印書館，1999 年）。

28. 〔美〕芬格萊特著，彭國翔、張華譯：《孔子：即凡而聖》（南京：江蘇人民出版社，2002 年）。

29. 〔美〕柯文著，林同奇譯：《在中國發現歷史——中國中心觀在美國的興起》（北京：中華書局，1989 年）。

30. 〔美〕倪培民著，李子華譯：《孔子：人能弘道》（上海：上海人民出版社，2012 年）。

31. 〔美〕唐納德‧J‧蒙羅著，莊國雄、陶黎銘譯：《早期中國「人」的觀念》（上海：上海古籍出版社，1994 年）。

32. 〔美〕郝大維，安樂哲著，何金俐譯：《通過孔子而思》（北京：北京大學出版社，2005 年）。

33. 〔美〕郝大維、安樂哲著，蔣弋爲、李志林譯：《孔子哲學思微》（南京：江蘇人民出版社，2012 年）。

34. 〔美〕鍾啓祿：《易經十六講》（北京：中國華僑出版社，1991 年）。

35. 〔美〕顧立雅著，高專誠譯：《孔子與中國之道》（太原：山西人民出版社，1992 年）。

36. 〔英〕弗雷澤著，徐育新等譯：《金枝》（北京：中國民間文藝出版社，1987 年）。

37. 〔英〕李約瑟著，陳立夫等譯：《中國古代科學思想史》（南昌：江西人民出版社，2000 年）。

38. 〔英〕馬林諾夫斯基著，李安宅譯：《巫術科學宗教與神話》（北京：中國民間文藝出版社，1986 年）。

39. 〔英〕馬林諾夫斯基著，費孝通等譯：《文化論》（北京：中國民間文藝出版，1987 年）。

40. 〔英〕湯恩比撰，陳曉林譯：《歷史研究》（台北：遠流出版事業股份有限公司，2000 年）。

41. 〔英〕葛瑞漢著，張海晏譯：《論道者——中國古代哲學論辯》（北京：中國社會科學出版社，2003 年）。

42. 〔越〕黎文敔：《周易究原》（台北：台灣大學出版中心，2011 年影印漢喃研究所藏抄本）。

43. 〔意〕安東尼奧・阿馬薩里著，劉儒庭等譯：《中國古代文明——從商朝甲骨刻辭看中國上古史（修訂版）》（北京：社會科學文獻出版社，1997 年）。

44. 〔德〕加達默爾著，洪漢鼎譯：《真理與方法：哲學詮釋學的基本特徵》（上）（上海：上海譯文出版社，2004 年）。

45. 〔德〕卡西爾著，甘陽譯：《人論》（上海：上海譯文出版社，2004 年）。

46. 〔德〕馬克斯・韋伯撰，王容芬譯：《儒教與道教》（北京：商務印書館，1999 年）。

47. 〔德〕康德著，關文運譯：《實踐理性批判》（北京：商務印書館，1960 年）。

48. 〔德〕費爾巴哈，榮振華，李金山等譯：《費爾巴哈哲學著作選集》（北京：商務印書館，1984 年）。

49. 〔德〕雅斯培著，魏楚雄、俞新天譯：《歷史的起源與目標》（北京：華夏出版社，1989 年）。

50. 〔韓〕文鏞盛：《中國古年代社會的巫覡》（北京：華文出版社，1999 年）。

51. 〔韓〕柳承國著，姜日天、朴光海等翻譯：《韓國儒學與現代精神》（台北：東方出版社出版，2008 年）。

52. 〔韓〕崔英辰著，邢麗菊譯：《韓國儒學思想研究》（北京：東方出版社，2008 年）。

53. 〔蘇〕柯斯文著，張錫彤譯：《原始文化史綱》（北京：人民出版社，1955 年）。

四、論文期刊

（一）學位論文

1. 呂凱師：《鄭玄之讖緯學》（台北：國立政治大學中文研究所博士論文，高明、熊公哲先生指導，1974 年）。

2. 林文欽師：《周易時義研究》（高雄：國立高雄師範大學國文研究所博士

論文，張子良先生指導，1996 年）。

3. 林啓屏師：《先秦儒法思想中的血緣問題與國家》（台北：國立台灣大學中文研究所博士論文，張亨先生指導，1995 年）。

4. 陳芝豪：《甲骨卜辭與《周易》經傳吉凶觀念思想研究》（台北：國立政治大學中文研究所碩士論文，呂凱先生指導，2008 年）。

5. 趙中偉：《周易「變」的思想研究》（台北：輔仁大學中文研究所博士論文，王靜芝先生指導，1994 年）。

6. 賴貴三：《焦循雕菰樓易學研究》（台北：國立台灣師範大學國文研究所博士論文，黃慶萱先生指導，1994 年）。

（二）期刊論文

1. 丁爲祥：〈命與天命：儒家天人關係的雙重視角〉，《中國哲學史》2007 年第 4 期，頁 11～21。

2. 中國科學院考古研究所湖北發掘隊：〈湖北蘄春毛家咀西周末木構建築〉，《考古》1962 年第 1 期。

3. 甘肅省文物工作隊：〈大地灣遺址仰韶晚期地畫的發現〉，《文物》1986 年第 2 期。

4. 江林昌：〈古公亶父「至於岐下」與渭水流域先周考古文化〉，《考古與文物》2000 年第 2 期，頁 56～63。

5. 李學勤：〈周公廟卜甲四片試釋〉，《西北大學學報（哲學社會科學版）》2005 年第 2 期，頁 89～91。

6. 李學勤：〈周公廟遺址性質推想〉，《文博》2004 年第 5 期，頁 5～6。

7. 李學勤：〈商代的四風與四時〉，《中州學刊》1985 年第 5 期，頁 99～101。

8. 李學勤：〈清華簡九篇綜述〉，《清華大學學報（哲學社會科學版）》2010 年第 5 期，頁 51～57。

9. 李學勤：〈清華簡整理工作的第一年〉，《清華大學學報（哲學社會科學版）》2009 年第 5 期，頁 5～6。

10. 李學勤：〈試說郭店簡〈成之聞之〉兩章〉，《煙台大學學報（哲學社會科學版）》2000 年第 4 期。

11. 李學勤：〈談安陽小屯以外出土的有字甲骨〉，《文物參考資料》1956 年第 11 期，16～17。

12. 林忠軍：〈王家台秦簡《歸藏》出土的易學價值〉，《周易研究》2001 年第 2 期，頁 3～12。

13. 胡厚宣：〈殷卜辭中的上帝和王帝（下）〉，《歷史研究》1959 年第 10 期，頁 89～110。

14. 徐中舒：〈周原甲骨初論〉，收入《古文字研究論文集》（《四川大學學報

叢刊》第十輯（成都：四川人民出版社，1982 年），頁 1～12。

15. 徐天進：〈周公廟遺址的考古所獲及所思〉，《文物》2006 年第 8 期，頁 55～62、98。

16. 晁福林：〈論殷代神權〉，《中國社會科學》1990 年第 1 期，頁 99～112。

17. 晁福林：〈論荀子的「天人之分」說〉，《管子學刊》，2001 年第 2 期，頁 13～18。

18. 荊州地區博物館：〈江陵王家台 15 號秦墓〉，《文物》1995 年第 1 期，頁 37～43。

19. 袁保新：〈秩序與創新——從文化治療學的角度省思道家哲學的現代義涵〉，《鵝湖月刊》第 314 期（2001 年 8 月），頁 11～23。

20. 陝西周原考古隊：〈陝西岐山鳳雛村西周建築基址發掘簡報〉，《文物》1979 年第 10 期，頁 27～37。

21. 張天恩：〈周公廟遺址發掘涉及的主要問題〉，《文博》2004 年第 5 期。

22. 張世英：〈略論中西哲學思想的區別與結合〉，《學術月刊》，1992 年第 2 期。

23. 張正明等：〈鳳鬥龍虎圖象考釋〉，《江漢考古》1984 年第 1 期，頁 102～106。

24. 張長壽：〈灃西的先周文化遺存〉，《考古與文物》2000 年第 2 期，頁 22～27。

25. 張政烺：〈春秋事語題解〉，《文物》1977 年第 1 期，頁 36～39。

26. 曹瑋：〈太王都邑與周公封邑〉，《考古與文物》1993 年第 3 期。

27. 梁濤：〈從《窮達以時》說到孔子「知天命」〉，《中國文化論壇》2003 年 4 期，頁 62～65。

28. 梅應運：〈周易卦爻辭成書時代之考索〉，《新亞書院學術年刊》1971 年第 13 期。第 9 期（2004 年 5 月），頁 73～84。

29. 郭沂：〈郭店楚簡（〈天降大常〉〈成之聞之〉）篇疏證〉，《孔子研究》1998 年第 3 期，頁 61～68。

30. 郭德維：〈楚墓出土虎座飛鳥初釋〉《江漢論壇》1980 年第 5 期。

31. 連劭名：〈考古發現與先秦易學〉，《周易研究》2003 年第 1 期，頁 27～36。

32. 陸侃如：〈論卦爻辭的年代〉，《清華週刊》1932 年第 9 期。

33. 凱文·德拉圖爾、西蒙娜·德拉圖爾，張文智譯：〈《易經》：早期儒家的形上學與意識進化學〉，《周易研究》2006 年第 1 期，頁 46～55。

34. 彭定安：〈關於區域文化研究〉，《理論界》2002 年第 1 期。

35. 曾振宇：〈荀子自然觀再認識〉，《東岳論叢》1990 年第 3 期。

36. 湖南省博物館：〈新發現的長沙戰國楚墓帛畫〉,《文物》1973 年 7 期。

37. 項退結：〈中國宗教意識的若干型態——由天命至吉凶之命〉,《孔孟學報》第 45 期（1983 年 4 月）, 頁 287～312。

38. 黃沛榮：〈韓國漢文《易》學著作的整理與研究〉完整報告, 行政院國家科學委員會補助專題研究計畫, 計畫編號：NSC94-2411-H-034-001, 2007 年 6 月 30 日, 頁 1～53。

39. 黃玉順：〈中西之間：軸心時代文化轉型的比較——以《周易》爲透視文本〉,《四川大學學報》2003 年第 3 期, 頁 14～26。

40. 楊朝明：〈《逸周書》所見滅商前的周公〉,《河南科技大學學報（社會科學版）》2008 年第 1 期, 頁 16～24。

41. 楊朝明：〈禮制「損益」與「百世可知」——孔廟釋典禮儀時代性問題省察〉,《濟南大學學報》2009 年第 5 期。

42. 楊澤波：〈從德福關係看儒家的人文特質〉,《中國社會科學》, 2010 年第 4 期, 頁 44～55。

43. 葉萬松、李德方：〈偃師二里頭遺址獸文銅牌考識〉,《考古與文物》2001 年第 5 期。

44. 路柳：〈關於地域文化研究的幾個問題〉,《山東社會科學》2004 年第 12 期, 頁 88～92。

45. 路德斌：〈從「性」、「命」概念的演化看《易傳》的著作年代的思想淵源〉,《周易研究》2003 年第 2 期, 頁 28～33。

46. 熊傳新：〈對照新舊摹本談楚國人物龍鳳帛畫〉,《江漢論壇》1981 年第 1 期, 頁 90～94。

47. 趙中偉：〈形而上者謂之道——《易傳》之「道」的本體詮釋與創造詮釋〉,《哲學與文化》第 31 卷第 10 期（2004 年 10 月）, 頁 75～93。

48. 趙中偉：〈乾元用九, 乃見天則——《周易》「天」之思想的創造性詮釋〉,《哲學與文化》第 34 卷第 10 期（2007 年 10 月）, 頁 21～43。

49. 趙吉惠：〈論荀子「天人之分」的理論意趣——兼答張頌之、楊春梅同志〉,《哲學研究》1995 年第 8 期, 頁 67～70。

50. 趙沛霖：〈信仰的開禁, 觀念的解放——孔子天命觀新說〉,《天津社會科學》1995 年第 2 期, 頁 100～105。

51. 劉又銘：〈合中有分——荀子、董仲舒天人關係論新詮〉,《台北大學中文學報》第 2 期,（2007 年 3 月）, 頁 27～50。

52. 潘世憲：〈再探群巫〉,《周易研究》1991 年第 1 期, 頁 15～23。

53. 蔡哲茂：〈卜辭生字再探〉,《歷史語言研究所集刊》第 64 本第 4 分（1993 年 12 月）, 頁 1047～1076。

54. 蔡振豐：〈黎文敬《周易究原》與其儒學解釋〉,《臺灣東亞文明研究學刊》第 9 卷第 2 期（2012 年 12 月）,頁 101～120。

55. 鄭吉雄：〈從卦爻辭字義的演繹論《易傳》對《易經》的詮釋〉,《漢學研究》第 24 卷第 1 期（2006 年 5 月）,頁 1～33。

56. 賴貴三：〈《周易》「命」觀初探〉,《國文學報》第 30 期（2001 年 6 月）,頁 1～31。

57. 賴貴三：〈韓國朝鮮李氏王朝（1392～1910）《易》學研究〉,《東海中文學報》第 25 期（2013 年 6 月）,頁 1～26。

58. 戴璉璋：〈儒學慧命與人文德業〉,《當代儒學研究》第 13 期（2012 年 12 月）,頁 1～22。

59. 瞿兌之：〈釋巫〉,《燕京學報》1930 年第 7 期,頁 13～28。

60. 魏元珪：〈周易的生命哲學與生存發展論——兼論西方知識形上學之轉向〉,《東海哲學研究集刊》第 9 期（2004 年 5 月）,頁 73～84。

61. 嚴一萍：〈周原甲骨〉,《中國文字》新 1 期（1980 年 3 月）。

62. 嚴一萍：〈夏商周文化異同考〉,《大陸雜誌特刊》1952 年第 1 輯。

63. 龔群：〈周易的生命哲學觀〉,《湖北大學學報（哲學社會科學版）》2006 年第 1 期,頁 51～54。